究
叢書・知を究める 27

クビライ・カアンの驚異の帝国

モンゴル時代史鶏肋抄

宮 紀子［著］

ミネルヴァ書房

はじめに――書斎から空前の大帝国へ旅しよう！

十三世紀初頭、チンギス・カンの登場によって幕を開け、怒濤の勢いでユーラシアに空前絶後の版図を獲得した大《イェケ》モンゴル国《ウルス》の時代。それはつまるところ各地の伝統文化や固有の価値観が無視・破壊された「野蛮」「暗黒」「停滞」の時代であると、二〇〇〇年頃まで、世界の多数の国々で語られてきた。日本もまた「元寇」という国難の記憶から、中国の大明《ダイミン》・大清満洲国《ダイチンマンジュグルン》以降に形成された史観を受容・踏襲し、「世界史」の教材においては、「四階級制〔蒙古《モンゴル》＞色目人《しきもく》〔西域諸国のいろんな人々〕＞漢児《キタイ》〔旧大金《ダイキム》（大《アンバン》）女真国《ジュシエングルン》領の人々〕＞蛮子《マンジ》〔旧南宋領の人々〕〕」や「科挙制度の長期停止」を特記し続けてきたのである。

しかし、モンゴルの急速な版図拡大と繁栄は、弓射の術に優れ統率のとれた騎馬軍団――強固な軍事力のみによって齎《もたら》されたわけではない。

チンギス・カンは、打倒したケレイトやナイマン等有力部族の王女を自身の嫡子たちの正妃に迎え、抗戦せずに帰順してきたオングト、ウイグル、カルルク部の王・王子に自身の娘を下賜した。婚姻による「血」の融合は、諸部族を運命共同体として取り込み、大《イェケ》モンゴル国《ウルス》を盤石なものとするための有力な手段だった。ビザンツ、ルーム・セルジューク、キルマーン（第三次契丹国《カラキタイ》）、チベット等の王家の歴史・伝統にも敬意が払われ、姻戚関係が結ばれている。長く抵抗を続けた高麗でも、チンギス・カンの孫のクビライの治世に公主《ベキ》（姫君）の降嫁を願い出て駙馬《グレゲン》（婿殿）の国となった。

　モンゴルの王族たちは、はやくからユーラシアの広域に独自のネットワークを有するムスリムやウイグルの商人たちに巨額の資金を投資し、引き換えに諜報活動・交渉代行・物資調達への協力を求めた。商人たちにとっても関税や盗賊に妨げられることのない巨大で安全な商業圏の出現は望むところだった。大《イエケ》モンゴル国《ウルス》の版図が拡大しはじめると、かれらは財務官僚としても有能さを発揮し、重用されるようになっていった。

　とはいえ、モンゴルは特定の宗教を依怙贔屓せず、イスラーム、ユダヤ教、マニ教、キリスト教、仏教、道教、儒教等を均しく庇護した。諸税や労役を免除し、施設の補修・新築に際しては莫大な資金を寄進した。これらの集団は、モンゴル伝統の巫師《カム》（シャーマン）と同様に上天《テングリ》（神）へ自分たちの長寿と幸福を祈ってくれるだけでなく、古代からの英知を蓄え、かつ最先端の医・薬・工・農・天文などを扱う学者・技術者、行政に必要な官吏など多様な人材を輩出してくれる教育・研究機関であり、何より民族・地域社会の拠り所なのだと理解していたからである。

　かれらは教団を庇護するかたわら、全国津々浦々に各種学校の設置を進め、「知」をより広く伝えるための書籍の編纂や頒布にも尽力した。多言語世界のなかで、誰もが「知」を容易に共有し理解し得るように、書籍のなかに絵図が盛んに挿入されはじめた。古今東西の「知」を統合した世界地図、薬材図鑑、暦の対照表等、大規模な編纂事業、重要な書籍の翻訳事業等も政府主導で実施された。こうしたプロジェクトは、教育・文化面での一大産業を創り雇用・消費を生み出すという、戦後処理——不満分子による叛乱の可能性を減らすために考えられた意図的な経済政策でもあった。

大モンゴル国《イェケ・モンゴル・ウルス》を構成する諸藩では、できるだけ在地の言語・習慣・文化を尊重した政策がとられた。そのいっぽうでユーラシアの東西から、政治顧問・技術主義官僚《テクノクラート》として選りすぐりの優れた人材、将来有望な俊英、軍事展開にも必要となる医師・天文学者を自身の宮帳《オルド》に招聘した。そのほか、家具・武器・船舶などの工匠たち、染織・彫金など高額商品の製造に携わる職人たちの集団を抱えているのがふつうだった。モンゴル王族や重臣たちは、最新・最良のものを導入する柔軟さ、さらなる改良を目指させる開発意欲に富んでいた。各地域の最高の「知」や「技」をぶつけ競いあわせる場が提供され、相互刺激によって各種学問・技術の融合、活性化、飛躍が促進されることとなった（たとえば、投石機や火砲はこの時代にめざましい進歩を遂げた。また漢児《キタイ》（華北／中土《ジャウクト》）と蛮子《マンジ》（江南／南家《ナムキャス》）——「中国」の数学は、アラビア数学との遭遇によって、未知数を三つも含む高次方程式の解法や球面三角法の研究に大きな発展をみた——高度・専門的すぎて大明《ダイミン》以降に駆使できる人がいなくなり、忘れ去られてしまったほどである）。君主の宮帳《オルド》は、書画や音楽などの芸術や衣服・調度品の流行の発信地でもあった。

「知」や「技」などの情報は、人・物とともに、モンゴルが版図の拡大に伴い張り巡らしていった駅伝網《ジャムチ》によって運ばれた。そこでまた新たな進化を遂げる。ジャムチは、陸路・水路に加え、クビライの南宋接収と東南アジア遠征の結果、一二八〇年代後半には、泉州（福建省）や広州（広東省）から、東南アジア、インド、ペルシア湾、アラビア半島、アフリカ東岸と地中海に至る海路が確保され、アフロ・ユーラシアがほぼ完全に連結した状態になっていた。各藩は、道路の舗装、運河・港湾の整備に努め、街道・沿岸に軍隊を配置、往来する隊商や外交使節団を盗賊から守った。政府発行の牌子《パイザ》と文書（パスポート）さえ持っていれば、休憩所や宿泊施設を利用でき、替え馬（場所によっては犬橇、駱駝、筏等）、食事も提供してもらえた。安全が保障されていることによって、交易、経済活動はいっそう活発になってゆく。

じつは、日本の鎌倉・室町時代の朝廷や幕府の人々はもとより、そこに出入りする商人、僧侶たちもまた、この「モンゴル時代の東西交流」の果実をほぼリアルタイムで入手し、眺め、食し、堪能していた。自覚されていないかもしれないが、こんにちの日本文化の形成に大きな影響を及ぼしている。ヨーロッパのいわゆる「ルネサンス」についても、同様のことがいえる。

本書は、さまざまな言語の文献を軸に据え、美術品・出土品等の画像資料も参照しながら、モンゴル時代に関わるさまざまな話題——これまで人口に膾炙していないことがらについて、連想ゲームのように紹介してゆくことを旨とする。あらかじめ大《イェケ》モンゴル国《ウルス》の通史を学んでおく必要はないし（巻頭の地図・系図・重要語彙を参照すればこと足りる）、基本的には一話完結なので、興味のあるものから読んで構わない。時空を超えて、とうじの世界各地のさまざまな階級・立場の人々の生活、息吹、想い等を多少なりとも感じていただければ、充分である。

クビライ・カアンの驚異の帝国——モンゴル時代史鶏肋抄

目次

はじめに——書斎から空前の大帝国へ旅しよう！

目次

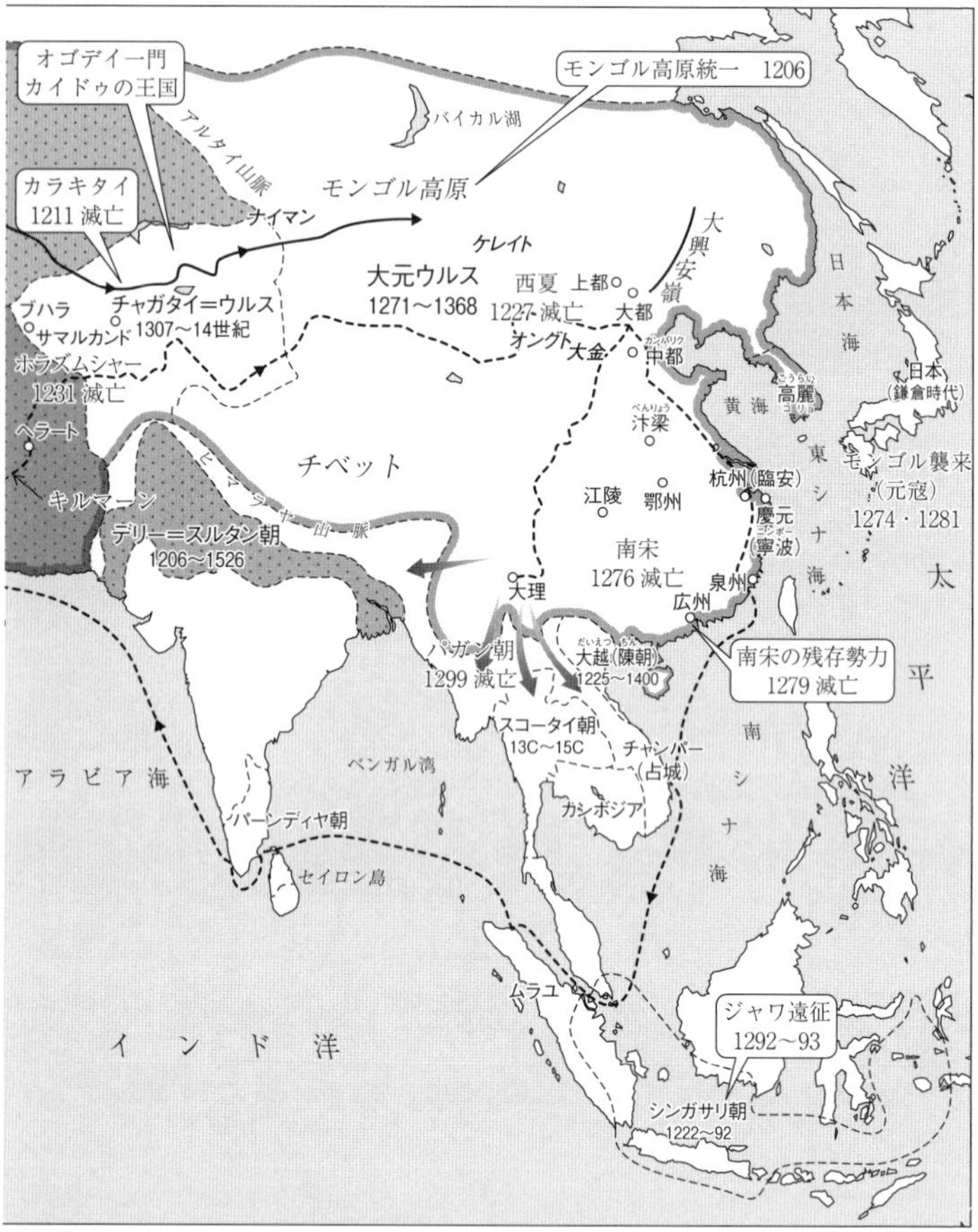

の世界

(二十二訂版)』帝国書院，2024 年)

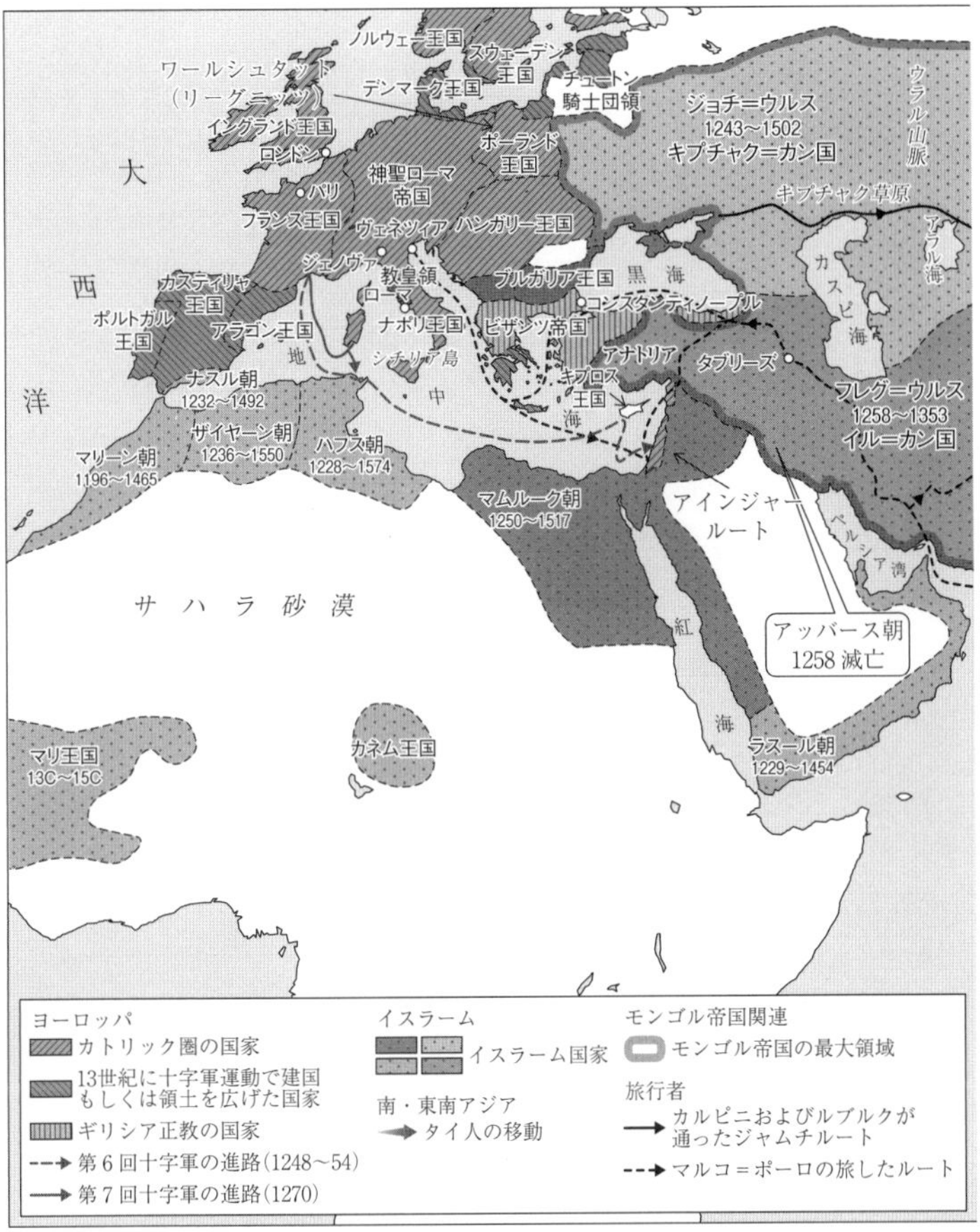

13 世紀

（『最新世界史図説――タペストリー

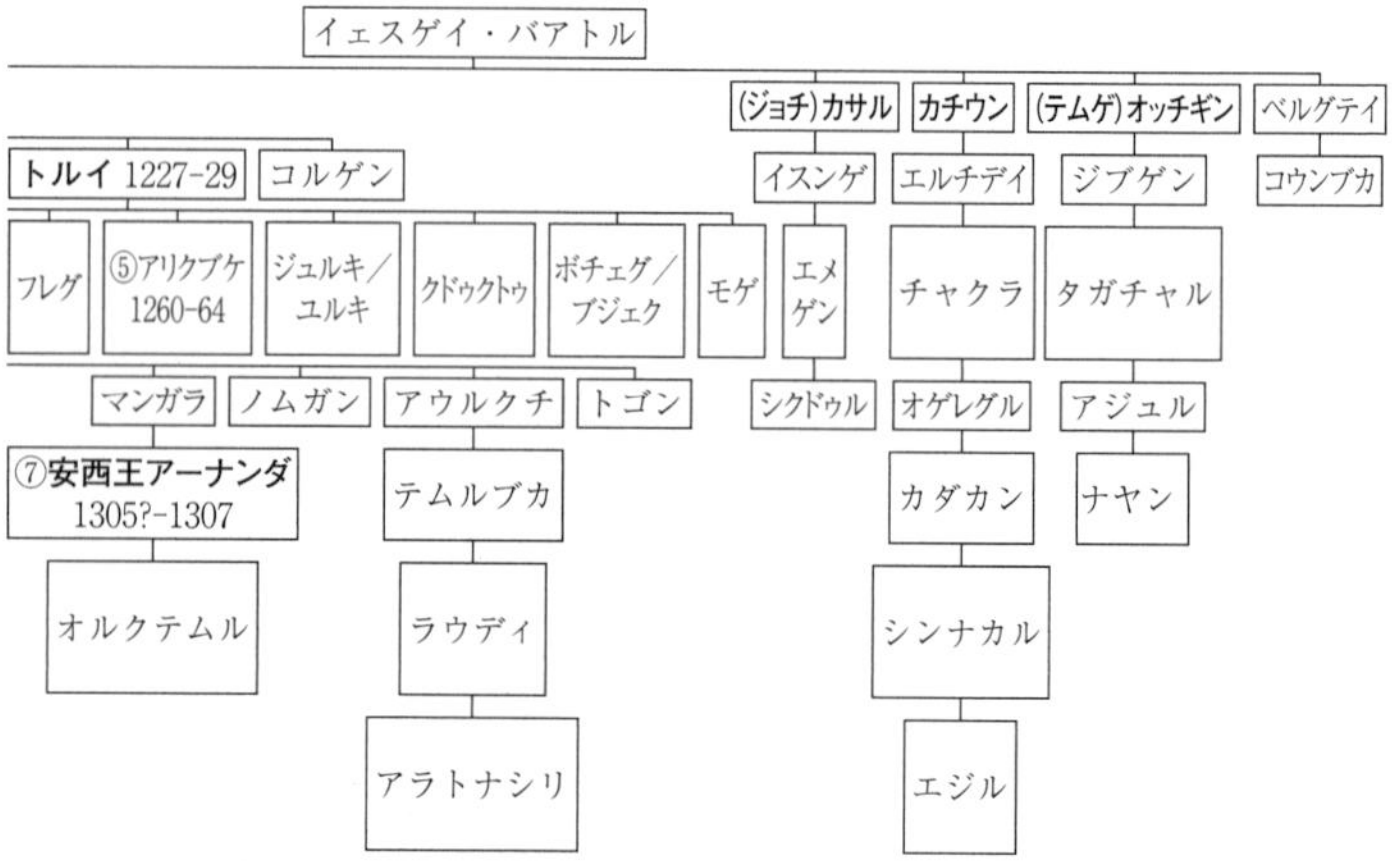

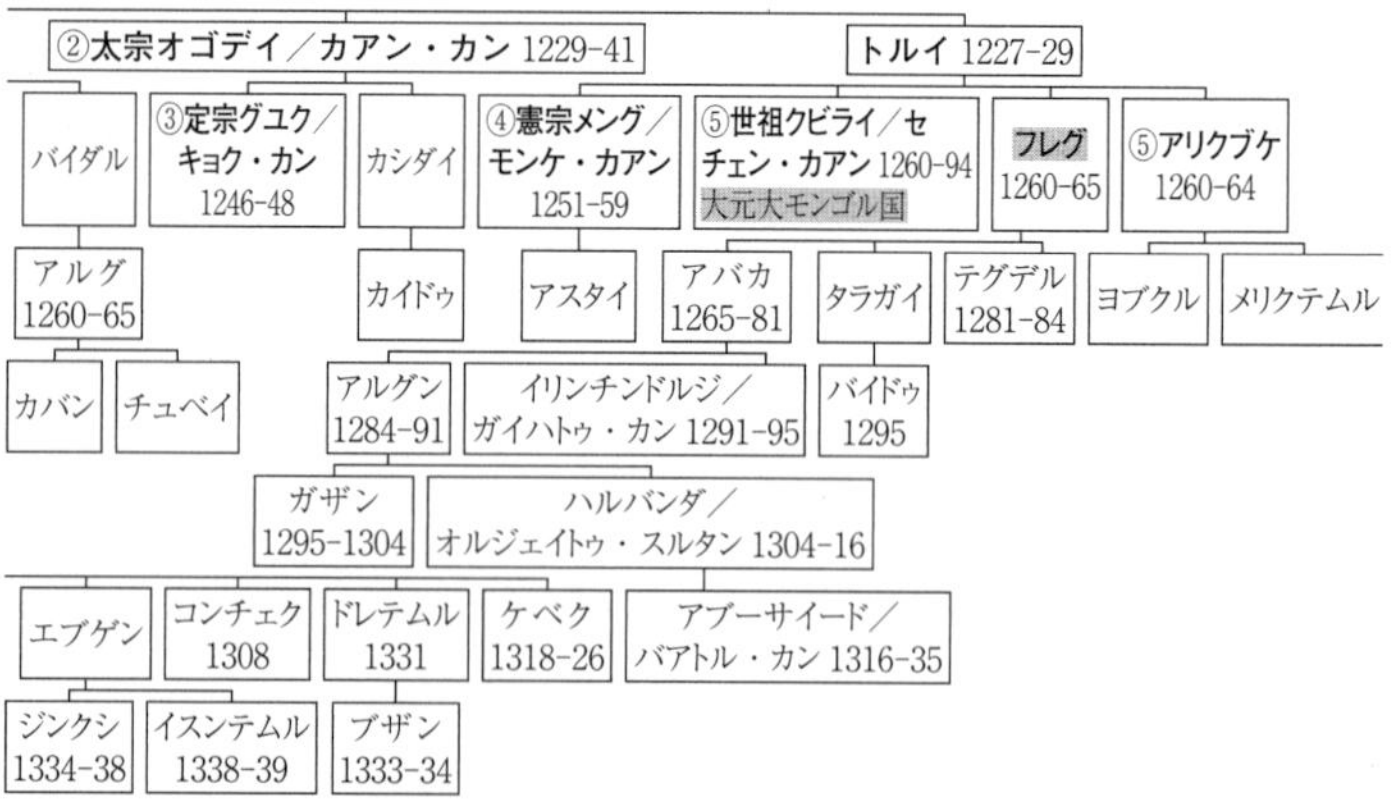

（人名後ろの数字は在位期間）

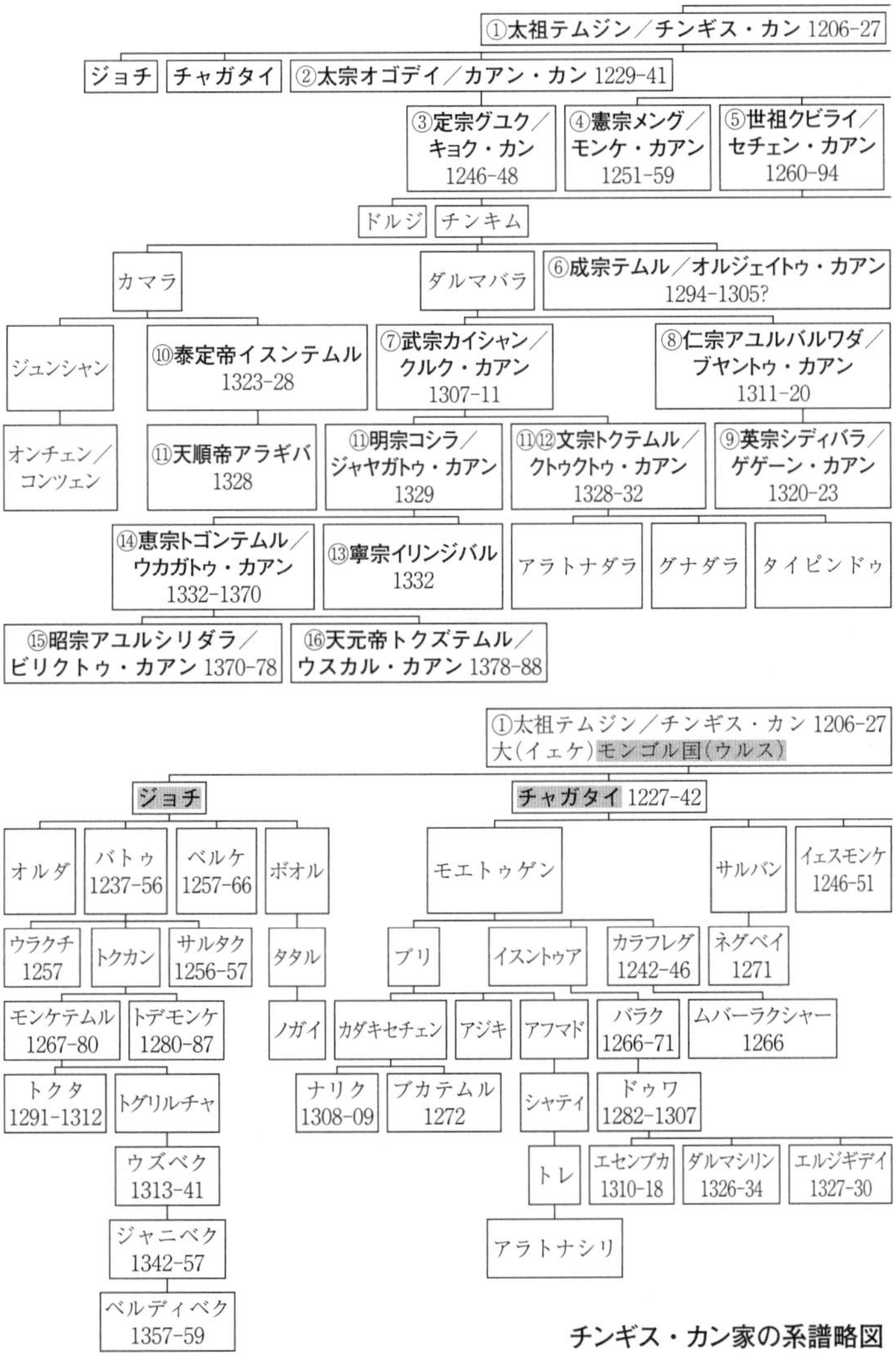

チンギス・カン家の系譜略図

重要語彙

▼カアン

鮮卑《センピ》やウイグル等テュルク・モンゴル諸部族の間で古くから使用された称号カガンが変化したもの。「カン（＝君王）たちのカン」「大カン」の謂い。テムジンは大金《ダイキム》（大《アンバン》）女真国《ジュシェングルン》のアルトゥン（「金の」）・カンや西遼《カラキタイ》のグル（「普《あまね》き」「気力《ちから》有る」）・カンに対抗して、チンギス（最強／大海）・カンを名乗った。第二代のオゴデイがカアン号を採用。大《イェケ》モンゴル国《ウルス》の当主のみがカアンを名のることができ、諸ウルスの当主は「カン」。クビライ以降、「カアン」といえば大元《ダイオン》大《イェケ》モンゴル国《ウルス》の当主を指す。

▼ケシク

四班に分かれて三日ずつ輪番でカアンや王族の護衛・身辺の世話をする宿直の制度。古参の家臣、有力部族、帰順した王族等の子弟で構成され、かれらをケシクテン（ケプテウル）と呼ぶ。弓箭士《コルチ》・傘蓋持ち《シュクルチ》・膳夫《バウルチ》・環刀持ち《ユルドゥチ》・鷹匠《シバウチ》・通事《ケレメチ》・書記《ビチクチ》のほか、季節移動に関連した宿営官《ヌントゥクチ》・遺失物係《ブラルグチ》など。モンゴルの駙馬国となった高麗王室でも導入された。遡って鮮卑拓跋の北魏、北斉等にも確認される。

▼行尚書省《こうしょうしょしょう》・行中書省《こうちゅうしょしょう》

「尚書省」は徴税等の財務を中心に扱う行政府。「中書省」は戸・吏・刑・礼・兵・工の業務全てを扱い全官庁・百官を統括。「行」は派出機関・支局の謂い。モンゴル語に行政府を表現するための適当な語がなかったため、ウイグル・契丹・女真の官僚を介して漢語の「省《シン》」を借りた（中東方面の人々は、この行政府をペルシア語・アラビア語の「divān ディーヴァーン」と理解した）。

チンギス・カンの末期からモンケ・カアンまでは、中東・中央アジア・北中国に三大管区を設定し、軍事・経済の両面から中央集権型の支配を行った。遠征軍は諸王家が供出する兵で構成され、接収した地域はそれぞれの功績に照らして公平に分配される。諸王家は、所領・権益を守る代官を当該地に派遣する。モンゴル高原の大宮帳《イエケオルド》は、財務や民事に明るい腹心の断事官《ジャルグチ》を各管区に差し向け、諸王家の代官たちの長となし、戸籍調査・徴税等の業務を統括させる（この「行尚書省」が発行した文書が現存。ジョチ家が拠点とするキプチャク草原からロシア方面のみ、オゴデイの死後の長期混乱とモンケ擁立の功績によって、管区が設置されなかった）。同様に、大宮帳が任命した腹心の官人《ノヤン》（都元帥）率いる頭哨《マンライ》の駐屯軍が、版図の最前線で遠征のための情報収集、外交の窓口、防衛等の重要な任務を担いつつ、駅伝《ジャムチ》の整備・管理や行政府の業務の輔佐を行った。

しかしモンケの崩御後、クーデタによってカアンになろうとしたクビライは、同腹弟のフレグとチャガタイ家のアルグの支持をとりつけるため、この中央集権型の行政府と駐屯軍を三人の間で分配し、大モンゴル国全域の実効支配を断念した。ロシア方面のジョチ・ウルス、中央アジアのチャガタイ・ウルス、中東方面のフレグ・ウルスをユーラシアの東端から間接統治するゆるやかな連邦制を受け入れたのである。それにともない、冬の首都をモンゴル高原から旧管区の中心で自身の拠点でもある大都《ダイドゥ》（いまの北京《ペキン》）に移した。

結果、宗主国たるカアンのウルス（大元ウルス）内に設置された十二前後の行政府支部のことを「行（中書／尚書）

省」と呼ぶようになった（ラシードゥッディーンは『ガザンの吉祥なる歴史』において šīng と音写し、dīvān の語を以て解説している）。省は路・府・州・県を統括する。現在の中国の首都の位置、省の区分は、クビライの選択を継承したものといえる。

大元ウルスは、大理・南宋を接収することで、世界屈指の金・銀の鉱脈、国家の専売品たる塩・茶の生産地、巨額の商税が見込まれる広州・泉州・杭州・慶元（いまの寧波）・揚州などの貿易港を手中にした。陸・海・内陸河川に縦横に張り巡らした交通網によって、空前の規模の商業圏が生まれた。この莫大な富をめぐり、ユーラシアを股にかけ一族で商社を経営する斡脱《オルトク》と呼ばれるムスリムやウイグルの集団、海運業者たちは、それぞれにモンゴル王族、中央・地方の高官たちの庇護を求めた。便宜をはかる側も、次期カアン位や要職への野望、既得権益の死守などさまざまな思惑が生じてくる。利害のためには、宗教・民族ときには血縁を越えた協力・敵対関係がしばしば発生した。その権力争いが尚書省（および行尚書省）・中書省（および行中書省）の興廃に反映され、ときには両官庁が並立した時期もあった。

▼回回《サルタウル》

回紇、回鶻に同じ。ふつうはムスリムを指すが、商賈の民、西域の民の総称として、ウイグル、ユダヤ教徒、ネストリウス派キリスト教徒、緑の瞳のアス族等を包括する場合もある。漢語の行政文書では「色目人《しきもく》」（いろんな人々）に分類することもある。

▼聖旨《ジャルリク》

カアンのおことば。王族の命令は言語《ウゲ》。漢語では、皇太子・大王、各国《ウルス》の君主は令旨、后妃《カトン》・公主《ベキ》は懿旨、駙馬《グレゲン》・貴族・大臣は鈞旨または言語、と使い分ける。

I

頓珍漢に筆を執り

【I　扉図】

（伝）胡瓌《こかい》「卓歇図」（「蕃騎図」）の一部。姑《ボ》姑《ク》帽《タク》を頭上に戴いたテュルクないしモンゴルの貴婦人たちが，砂塵のなかを移動する際にマスクを着用する。中国故宮博物院蔵（『中国絵画全集（元３）』文物出版社，1997 年，pp. 96-97)。

1　クビライのマスク

徒然なるままに――私的コロナ対策

二〇一九年十二月初旬、中国の武漢で死亡者が相次いだことから知られつつあった新型コロナウイルスは、当該都市が「封鎖」された春節の頃には、陸・海・空の道を通じて世界中に広がってしまっていた。一月中旬には、私の住む京都でも不織布の使い捨てマスクを大量に買い求め、国際郵便で発送する中国の観光客・留学生の姿が少なからず見られた。インターネット上で公開されはじめた武漢在住の女流作家方方《ファンファン》の日記が、しばしばお上の検閲によって削除されていることも、やや遅れて知った。隠されると覗きたくなるのが人情で、イタチごっこのように構築される別のまとめサイトから、せっせとコピーして保存しはじめた。諸般の事情により現代史・メディア学等の学生のための「中国語講読」を代講していたため、恰好の教材になると思ったのだ。

中国政府のコロナ対策

そもそも中国政府はコロナの正体をどの程度把握し、自国民にどのような防御策を推奨しているのだろう?

副教材として三月初旬に入手できたのが、二月に科学普及出版社から初版が出たばかりの任広旭編『図説新型冠状病毒《コロナウイルス》防護要点』である。この会社は北京の中国科学技術出版社が母体だから、政府公認のマニュアルとみてよい。計二十八頁、Ｂ６判の小冊子で、価格は十二元、日本円に換算すると二○○円くらい。おそらく路肩のキオスクやコンビニエンスストアでの販売を目的としたものだろう。ウイルスの恐ろしさとは裏腹にどの頁にも可愛らしい挿絵がついている。文章も小学校高学年なら理解できる内容である。

見切り発車で「新型コロナウイルスを世界保健機関は 2019-nCoV と命名した」と記述することから、この小冊子が一月下旬には編集され遅くとも二月頭に刊行されていたこと、「武漢」を避けた命名を中国政府がＷＨＯに要望し、結果として COVID-19 になったことが裏付けられる。ちなみに、

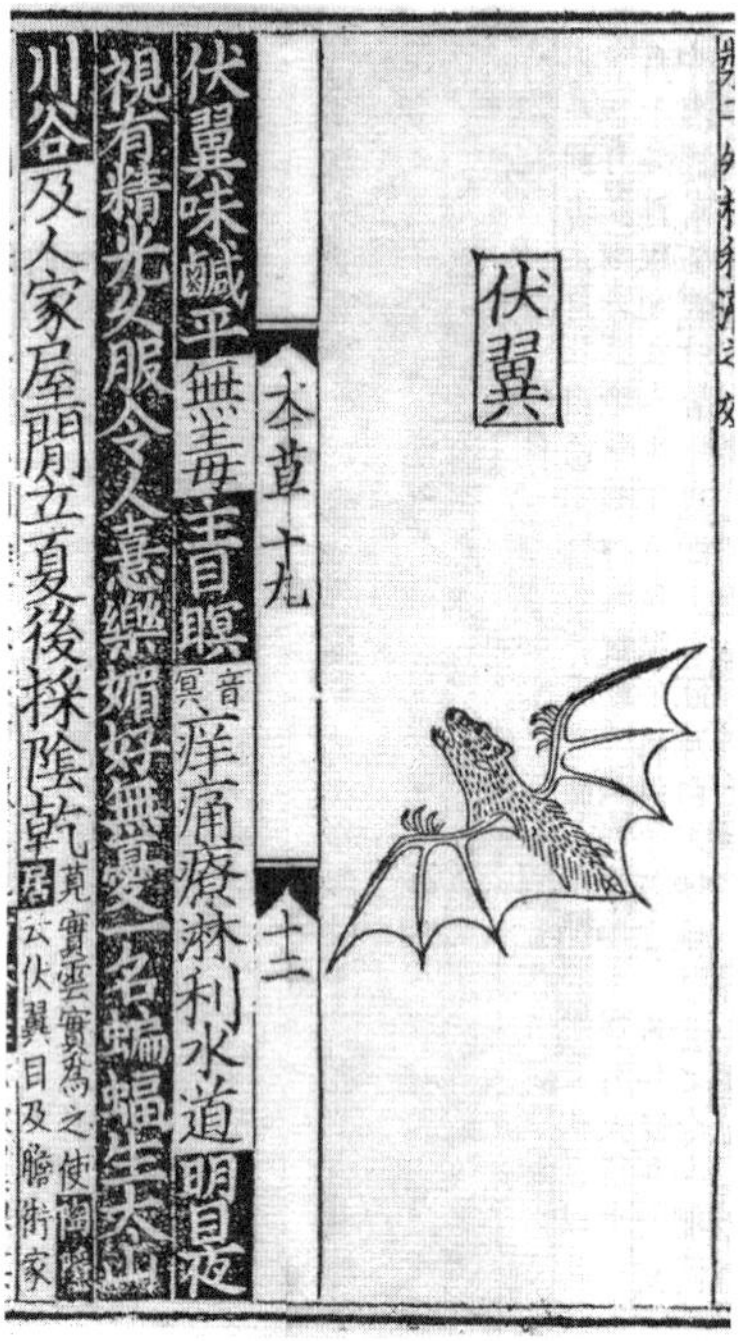

図１　漢方薬としてのコウモリ（冒頭部分）

鍾乳石のエキスを吸っているから薬や栄養剤になるのだそうで，その効能と製剤法が一葉半にわたって書き連ねられる。ご本体は陰干しやアルコール漬にして服し，白色の糞は熱燗で割る。蚊取り線香にも使うらしい。1249年刊行の『重修政和経史証類備用本草』（『中華再造善本』所収）より。

「将来の再度の感染爆発を避けるために」、各人が「野生動物の料理を拒絶すること」「野生動物との接触を避けること」とあって、蝙蝠《こうもり》や山羊のイラストに大きく赤で×印がつけられており、この時点では、ウイルス発生の原因を海外由来とする主張はなされていなかった（蝙蝠は別名を「伏翼」「天鼠」といって、「鼯鼠《むささび》」等とともにいにしえより様々な症状に対する漢方薬として用いられてきた（図1））。

ウイルスの潜伏期間は三～七日が多く、エアロゾル感染と接触感染であることがすでに把握されており、極力外出を減らし、密集を避け、外出時には口罩《コウヅァオ》すなわちマスクを着用すること、一メートル以上のソーシャルディスタンスを呼びかけ、七段階の手洗い法を図示する。細かいところでは、「使用済みのティッシュは密封式の塵箱に捨てる」との注意までなされている。職場では、七五パーセントのエタノール、塩素系消毒剤などによる一定時間ごとのエレベーターのボタンやドアノブ、コンピューターの周辺機器や文具の消毒、室内の換気、オンライン会議の活用、食堂では対面を避け単独で黙食すること等が推奨される。流行期間における団体旅行の一時停止、小学校から大学まで春季始業式の延期等、諸々の措置に対し、積極的な協力も求めている。免疫力を高めるための生活習慣の維持とバランスのとれた食事の摂取はもちろん、「心理免疫力」として、ヨガ、瞑想、深呼吸、文章や記録にするストレス発散法、音楽鑑賞によるリラックスにも言及する。

中国政府推奨のマスク

この小冊子、とりわけ注目すべきはマスクについてのくだりで、①使い捨てサージカルマスク：ひとが密集しない公共の場での一般人民、②外科用サージカルマスク：発熱患者もしくは疑似患者、公共交通機関で勤務中の乗務員、③医療用防護マスク（N95等）：発熱外来等の医療看護、診断にあたる者、④そのた綿製、ウレタン製、活性炭のマスク：今回の新型コロナウイルス肺炎への的確な対応として、外出時の使用を推奨しない、と四つに分類し、いわゆる「ピッタマスク」のイラストを楕円で囲み、赤で×印をつけていた。なおかつ、①二〜四時間に一回、汚れに気づいたら即刻取り替える、②清潔なジップロック付きの袋に、鼻・口と接する面を内側に重ねあわせて保存、③目下は医療物資に限りがあるので、一般人民は使い捨てサージカルマスクか外科用サージカルマスクを使用し、医療用防護マスクはコロナ最前線で戦う医療看護従事者にのこしておこう、との補足がなされていた。

道理で瞬く間に不織布マスクが店頭から消え失せ、争奪戦が繰り広げられたわけである。SARSを経験済みとはいえ、中国政府は、一月末の時点でこれだけのことを、国内には周知させようとしていたのだ。日本政府やマスコミが迅速に正確な情報を収集・公開していたら、トイレットペーパー以上の恐慌状態を引き起こした可能性もあるが、個々の行動はより慎重になったはずである。「濃厚接触」の基準も厳しくなり、第二波も小さかったかもしれない。六月も半ばになって、中国政府が推奨しない「アベノマスク」が我が家にも届いた。

会食マスクの起源!?

それから約一年、こんどは「マスク会食」が叫ばれ、「会食マスク」なる商品も売られる事態となった。学校給食をはじめ調理・配膳者のマスク装着は、日本では見慣れた光景だが、食事中の客の絶えざるマスクの着脱は、有史以来初めてのことかもしれない。

大元大モンゴル国《イェケモンゴルウルス》末期の至正年間（一三四〇〜六七）に李材《りざい》なる人物が書いた随筆『解醒語《かいせいご》』（「醒」の字を「酲」に作るテキストもある）は、ほかの書物に見えないモンゴル朝廷の貴重な記事を複数載せるが、そのひとつに、

長春殿に群臣と宴《うたげ》す。供事の内臣の饌《おぜん》を進むるに、咳を病《や》む有り。帝は其の不潔なるを悪《にく》み、命じて金羅を畳むを為し面を半ばに之を囲い、両眼を露わにするを許し、下に垂らすこと胸に至らしむ。是自《ここよ》り、饌を進む者は此れを以て例と為す。

とある。宮中での宴会のさい、給仕係のひとりが、風邪だか、インフルエンザだか、結核だか、原因はわからないがとにかくひっきりなしに咳をしていた。皇帝が「御膳にかかるではないかっ！　穢《きたな》い！」と露骨に嫌がり、おそらくは自身の手持ちの金糸を織り込んだ大ぶりの絹の手帕《ハンカチ》（こんにちのスカーフサイズか）をおもむろに懐から取りだして、折り畳んで両目から下に巻付け、胸まで垂らすよう命じた。忍者か強盗みたいな恰好になっただろうが、これは明らかにマスクのハシリである。「会食マスク」にも類似の形状をしたものがある。

ただ、この時代、冬の首都たる大都《ダイドゥ》（いまの北京）にも、夏の首都たる上都《シャンドゥ》（内モンゴル自治区シリンゴル正藍旗）にも、そして大モンゴル国《イェケモンゴルウルス》の初期の首都カラコルムにも「長春殿」という名の建物は存在しなかった。くわえて現在見られる『解醒語』のテキストは、序文や目次も無く、大明時代後半にさ

まざまな書籍から逸文を集成したものに過ぎず、宋代の『葆光録《ほこうろく》』『九国志《きゅうこくし》』の記事も紛れ込んでいる。大清満洲国《ダイチンマンジュグルン》の学者たちはこの話を大元時代のものと疑わず、科挙を再開させたアユルバルワダだと断ずる者さえいたが、給仕係のマスクの起源は五代か北宋に遡る可能性もあるだろう。

少なくとも、「元寇」で知られるクビライ主催の大宴会《イエケクリム》において、給仕係がみなマスクをしていたことは、かのマルコ・ポーロの『百万の書』（別名『世界の記述』）が言及する。

大君《グランカン》（クビライ）の毒味をする人たち、食べ物・飲み物を給仕する者たちがたくさんいる。大君の御膳の上、葡萄酒の上に息を吐かないようにするための効能として、全員、鼻と口をひじょうに美しい紗、正確には金羅の手帕で囲っている。

『解醒語』の記述と細かい点まで一致する。モンゴル語の膳夫《かしわで》は「バウルチ」といい、羊肉を切り分ける小刀を帯に挟んでいるうえに、君主を毒殺する可能性があるので、信頼されている重臣が担当、管理した。イタリア語でも毒味を「fare la credenza」という。「信用」「確認」するからである。

一二四六年、一二五四年にそれぞれ大《イエケ》モンゴル国《ウルス》の大宴会を目にしたフランチェスコ会の修道士プラーノ・カルピニのジョヴァンニとルブルクのギヨーム、約一世紀後にジョチ・ウルスやフレグ・ウルスの朝廷を訪れたイブン・バットゥータは、いずれもマスクに言及しない。フレグ・ウルスにおいて編まれた『集史』のモンゴル史の部分――『ガザンの吉祥なる歴史』には、チンギス・カン以降、歴代の皇帝《カアン》、各ウルスの君主《カン》たちの大宴会の様子を描いた細密画が何枚もあるが、マスク姿のバウルチは見当たらない。モンゴルの習慣にはほんらい存在せず、クビライが採用したものとみてよいだろう。フレグ・ウルスの君主や臣僚たちに、宗主国たる大元ウルスのさまざまな制度や文化について情報を提供し、『集史』編纂にも寄与したボロト丞相は、かつてクビライのバウルチだったが、ことこの作法は踏襲されず、当地では浸透しなかったらしい。

『百万の書』は、クビライが家臣の妻に命じて、夜伽候補の生娘たちの口や肢体から異臭がしないか（膿腫、潰瘍等の病気をもっていないか）、鼾をかかないか等を細かく検査させていたことも伝えている。潔癖症だったのはまちがいない。大元ウルスの皇帝たちのための薬膳料理の書『飲膳正要《いんぜんせいよう》』（一三三〇年刊）によると、クビライは、古今東西の医薬の英知を集積した『大元本草図経』（散逸）にもとづき、食材の効能・食べ合わせ等を考慮した摂取を心掛け、養生法に則った運動を実践していた。その甲斐あってか、クビライは当時としては長寿の八十歳まで生きながらえたのだった。

【附記】

真下裕之（神戸大学教授）の教示によれば、インド方面に展開したモンゴルの後継国家ムガール朝の記録『アーイーニ・アクバリー』に、調理・配膳時のマスクの着用が確認される。同書には宮廷で出される料理のレシピも載る。

2　権威もつはんこ

コロナ禍により、官民問わずテレワークやオンライン会議が推奨される過程で、それらを阻害するものとして、「はんこ」文化が槍玉にあがった。

悠久たり、はんこ文化

西暦五七年に後漢の光武帝が賜ったという「漢委奴国王」金印、あるいは正倉院にのこる数多の文書・台帳（紙の接ぎ目や年月日等各種数字の上に、部分的な差し替えや改竄を防ぐ目的を以て朱方印が捺される）、勘合貿易の割り印等が示すように、その歴史はひじょうに古く、中国大陸から朝鮮半島、日本へと伝来し、踏襲されてきた。

匈奴《フンヌ》、鮮卑《センピ》、突厥《トゥルグゥ》、契丹《キタン》といったテュルク・モンゴル系の遊牧民には、もともと家畜に自家の記号《タムガ》を烙印する習慣があった。ユーラシアを股にかけるソグドやウイグルの商人たちとの交渉を通じて、書面上の「はんこ」文化は、花押《ニシャン》とともにモンゴル高原、中央アジアでも浸透していった。

北魏から隋にかけての鮮卑《センピ》文字の記録や記憶が消えてしまっていたためか、チンギス・カン以前のモンゴルは、文字を持たなかったとされる。しかし、ケレイト、ナイマンといったテュルク系の王国を打破・接収してゆくなかで、表音のウイグル文字を借用して自分たちの言語を記録することを選び、同時にウイグルの書記術――国書から戸籍・徴税台帳、契約書に至るまで各種文書様式をほぼそのまま受け入れた（一二四六年にグユクがローマ教皇インノケンティウス四世に宛てた国書には、チンギス・カン、父のオゴデイから継承した可能性のある一四・五センチメートル四方の印璽が捺されており、ウイグル文字モンゴル語が六行に分けて刻まれている）。漢字に倣った契丹や西夏《タングト》の文字は、習得が難しく局地的利用にとどまっており、選択肢にはならなかった。

同腹弟アリクブケとのカアン位争奪戦に勝利し、国都をモンゴル高原のカラコルムから大都《ダイドゥ》（いまの北京《ペキン》）に遷したクビライが、一二六九年に新たに創らせたパクパ文字も、表音のチベット文字にもとづく（方形字《ドルベルジン》と呼ばれるとおり官印に刻むことを前提としていた）。その二年後、大《イエケ》モンゴル国《ウルス》の国号に「大元」を冠し、宗主としてジョチ・ウルス、フレグ・ウルス等の諸ウルスをゆるやかに統治した。

勤務状況と決裁責任の具象化

一三〇〇～〇二年頃、フレグ・ウルスの宰相ラシードゥッディーンは、かつてクビライに仕えていたボロト丞相から、最高官庁の中書省について、

官人《ノヤン》たちは毎日省に往き、人々の詞訟（申し立て）を審問し、国家の重大事を処理する。この（最上位）四名の丞相も出席し、上述のほかの官員（太傅、平章、右丞、左丞、参政、参議、郎中）、書記《ビチクチ》たちは、ひとりひとり官職の位階（品級）にもとづき順番に座ってゆく。各人には榥（背もたれのない木製の腰掛）のような卓が前面に据えられ、硯がその上に置かれており、常にそこにある。各官人《ノヤン》は特定の花押《ニシャン》と印《タムガ》が決められている。ちなみに数名の書記は、職務として「毎日衙門（役所）に来ない者の名を記録すること——来ていない日数分を当人の俸給から差し引くため」と決められている。若

し某人がめったに衙門に来ず、かつ明白な事由がない場合には、かれは罷免される。かれの詞訟はこの四名の丞相がカアンの御前に奏上する。

との説明を受け、そのまま『集史』第一部『ガザンの吉祥なる歴史』において紹介している。フレグ・ウルスでは建国当初より、大元ウルスのカアンから、「輔国安民之宝」（イル・カンの謂い）の印璽をはじめ、重臣たちのためのパクパ文字銀印をしばしば特賜されていたが、君主ガザンは、あらためて大元ウルスの公文書の発給システムを導入し、目的別にさまざまな官印を作製させたという。方印の普及から、パクパ文字に似せたクーフィー体アラビア文字も出現する。

『大元聖政国朝典章』（一三〇四〜一三二三年編纂・増補。通称『元典章』）も、

京・府・州・県の官員は、毎日、早《つと》に聚《あつま》り円坐して、詞訟を参議し、公事を理会《しょり》す。合《まさ》に給すべき暇日を除《のぞ》く外《ほか》は、務《つと》めを廃《すて》るを得る毋《なか》れ。仍《なお》、毎日一次《ど》、公座《かいぎしつ》の文簿に署押す。若《も》し公出する者有れば、上に標《しるし》を附す。

とほぼ同じことを述べており、中書省のモンゴル、ウイグル、ムスリム、漢児《キタイ》の官僚のみならず、中央・地方のどの官庁においても全員、出勤簿への署名押印が義務づけられていた。合議の場にいて連帯責任を負うことが何より重視され、印章と花押が勤務状況、決済責任の動かぬ証拠となったのであ

る。ぎゃくに公文書末尾に位階順に並ぶ官僚たちの花押と官印は、その文書の信憑性を保証し、さらには権威づけした。

「脱はんこ」の掛け声から約一年余り、日本国政府の思惑とは裏腹に、「電子シャチハタ」なるものも登場した。「宜《むべ》なる哉《かな》」といわざるを得ない。

はんことダイコン

前述の『元典章』は、〝判例六法〟といってよいもので、小説みたいな事件の数々に読んでいて笑わされることも多いのだが、そこに掲載される一二六〇年代前半の詐偽事件。周福《しゅうふく》、陳中山《ちんちゅうざん》のご両人、黄河を渡るために南京路亳州鹿邑県（傍点は行政単位）の官庁で発行してもらった許可証（パスポート）を不注意にも紛失してしまった。困った挙句、ほかのひとの許可証だか、附近の寺刹・道観（道教施設）・学校等の境内の碑石に模刻されている公文書だかを参照して、偽造を企んだ。蘿蔔《すずしろ》すなわちダイコンを調達してきて県印を刻し偽造文書に捺し、何食わぬ顔をして舟に乗ろうとしたが、おりしも特設の官庁たる河渡司が南宋のスパイを警戒していた時期で、あえなくお縄となり、主犯の周は五十七回、従犯の陳は四十七回棒で敲かれた（天・地・カアンの慈悲の三回が減じられている）。

また一三一八年には、中書省戸部（財務・徴税等担当）の事務輔佐員の職にもぐりこんでいた劉沢《りゅうたく》が、ムスリム商人のウマルの委託を受けて、塩の引き替え券七百五十枚（銀一八九キログラムに相当）を支給する公文書を偽造するため、別人に発行された本物を官庁からこっそり自宅に持ち帰り、深夜、灯火の下で、左丞相ハサン以下関係官僚の花押、誤字・脱字等の確認をする事務員たちの署名、パクパ文字モンゴル語の書類標題を模写した。アラビア文字ペルシア語の添え書きだけは歯が立たず、知り合いのイーリーンに協力を請うた。中書省の印は、とうじの役人が身だしなみとして常に腰にぶら下げていた携帯用七つ道具セットの小指大の刀子《とうす》を、ダイコンに駆使して作った（またもダイコン！　消しゴムみたいなお手軽さである）。印面がぼやけていたことから疑念を抱かれ発覚したらしいので、干し大根ではなかったのかもしれない。

ところで、県印こそ一辺六センチメートル四方すなわち$\sqrt{2}$倍の直径八・四八センチのダイコンで事足りるが、中書省の印は一辺一〇・五センチなので直径一四・八五センチのおばけダイコンが必要となる。入手が難しそうだが、『飲膳正要』の「蘿蔔」の挿絵を確認してみると、かぶらや聖護院大根のような形状であることがわかり、納得される。

実行犯の劉沢は、詐偽の前科もあって、百七回の棒敲きのうえ肇州（いまのハルピン）の屯田に行かされた。ウマルとイーリーンはお咎めなしだった。通念とは異なり、なかなか死刑にならないのが、モンゴル時代である。

印璽の偽造

ちなみに前述の事件と同じ南京路（いまの開封）で、時期も近い一二六八年に、全真教（北中国で多くの信者を獲得していた新興道教教団）が、朝元宮という道観内に、「不輸不入」等の特権を誇示すべく、クビライの印璽を捺した聖旨を原寸大で精密に刻んでいたことが問題となっている。聖旨や令旨の印影を悪用されると、馬の売買許可書の真贋を判別しにくくなり軍事上の懸念がある旨、河渡司の長官が上申したのである。站赤《ジャムチ》（駅伝）の馬や車両、宿舎、飲食を無料提供し

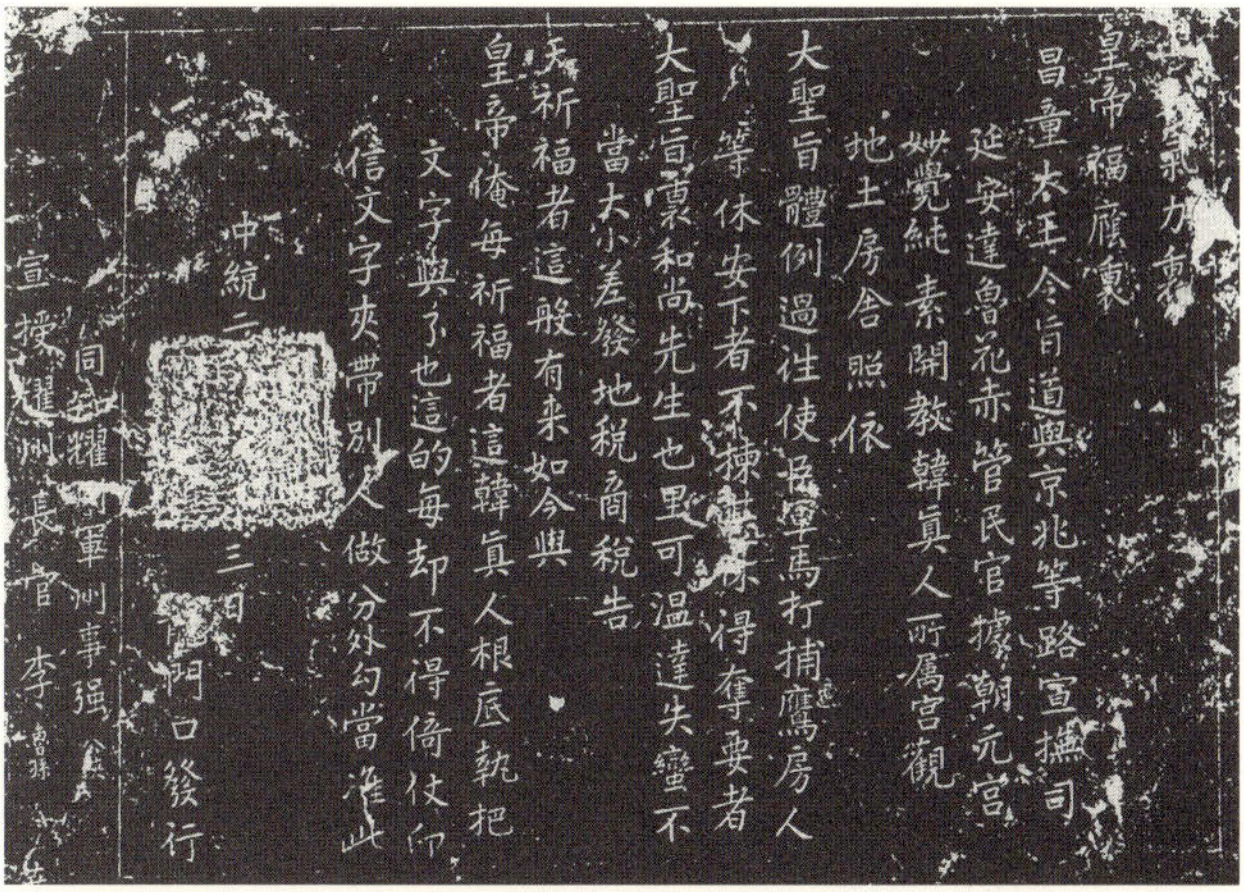
皇帝福蔭裏
昌童大王令旨道與京兆等路宣撫司
延安達魯花赤管民官據朝元宮
妙覺純素開教韓真人所屬宮觀
地土房舍照依
大聖旨體例過往使臣軍馬打捕鷹房人
等休安下者不揀甚麽休得奪要者
大聖旨裏和尚先生也里可温達失蠻不
當大小差發地税商税告
天祈福者這般有來如今與
皇帝倫每祈福者這韓真人根底執把
文字與了也這的每却不得倚仗
信文字夾帶別人做分外勾當准此

図2　消された印影

1264年にクビライの甥チャントム大王が全真教の道士を庇護するために発令した令旨。碑石に忠実に模刻されていたが，のちに偽造を防ぐため印面の部分を毀った（『金元全真道碑刻集萃』山東大学出版社，2020年，p. 62）。

てしまう可能性もあった。これ以後、碑には「宝」の字か印璽の外枠のみを刻んだが（図2）、官印は対象外だった。なお『蒙古字韻』は、パクパ文字で御宝の「宝」を示す際には、財宝の謂いの baw バウと区別するために b・o ボオの表音を用いるよう指示している。

　こうしてみてくると、偽造は中国の下っぱ役人や庶民の専売特許のようだが、カアン本人が関わった例もある。

　オゴデイは、大金《ダイキム》大女真《アンバンジュシェングルン》国を滅ぼすと、漢字文化圏の文書には主に「宣命之宝」の印璽を用い、ウイグルのチンカイ丞相に預けていた。大金《ダイキム》朝廷が一一八三年に鋳造したものを継承したと信じがちだが、『大金集礼』によると一辺一二・四三センチメートルだったはずが、オゴデイの国書を見た南宋の外交使節の証言では九・五センチ程度しかなかった。

しかもクーデタによって即位したクビライは、そのオゴデイの印璽すら入手できるはずもなく、あらためて「宣命之宝」「皇帝之宝」「御前之宝」等複数の金・玉の印璽を製造させている。前述の「輔国安民之宝」もこのとき、造らせたものだろう。クビライの孫のテムルの即位式の直前には、譜代のジャライル国王家から、絶妙のタイミングで「受天之命、既寿永昌」と刻した「伝国の玉璽」が再発見、献上されている。百科事典の『博聞録』の挿絵等を参考に「複製」されたに違いない。ちなみに、大明《ダイミン》の洪武帝の一三八八年、モンゴル高原に退却していたトグステムルの崩御が伝わると、「伝国の玉璽」の継承に焦点があたる。そこで大元ウルス朝廷の旧宝物庫から、大型の玉製宝璽五十個、小型の玉製印章百四十個を取り出して、寸法や色を仔細に調べ、『宝玉図式』なる分類図録が編纂された（散佚）。そのあと、前代の「伝国の玉璽」二個以外は、後世の偽刻だとしてすべて印字を磨き去り、再利用した。クビライの瑪瑙の円形印章のパクパ文字ないしウイグル文字も判読不能として惜し気もなく削ってしまったという。座右の銘や花押を知り得たかもしれないのに、もったいないことである。

そして一三二八年、イスンテムルが上都《シャンドゥ》（夏の首都）にて崩御すると、大都《ダイドゥ》（冬の首都）でクーデタの時機を俟っていた軍官エルテムルたちは、カイシャンの遺児トクテムルをカアンに奉じ、文官も交えて善後策を練った。玉璽はイスンテムルの嫡子アラギバの手にあったため、蠟（さすがにダイコンではない）を以て偽造し、「聖旨」を発布した。一方で、アラギバの使者を待ち伏せて殺害、その聖旨を燃やした。さらに、トクテムルは兄コシラの暗殺にも玉璽を利用したが、カアンの富と権力にはそれだけの価値があったのである。

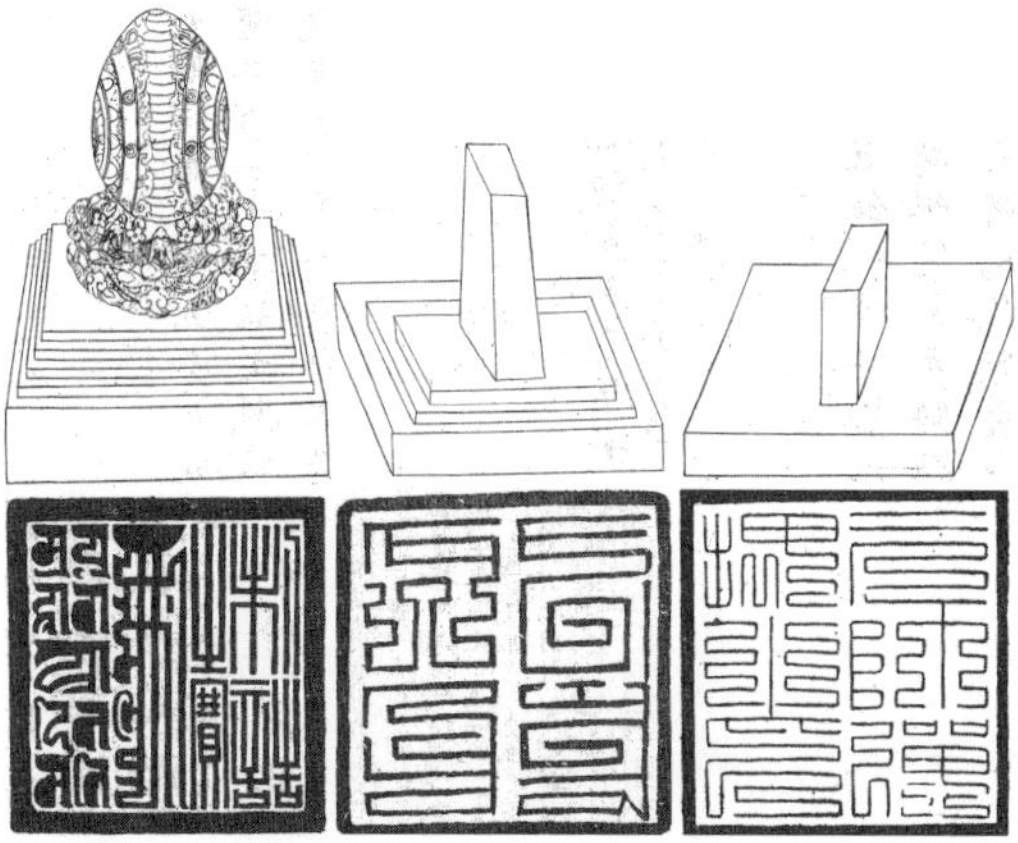

図3　乾隆帝所蔵の「大元ウルス時代」の印璽
（『西清続鑑（甲編）』台聯国風出版社，1980年，pp. 2215-2227）

【附記】

二〇二三年、研究所の同じ階の住人から、最近発掘されたという金印の篆書体の文字解読を頼まれた。差し出された印章の写真を見たとたん、思わず吹き出しそうになった。取っ手のしかめっ面の獅子らしきツルッツルでピッカピカの珍獣は、明らかに最近の贋物で、中国に留学中、土産物店等でよく見かけた水準のものだったからだ。しかし、印面の文字は大元ウルス時代のものに近い。どういうことなのか。幸い、初見でも一文字以外はすぐに読めたので、それらを手掛かりに調べてみたところ、大清満洲《ダイチンマンジュグルン》国の乾隆帝が編纂させた宝物図録《カタログ》『西清続鑑《せいしんぞくかん》（甲編《こうへん》）』収録の鉄製の「元帥弾押之印」を参考につくったらしい（図3右）。元帥府弾圧官（本書Ⅲ章2節参照。「押」と「圧」は同じ ya の音価）——自衛隊支部の事務職員が書類作成に用いる印鑑に相当するものだから飾りがなくて当たり前なのだが、高く売りつけるために豪華にしたかったのだろう。ちなみに同書には、大元ウルスが大明《ダイミン》の攻撃を避けてモンゴル高原に退去したのち、アユルシリダラの治世の一三七一年に製造されたパクパ文字の「tay-・eu̯-dži-yin 大尉之印」（図3中央）、オルドスで見つかったという「制誥之宝」なども収録されている（図3左）。そもそもこれら自体がホンモノという保証もないのだが、今回の偽造に研究者ないし古物愛好家が一枚嚙んでいるのは間違いない。一昔前なら『西清続鑑』のような書籍は閲覧するまでに多くの労力を要したが、いまやインターネット上で気軽に見ることができ、記録される寸法から拡大・縮小し、左右反転して印面を彫ることができる。騙されないためには、贋作者を上回る技術・知識の習得が必要ということだ。

3　はんこがもたらす権威

「文」の皇帝《カアン》トクテムル

玉璽引き渡しの場で異母兄のコシラを毒殺するという軍官たちの計画を黙認したトクテムルは、がぜん当代および後世の筆誅が気になりだした。父のカイシャンを暗殺して即位した叔父のアユルバルワダの顰《ひそみ》に倣い、モンゴル語の国史《トプチヤン》と要約、漢文の『実録』『経世大典』（項目別の政書。唐・宋の『会要』に相当）の編纂に携わることになるだろう文官たちの懐柔に乗り出す。

ご進講の場の開設、科挙や推薦による人材登用、編纂・出版事業の支援は既定路線であり、別の目立つ一手が必要だった。そこで大都《ダイドゥ》の宮城内、興聖殿の西廊に奎章閣《けいしょうかく》を建て学士院となし、附属機関として書籍を扱う芸文監と芸林庫、印刷出版を請け負う広成局（『飲膳正要』もここで刷った）、書画の鑑定を行う鑒書博士司《かんしょはかせし》を新設した。奎章閣は、南から北へ順に古今の法書・名画・骨董の保管室、官僚の控え室、カアンの御座席と陳列棚のある講義室、あわせて三部屋で、外には回遊式庭園が造られた。トクテムルはそこで現物を鑑賞しながら製作年代や作者についての解説を聴いたり、勲戚、大臣、宿衛《ケシク》の子弟とともにチンギス・カンやクビライの聖訓《ビリク》、挿絵入りの「君主の鑑《かがみ》」（古今東西の帝王の歴史）を学んだ。

翰林国史院、国子監、秘書監といった類似の機関がすでに存在していたが、①中書省、御史台、翰林院の高官、文名を馳せている科挙の及第者のみが資格を有し、かつトクテムル自らが抜擢するという「名誉」、②宮城門の夜間通行証——トクテムルの親筆による象牙の円牌（「奎章閣」の三文字、表面にウイグル文字・パクパ文字、裏面に漢字を刻む。水戸黄門の印籠みたいなもの）と絹地に刺繡した聖旨（お墨付き）の賜与、各官庁との書類手続きの省略という「特権」に付加価値があった。言い換えれば、閉ざされた空間でのカアンとの濃密な信頼関係の構築である。したがって文化サロンでありながら、政治上のさまざまなお願いや献上品が持ちこまれた。

　モンゴルの王子たちの漢字の手習いは、オゴデイの嫡子で漢児《キタイ》（中土《ジャウクト》）の地の統治を任される予定だったカシダイ（クビライと対峙したカイドゥの父）に遡り、クビライ家でも嫡子のチンキム以降、必修課目となっていた。トクテムルはこれに耽溺し、配流の日々（祖母のダギやアユルバルワダに疎まれ、中国最南端の海南島、いまの長沙や南京を転々とした）のなかで、手慰みに腰の小刀でダイコンに「永懐」の二字を刻み、拓本を近臣に賜ったこともあったという。即位後は、百字を超える任命書等も自らの手で認《したた》めた。学士の虞集《ぐしゅう》が撰した「奎章閣記」についても自ら清書し、碑石に刻ませて複数採拓、「天暦之宝」の璽（「奎章閣宝」と併せ虞集に篆書体で彫らせたもの）を捺し、恩寵のしるしとして近臣に分け与えた。

　トクテムルは、ふたつの宝璽を、自身の宸翰《しんかん》のみならず、大金《ダイキム》や南宋の朝廷からの接収品と各地の献上物を主とする帝室コレクションの極上の書画にも次々と押していった。優劣・真贋の鑑定を任された博士が柯九思《かきゅうし》（字《あざな》は敬仲《けいちゅう》）である。

法書・名画の後には、所蔵者あるいは閲覧者が、絹や紙を継ぎ足して、由来・内容の解説・感想・鑑定結果等を記す「跋《ばつ》」や「賛《さん》」と呼ばれる文章・詩を書き連ね、宝璽や印章を押捺するのが伝統である。歴代王朝の名品、文人たちの垂涎の的の数々を、カアンとともに朝から晩まで鑑賞し、しかも鑑定・閲覧者として、過去の著名人たちに混じり名をのこせる。現物をカアンから贈与されることさえあった。舞い上がらないわけがない。じっさい、虞集はトクテムルに対し「聡明不世出の資を以て古今の能《よ》くし難《がた》き所の事を行う」云々とおべんちゃらの山を築いた。柯九思は、数年後に御史台によって「性は純良に非《あら》ず、行いは矯譎《いつわり》を極め、其の末技を挾みて権門に趨《おもむ》き附く」との弾劾を受け、罷免されている。

書画骨董を愛したオバサマ

トクテムルの嗜好は、叔母（カイシャン、アユルバルワダと同腹）かつ義母（ブダシリ皇后《カトン》の実母）のサンガラギ公主《ベキ》の影響も大きい。かのじょは、チンギス・カンの正后ボルテ夫人以来、代々姻戚関係にあるコンギラト家の出身で、儒教の総本山たる山東曲阜を所領に有し、孔子廟や顔子廟を庇護した。医薬や陰陽（天文・卜筮等）の学校教育も支援、古の銅器を模した祭祀用の道具を鋳造、寄進したりもしている。サンガラギたちは、南宋皇室の血をひく趙孟頫《ちょうもうふ》の書画、王振鵬《おうしんほう》の「界画」（屋台引《やたいびき》。定規・割り算を駆使しながら宮閣などを精密に描く）をこよなく愛した。特に後者に対しては、古画の学習の機会を与えるため秘書監の職を用意するほど優遇した。モンゴル王族が「中国文化」の流行を先導していたといってよい。

サンガラギは、帝室コレクションの大規模な展覧会も主催した（出陳作品は袁桷《えんかく》が記録）。「皇姉図書」「皇姉珍玩」の印章は、北宋の徽宗、大金の章宗、トクテムルの宝璽、柯九思の印章とともに、作品本体を権威づけ、ホンモノであることを保証した。洪武帝の息子の魯王朱檀《しゅたん》（一三七〇〜八九）に至っては、「皇姉図書」が捺された画を数点、墓陵にまで持ちこんだ。

ただし書画の価値をはねあがらせる要素は、偽造の対象ともなる。宮中でホンモノを見る機会のあった文官、蒐集家、歴史家たちは、書画はもとより典籍・文書・碑刻等から作者および跋の書き手の生没年、出身地、職歴等の専門知識、印影等のデータを集積しており、詩文を擬作する能力もあるから、贋物作りはお手の物だった。下調べが甘いと、矛盾や破綻をきたして露見することになる。

贋作はびこる「清明上河図」

大清満洲国《ダイチンマンジュグルン》初期の官僚で蒐集家の孫承沢《そんしょうたく》は、山東淄川《しせん》の士大夫の家で、「宣和」の小璽と「天暦之宝」が捺された「清明上河図」を寓目した。加賀前田藩が蔵した同名の画巻は、一六六五年の狩野探幽の模写によれば、巻末に「柯九思敬仲印」の篆書印、巻頭にもパクパ文字の混じる「任斎 ši 識」と「柯氏清玩」の方印（図4）が捺されていた。ともにホンモノかつモンゴル朝廷の旧蔵を主張する。

大明《ダイミン》の一六〇九年に李日華《りじつか》が目睹した画巻は、絵の末尾に細字の「張択端画」の四文字、徽宗による「清明上河図」の題籤、「宣和」の小璽、五言律詩と「銭貴妃に賜う」の御書、「内府宝図」の長方形の印。そのあとに大金の年号である「貞元元年（一一五三）月正上日」の箋、蘇舜挙《そしゅんきょ》の賦と「眉山蘇氏」の印、大徳戊戌（一二九八）春三月の戴表元《たいひょうげん》の跋、古い紙に李冠《りかん》と李巍《りぎ》の詩、天順六年（一四六二）二月の岳璿《がくせん》の後記が連なる。大元末期の人で趙孟頫の文集を刊行した「長沙何貞立」の印章のほか、「水村道人」「陸氏五美堂図書」、沈鳳翔のふたつの所蔵印も捺されていた。蘇舜挙はかの蘇軾と同年、李冠、李巍も徽宗より前の世代だから、張択端（徽宗によれば字は文友）の画巻を最初期に見た者たちになるのだろう。モンゴル朝廷所蔵の形跡はない。李日華は、曽て北京で模写・習作を三種実見していたが、いずれとも構図が異なったらしい。五年後、蘇州にほど近い浙江嘉興の譚貞黙《たんていもく》がこの画巻の鑑定書を依頼してきた際に再び閲覧すると、劣化が進行していたという。

図4　狩野探幽が模写したパクパ文字の印鑑
ニューヨーク公立図書館スペンサー・コレクション蔵
（『決定版　清明上河図』国書刊行会，2019年，p.174）。

この画巻をもとに（これ自体ホンモノの保証はないが）複数の贋物が製造されていたようで、一六二二年には銭謙益が、巻頭に「銭貴妃に賜う」五言律詩一首と「内府珍図」の印、巻末に大金の「天輔五年辛丑（一一二一）三月十日観」、岳璿の跋を附す「清明上河図」を閲覧している。やはり譚貞黙が長安まで携えてきたのだが、蘇州の黄《こう》彪《ひょう》の贋作だった。

黄彪は、ホンモノを三日借り出しただけでその全画面を細部まで記憶できる特異な才能、毛髪より細い線描の目も眩む緻密さがウリだった。蘇州の某都御史は、朝廷の高官だった李東陽《りとうよう》（一四四七～一五一六）の旧蔵をうたう「清明上河図」を買い取り、時の権力者の厳嵩《げんすう》・厳世蕃《げんせいはん》父子（一五六五年の大疑獄の首魁）に贈った。しかし厳家の鑑定士の湯北川《とうほくせん》への賄賂をケチったばかりに、表装が時代に合致しないと指摘され（「元貞元年〔一二九五〕月正上日」の蘇舜挙の賦を附す誤りも重ねる）、父子の怒りを買い死刑になった。穆宗《ぼくそう》（在位一五六七～七二）は、厳家の邸宅から没収したそれをどういうわけか愛玩し、彩色を施させた。そのご賄賂を受け取った宦官により再び民間に流出、王世貞《おうせいてい》（一五二六～九〇）を経て大清の宮廷に帰す。台湾国立故宮博物院の「清明易簡図」である。

ひるがえって李東陽の旧蔵品といえば、われわれがよく知る中国故宮博物院の「清明上河図」で、李日華が見たのと系統が異なる。しかしこれもホンモノとはいいがたい。まず、大金の一一八六年に印章なしの跋を寄せ、向氷『評論図画記』に依拠して張択端の字を正道と伝える張著《ちょうちょ》は、当時二十歳そこそこ、まだ朝廷の収蔵品の管理は任されていなかった。実家の伝来品か、官庁主催の軍事費捻出目的の宝物販売会《オークション》、知り合いの官僚ないし地元の名士の所蔵品を見たと考えざるを得ない。一一九五年以前に張公薬《ちょうこうやく》、酈権《れきけん》、王磵《おうかん》、張世積《ちょうせいせき》が唱和した七言絶句は、全てほぼ同じ筆跡で落款がない。詩の語る情景は絵と対応せず、張著の跋と併せ、別の画巻、詩文集・目録の類から写し取ってきたものと思われる。

おそらくそのインチキは一三五一年までになされた。大都近郊に骨董を買いに来た江西の好事家の楊準《ようじゅん》は、「秘書監の旧蔵品で、表装を補修・新調する際に模本《コピー》とすりかえ某高官に売られた。かれの真定府路（いまの河北正定）出向期間中に、留守居役が杭州の陳某《なにがし》に転売。数年後、陳某は経済状況の悪化と故買の発覚を恐れ、密かに売却を希望した」との仲介業者の話、徽宗の題箋と双《ふた》つ龍の小璽（ともに佚）を真に受け、大枚を叩いて購入した。郷里に持ち帰り画家の劉漢《りゅうかん》に鑑定してもらったが、劉漢はその技巧を絶賛しつつ製作時期については言葉を慎んだ。後に続く李祁《りき》の跋によれば、十四年後には蘇州の周寿孫《しゅうじゅそん》の家に売り飛ばされていたようだ。李祁の跋はかれの文集にも収録されるが、画家の名を張叔端とする。文集は李祁の子孫の李東陽が一四九一年に編集したもので、かれは同じ年に所蔵者の朱奎の求めでこの画巻に最初の跋を寄せ、三十年前（岳璿の後記と同時期）にも一見したと述べる。胡散臭さ倍増だが、次の所蔵者の徐溥《じょふ》の「好意」で一五一五年に李東陽の家に出戻ってきた。かれの跋と虞集・危《き》素《そ》の詩歌を載せる別の「清明上河図」も存在した。

　張択端には「西湖争標図」なる作品もあったとのことだが、王振鵬の代表作も

図5　界画を得意とした王振鵬の「龍池競渡図」模本（部分）
（『故宮書画図録（十七）』台湾国立故宮博物院，1998年，pp. 203-204）

城下の繁栄を描く「大都池館図」（佚）とアユルバルワダの三月三日の誕生日（清明節の頃）に勅命を奉じて描いた「金明池図（別名：「龍舟奪標図」／「龍池競渡図」（図5））」。宋・大金時代の当該画巻に関する記録の皆無、『東京夢華録』の流通と界画の隆盛、王振鵬の秘書監での古画の模写、人品疑わしき柯九思の下野を考えると、一三三〇年代半ばに条件が整った。

II　ユーラシアの文化交流を眺めれば

【Ⅱ　扉図】

（右）13 世紀のラスター彩陶器の水差し（取っ手は破損・欠落）。白い不透明釉薬を施した地に銀・銅等の金属で絵付けし，透明釉をかけて再度焼成，金茶・赤茶色に発色させる。ペルシア語で「漢児《キタイ》の mah［長老／月の顔（麗人）］よ，秦《チーン》の but［仏／観音様（美女）］よ，心の裡にて争う獣（猿・蛇）をば，我より一切去らしめたまえ」と記される。中央アジアの（カラ）キタイ――西遼（第二次契丹《キタン》国），フレグ・ウルス治下のキルマーン（第三次契丹国）の仏教徒に提供されたものだろうか。プロットニック・コレクション蔵（Pancaroğlu, O. & Bayani, M., *Perpetual Glory: Medieval Islamic Ceramics from the Harvey B. Plotnick Collection*, The Art Institute of Chicago & Yale University, 2007, p. 134）。

（左）14 世紀に大元ウルス治下の浮梁局（景徳鎮官窯）で製作されはじめた釉里紅（白地に深紅・赤茶色）の水差し。ラスター彩陶器に啓発されたものだろう。中国故宮博物院蔵（『青花釉里紅（上）』上海科学技術出版社，2000 年，p. 217）。

1　ユーラシアの東西で読まれた法令書

チンギス・カンの聖訓《ビリク》と法令《ジャサク》

チンギス・カンの死から百年余りの一三二九年初夏、カアンとなったコシラは、弟トクテムルの代理として玉璽を献上したエルテムルを、自身の暗殺の機を窺っているとも知らずに中書省の長官に任じ、大宴会《イエケクリム》の場で「チンギス・カンは嘗て臣下を訓戒して『美女や名馬、人はみなこれらを愛《め》でる。だが、心に一つでも繋累があると、名声を壊し徳行を損ないかねないものだ』と仰った」といった。その昔、クビライも人事の話の枕に「チンギス・カンの聖なる訓《おし》えに『国家の事がらを掌るのは、譬えるなら右手でつかみ左手で支えていてもなお落とさないか心配なもの』とあったぞ」と述べ、クビライの崩御後にはカアン位を賞品として孫のカマラとテムルが「試合」したように、大《イエケ》モンゴル国《ウルス》のどの藩においても、「モンゴル」であるからには君臣ともどもチンギス・カンの聖訓《ビリク》の暗誦は当然だった。カアンないし君主《カン》の即位、禁軍の出陣、その他の国事に関する合議を行う大聚会《イエケクリルタ》の場では、必ず聖訓（聖旨・制詔《ジャルリク》）を含む『大法令の書《イエケジャサク》』が参照された。イブン・バットゥータは、トクテムルと同時期に中央アジアのチャガタイ・ウルスの君主だったタルマシリンが『大法令の書』の規定に違反したことを理由に退位を迫られたと伝える。

『大法令の書』は、チンギス・カンの嫡子のひとりチャガタイの監督下に編まれたものといわれ、当初はウイグル文字モンゴル語の筆写による巻子本だった。版図の拡大と統治の継続とともに、大原則たる律令のほか、条格・断例（判例）――各種税の納入時期、公事、首領官の事務処理などの遅延について、非モンゴルの人々に問う罪の軽重の指標など、細かな部分まで追加で示されるようになった。

大元大モンゴル国の法令書

オゴデイが大金《ダイキム》（大《アンバン》）女真《ジュシェン》国《グルン》を滅ぼしたのちも、その旧領たる漢児《キタイ》の地の裁判沙汰については、『泰和律令《たいわりつりょう》』（一二〇一年）が参照され続けた。クビライも統治のため、公務の合間に中書省刑部の官僚から要点を翻訳、解説してもらったという。漢児の官吏は『大法令の書』の全容を知る術《すべ》がなく、モンゴルの基本法下の新たな法令書編纂が課題になった。そこで一二七一年の「大元」の国号制定に合わせ、重臣の史天沢を中心に、『至元《しげん》新律』（『至元大典』）の編纂が進められた。『泰和律令』はテュルク・モンゴル系遊牧民である鮮卑《センピ》拓跋《タクバル》国家の唐の律令にもとづいていたので、女真独特の習俗の部分を削除し、かわりに開国以来の聖旨・付帯条項を収録するという方針を採り、二年後に試行された。しかしまだ断例が少なく、クビライと嫡子チンキムの権力闘争、東方三王家（チンギス・カンの同腹弟［ジョチ］カサル、カチウン、［テムゲ］オッチギンの諸孫）の叛乱、中央アジアのカイドゥの台頭の影響もあって、充分な数量が頒布されないまま、時が過ぎた。

その間、地方官庁では、中書省が独自に編集・分類した『断例』、河北の官僚だった高謙《こうけん》の『吏部格例』を伝手《つて》を頼り借り出して筆写したり、旧南宋領で編まれた張紹《ちょうしょう》『大元条例綱目』や徐泰亨《じょたいきょう》『断例綱目』、書肆発行の『断例条章』や『仕民要覧』『官民準用』などを購入して対処せざるを得なかった。

こうした状況を踏まえ、中書省は一三〇四年から三年近くかけて、一二六〇年以降の格例を吏・戸・礼・兵・刑・工の六つの部署別に分類した『大元聖政国朝典章』（通称：『大徳典章』／『元典章』）を上梓、一三一七年、一三二二年と定期的に改訂版を出した。一三四八年の『六条政類』も書名こそ異なるが改訂版だろう（『至正国朝典章』）。

それと並行して一三一六年から『大法令の書』と同じ「制詔」「条格」「断例」の三部構成に「別類」を附す『大元通制』（『国制』）も編纂、一三二三年に刊行した。この書の改訂版は一三四六年に完成したが、祖宗の「制詔」の部分は版木に刻さず、「条格」「断例」のみを頒布したため、そのときの年号をとって『至正条格』と通称された。官庁・図書館に置く豪華版（厚手の紙に刷った大型本）と携帯版（薄手の小型本）が提供された。

また漢文版の『大元通制』とともにモンゴル語版（ウイグル文字、パクパ文字）も用意され、一三二四年に『歴代制詔』（『列聖制詔』／『皇朝祖宗聖訓』）と併せて刊行、百官に下賜された。トクテムルの創設した奎章閣広成局《けいしょうかくこうせいきょく》でも印刷されている。モンゴル語版の『至正条格』は、ネストリウス派キリスト教徒で翰林院の長官のデンハとカンクリ出身で奎章閣学士のキキ等が担当した。

これら中央政府編纂の法令書は、現職の官僚や官僚を目指す人々はもとより、科挙の受験生にとっても時務策（時事の小論文）の必須の参考書になった。漢文版は①カアンのお言葉、重臣たちとの会話、モンゴル語文書を、漢語の口語語彙で逐語訳してゆく「直訳体」、②翰林院の学士による「四六騈儷《べんれい》体」、③お役所独特の用語・言い回しによる「吏牘体」、が混在するため、大明《ダイミン》時代以降は参照されなくなった。『大元通制』は「条格」が欠巻のある抄本（手写本）の形で大清満洲国《ダイチンマンジュグルン》の朝廷内に伝わったのみ、乾隆帝が閲覧した『至正条格』の所在は知られていない。

ところが二〇〇二年、韓国慶尚北道慶州の旧家の庫裏から携帯版『至正条格』の「条格」「断例」の約半分が見つかった。

『大元通制』と改訂版の伝播

高麗王家では忠烈王以降、大元朝廷にて一定期間宿衛《ケシク》の一員として仕え、モンゴルの公主《ベキ》を妃に迎えるのが慣例となっていた。くわえてトゴンテムルの皇太子アユルシリダラを産んだオルジェイクドゥ皇后（奇氏）は高麗出身だった。中書省の派出機関も置かれており、国家出版物はモンゴル語版、漢文版問わず下賜されていた。それ以外にも商人に委託したり、観光旅行のついでに大都、杭州、慶元（いまの寧波《ニンポー》）等で少なからぬ書籍を購入していた。高麗王室の書籍は朝鮮王室の所有となり、『大元通制』『至正条格』は翻訳や文書作成の教材として使用され続けた。後者は重刊もされている。

ちなみに、一三二五～三二年に江南に留学した禅僧の中巌円月《ちゅうがんえんげつ》も、『大元通制』を日本に持ち帰った。発見を期待したい。

西に目をむければ、一四三四年に編まれたチベット語文献にはモンゴル語版『大元通制』の引用があり、カアン以下王族が帰依していたチベット仏教の高僧、統治を任された駙馬《グレゲン》たちによって、複数冊が伝えられたことを推測できる。

また、モンゴル高原と青海・雲南・東南アジアを南北に結び、中国と中央アジア・ヨーロッパを東西に繋ぐ貿易・軍事拠点として、マルコ・ポーロの『百万の書』でも言及されるイズィナ路（黒城《カラホト》。いまの内蒙古エチナ旗）。この城市は、大明《ダイミン》時代以降、次第に砂塵に埋れてしまったが、二十世紀初頭にロシアのコズロフやイギリスのスタインの探検隊が、一九六三年以降は内蒙古自治区の文物考古研究所が発掘調査を行った。漢文携帯版の『大元通制』と豪華版『至正条格』の断片が数点、なかには朱筆で句読点を打ったものまで見つかった。ウイグル文字モンゴル語版『大元通制』（図6）の断片もあった。この断片の裏面には、チンギス・カンの『聖訓』の一部が葦ペンで移録されていた。当地に駐屯していた王族、軍官ないしダルガチ（鎮守官）が筆写したものだろう。

フレグ・ウルスに伝来した『大元通制』

ラシードゥッディーンは、君主ガザンの令旨を奉じ、モンゴルの『国史《トブチヤン》』（別名『金冊《アルタンデプテル》』）、『聖訓』等を使用して『集史』の編纂を開始、一三〇六年にオルジェイトゥ（ガザンの弟）へ献呈した後、『漢児《キタイ》の諸《もろもろ》の学問技術に関するイル・カンの珍貴の書《タンスーク・ナーマ》』

図6　カラホト出土のモンゴル語版『大元通制』

左から1行目čiuに原語の「州」，3～4行目čui-gonに「推官」の文字を附す。右端細字の「ǰuu-gon nököge debter harban tabun」は巻十五【獄官　第二】を意味する検索用の小見出し（*Кисть и калам: 200 лет коллекции Института востчных рукописей,* Эрмитажа, 2018, p. 254）。

と題する叢書――医薬書から『晞《き》範《はん》子《し》脈訣集解《しっかい》』『銅人腧《ゆ》穴《けつ》鍼灸図経』『大元本草図経』を、法令書の代表として『泰和律令』を選び、その翻訳事業に着手した。この時点で、『元典章』や『大元通制』を入手することは不可能だった。

ちなみにかれが『集史』の編纂時に参照した書物のひとつ、アター・マリク・ジュヴァイニーの『世界を開く者の歴史』（一二六〇年完成）は、

チンギス・カン自身の道理に依拠して、勾当《こと》ごとに律令を、案件ごとに条格を制定し、罪過ごとに断例を明白にした。タタル（モンゴル）の諸部族には文字が存在していなかったので、「ウイグルたちにモンゴルの子供たちは文字を学べ。諸《もろもろ》の法令・宣勅は紙巻に抄写せよ」と命じた。それは『大法令の書』と称され、宗王たちの府庫にある。

と述べ、『大法令の書』の抜粋も載せていた。本書『世界を開く者の歴史』の続編たることを意図し、かつ『集史』の編纂事業と並行して、韻文・対句を駆使し編まれたシハーブッディーン・シーラーズィーの『地域の分割と歳月の推移』（通称『ヴァッサーフ史』）は、巻四の最後に本書の要約を附す。ところが、右の文章に対応する箇所において、

それから細節・全体にわたる国の諸事の法令の制定を『大法令の書』（تونکجین tūngǧīn ＞ تونکجی tūngǧī

『通制』と呼ばれている。『通制』の意味は「用心・確認すること」である）の裡《うち》に、前人たちに慙愧の源泉を与え、後人たちに告誡の手綱を締めさせるほどになした。

との注記を加えている。語末の ᠩ と ᠨ は字形が似ているうえに漢語由来（『蒙古字韻』のパクパ文字表記では t'uŋ-dži）であったため、書写が繰り返される過程で誤って伝えられたのだろう。-ŋ と -n の区別がなされていないのも話者の方言のせいか、耳で聞いて書き留めたからで、『通制』の意味も「通用の制度」なのだが、質問されたひとはこの書の意義を答えた。

『ヴァッサーフ史』は、①一三〇三年に一～三巻をガザンに献呈、②一三一二年に第四巻を加えたうえであらためてオルジェイトゥに献呈、③一三二八年にその後の情勢を述べる第五巻を補足、と三段階の編纂を経ている。第四巻はイスタンブルに著者の直筆原稿が現存するが、そこに『通制』のくだりは書かれていない。網かけ部分は、第五巻の執筆時に追加された情報であることがわかる。

漢文版にせよモンゴル語版にせよ、数年のあいだにフレグ・ウルスに伝わり研究されていた。のみならず、同書が『大法令の書』の最新版であることも認識されていたのだった。

【附記】

一四五二年の時点で、山東の劉元亮《りゅうげんりょう》将軍が大明朝廷からの下賜本や流出本、あるいはそれらの手写本等――『大乙統制』（パクパ文字『大元通制』？）『皇元通制』『経世大典』『大典纂録』『至正改条格賦』『金科玉律』『皇元類選初集』『歴代銭志』『輿地図』など稀少な書物一千七百余種を徳州永慶寺（一四一二年創建）に寄託していた。しかし、一九三〇年に中学校として「改修工事」を行う際に、新興勢力・西洋かぶれの者たちによって建物もろとも燃やされてしまったらしい。のちの文化大革命を予感させる狼藉である。大元時代の編纂物のみならず、『碧玉芳林』四千五百巻や『群書心娯』などの類書（百科事典）、契丹についての貴重な資料『陰山雑記』『虜達須知』『契丹夏州事迹』『北辺備対』『西夏須知』『金源志』なども含まれており、遊牧国家の研究にとっても甚大な損失と言わねばならない。

2　モンゴルの文字の来し方・行く末

ウイグル文字とモンゴル語の邂逅

『元史』によると、チンギス・カンが文字と「はんこ」による文書行政の重要性を認識したのは、一二〇四年にナイマン王国を打破し、ダヤン・カンの金印を預かるウイグル出身の財務官タタルトンガを捕獲したとき、ということになっている。チンギス・カンは、印章の機能について説明を聴くや、かれを掌印官《タムガチ》として側に置き、自身の息子たちに表音のウイグル文字によるモンゴル語の書写法を教えさせた。タタルトンガの妻は請われてオゴデイの子カラチャルの乳母となり、息子たちも皆オゴデイ家に仕えたため、トルイ家のモンケ、クビライの治世には日陰の身であった。しかし、孫のアビシュカがカイシャンの時代に頭角を現し、最終的に従一品の高官にのぼりつめたことから、タタルトンガの事蹟も遡って顕彰され、トクテムルの『経世大典』に収録されることとなった。『元史』はそれを孫引きしたのである。

『経世大典』の編纂官であった虞集《ぐしゅう》は、そのご自身の文集『道園類稿』のなかで、オルジェイテムルという官僚の高祖にあたるタタル国公（叙勲によって与えられた封号）がチンギス・カンに仕え、宝璽を献上したことに言及している。オルジェイテムルはアビシュカの孫かもしれない。

なお、タタルトンガとは「タタルの虎」の謂い。タタルは、モンゴル高原東北部の大興安嶺一帯を拠点とし、西はエニセイ河流域まで、南は大金《ダイキム》（大《アンバン》）女真《ジュシェングルン》国の北辺までの広大な領域に勢力を及ぼし、ケレイトやナイマンと並び立つ強大な部族だった。ゆえにテュルク・モンゴル系の集団の総称ともなっていた。チンギス・カンの覇権・西征の際も、ヨーロッパには「タタル」として伝わり、「タルタロス地獄の民」に結びつけられた。南宋の外交使節は「韃靼」と音写する。フレグ・ウルスに仕えたアターマリク・ジュヴァイニー『世界を開く者の歴史』（一二六〇年完成）に至っても「タタルの諸部族」と呼んでおり、大元ウルス朝廷の翻訳官たちは、十四世紀に入ってさえ、「モンゴル」をしばしば「蒙古」ではなく「達達（児）」「塔塔（児）」と漢訳した。いずれもお咎めなし、モンゴルは大らかだった。

じつのところ、ウイグル文字モンゴル語の出現と教育はタタルトンガひとりの功績ではなく、一二〇四年よりも早い。つとにケレイト王国から参じたチンカイは、朝廷の文書行政を取り仕切る最高位の長官として、多言語の東西文献の其処彼処に名を遺した。ウイグル王国の旧臣のうち、カライガチュベイルクとヨルダシュイナクの父子はトルイ家の、ヨグリムテムルはチンギス・カンの弟「テムゲ」オッチギン家の師傅となった。

しかし文献上の傍証以外の現物となると、グユクから教皇インノケンティウス四世に宛てたペルシア語国書（一二四六年）の印影「長生《とこしえ》の天の気力《ちから》のうちに、大《イエケ》モンゴル国《ウルス》の海内《ダライ》のカンの聖旨《ジャルリク》。帰附・反乱の百姓《じんみん》に到らば、信じよ、畏れよ」の謂いの文言まで降ってしまう。もっとも、この宝璽はチンギス・カンから継承された可能性が高い。ほかに、モンゴル王族、地方の行政機関が道士や寺観に発給した文書末尾の添え書きが複数あり、みな碑石・拓本の状態でのこっている。「クビラ大王《カン》の言語《ウゲ》にて、〔朗公〕の一門に。仏塔を造営のこと」とあるため、即位前（一二四四年頃）のクビライの直筆と目されているものまである。年代を確定し得る最古の例は一二三七年（図7）、こんごの発見に期待したい。

パクパ文字で書かれた
クビライの聖なる訓え《おし》

ところで、オスマン朝のアブドゥルハミト二世（在位一八七六〜一九〇九）の旧蔵品で、十五世紀ティムール朝の製作に係る書帖『驚異の雑纂』に、クビライの聖訓《ビリク》の一節が移録されている（図8）。金泥を用いたアラビア語の見出しに「この文字は、漢児《キタイ》すなわちカアン（の国）において書かれ、方形字《ドルベルジン》を以て呼ばれている」との説明が掲げられ、左から右に縦書きでパクパ文字モンゴル語原文の引用がなされる。

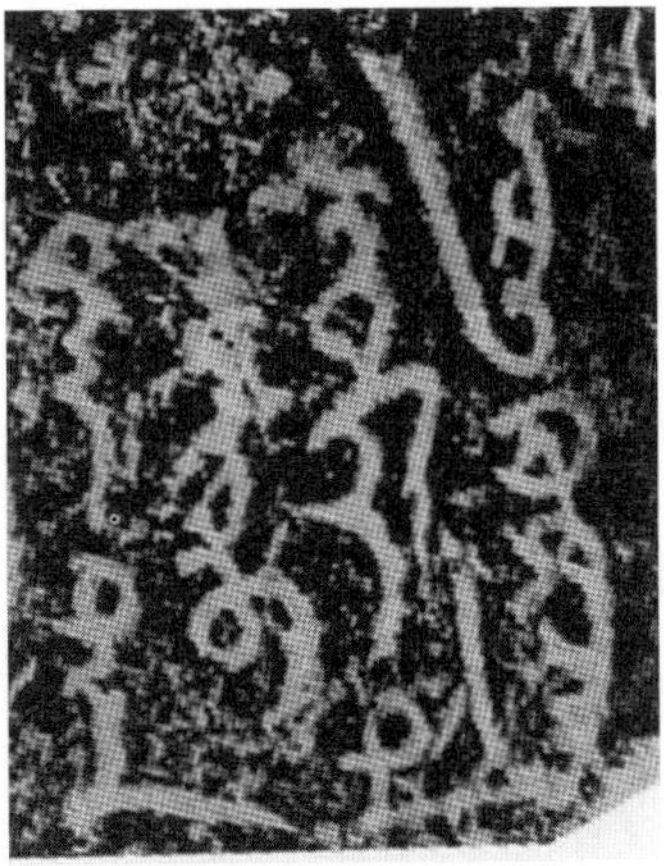

図7　河南王屋山の道教施設に立てられた「天壇尊師周仙霊異之碑」（1246年）のウイグル文字モンゴル語の添え書き

高さ116×幅65 cmの碑身の左下隅，漢文に対して横向きに刻す。写真は90度回転させたもの。左から右へ，

Ten-tan/ ǰiu-sin-nu/süme de/ök=gü bičig

天　壇／周 仙 の／寺観 に／与える 文書

と記される。碑の本文を読むと，碑陰の1237年発給の文書末尾の添え書きを権威付けのために敢えて碑陽に掲げたことがわかる（趙衛東・陳法永主編『金元全真道碑刻集萃』2020年，p. 11）。

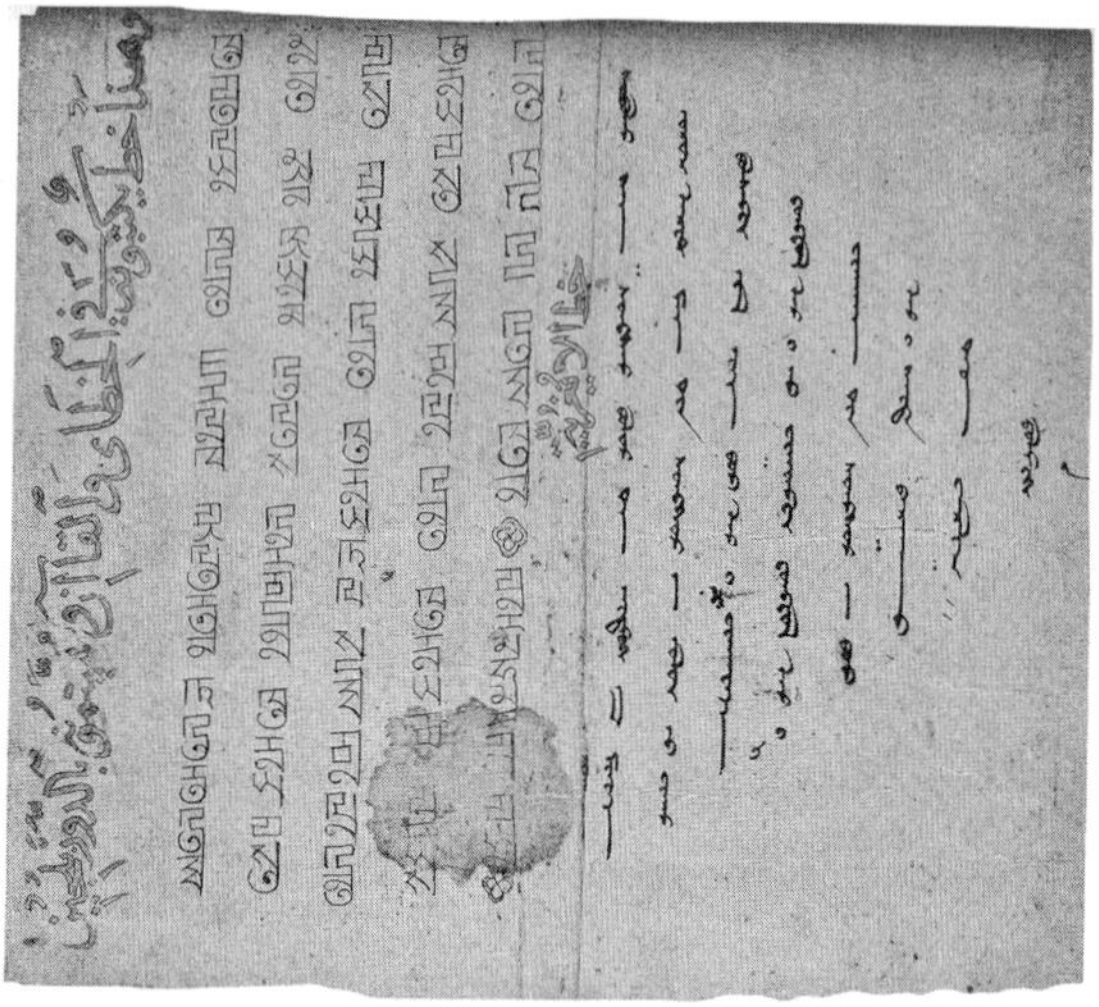

図8　*Mağma‘ al-‘Ağā’ib*『驚異の雑纂』に移録されたクビライの聖訓
(Tumurtogoo, D. & Cecegdari, G. (ed.), *Mongolian Monuments in ‘Phags-pa-Script*, Taipei, 2010, p. 262)

、クブライ・カアンが聖旨《ジャルリク》をのたまうに「汝ら、我が子孫たちよ、久しき後も国民《くにたみ》を束ねたければ、よいか（＝我は言おうぞ）、かれらの身を捉えることに拘らずかれらの心を攫《つか》むなら、かれらの心を攫んでしまえば、かれらの体は何処《いずこ》に営《いとな》めるものか」。ピールムハンマドが写した。

続けて「ウイグルの文字」の見出しのもと、テュルク語の意訳も附されている。要するに、恒久的支配には肉体的拘束ではなく心服させることが肝心、との訓えである。大モンゴル国の宗主として空前絶後の版図を擁し、富と繁栄をもたらしたクビライのことばだけに、強い説得力を持つ。そもそもモンゴルの王族たちは、チンギス・カンの大法令《イエケジャサク》を遵守し、特定の宗教・教団に偏重したり、改宗を強制するようなことはしなかった。可能なかぎり、現地の習俗や文化を尊重した。クビライは、パクパ文字を創製して漢語をはじめあらゆる言語を表記できるようにしたが、大モンゴル国の一体性を象徴するアイコンであって（装飾性が勝り速記に不便）、じっさいの文書はモンゴル語の正本のほかに当該地の文字・言語に翻訳した副本を附していた。官吏とその子弟以外に、モンゴル語学習を奨励することはなかった。何より、衣食住の確保すなわち経済政策こそが治安維持の鍵だとわかっていた。

この『驚異の雑纂』の一葉は、チンギス・カンと歴代カアンの聖訓を収録するパクパ文字モンゴル語版『歴代制詔』（『列聖制詔』／『皇朝祖宗聖訓』。一三二四年刊）もしくは『世祖聖訓』（一三三七年刊）からの抜粋と見られる。『大元通制』と同様、大元ウルス朝廷からフレグ・ウルス、チャガタイ・ウルス、ジョチ・ウルスをはじめとする諸藩の君主《カン》、諸王、公主《ベキ》（姫君）とその婿殿たる駙馬《グレゲン》たちに贈られた。高麗王室にも伝わり、そのご朝鮮の翻訳官の教材として使用された。十五世紀に入っても、ユーラシアの東西で、ウイグル文字とパクパ文字の両方が学ばれていたのである。

ティムール朝への継承

ひるがえって、『歴代制詔』ないし『世祖聖訓』からクビライのことばを「座右の銘」として選び移録したピールムハンマドは、ティムール朝創始者の孫のうち同名の二人——庶子ウマルシャイフの子（一三七九～一四〇九）と嫡子ジャハーンギールの子（一三七六～一四〇七）のいずれか。前者は、チャガタイ傍系の公主を母とし、一四〇〇年に、病気を理由に遠征を回避した容疑でティムールの不興を買い、杖刑に処された。後者は前者よりも血筋が良く、チャガタイ直系の公主を母とし、アフガニスタン方面の遠征・統治を委ねられ、一四〇三年頃、ティムールによって後継者に指名された。二人とも女系ながらチンギス・カンの血を継承している。

チャガタイ・ウルス内のバルラス部族から一代で成りあがったティムール（テムルのペルシア語・アラビア語読み）は、チャガタイ・ウルス、フレグ・ウルスの領域の大半を手中におさめ、ジョチ・ウルスのトクタミシュやオスマン朝のバヤジト一世を打ち破るという偉業をなし遂げた。しかし、チンギス・カンを神格化し、その男系男子たることを君主の資格だと認識していたとうじのテュルク・モンゴル諸部族から、自身が承認されるはずのないことはよくわかっていた。したがって、オゴデイ裔のカンを傀儡に戴き、官人《ベク》・駙馬《キュレゲン》（テュルク語）の肩書のもとに政権を掌握することで満足せざるを得なかった。またチンギス・カンの血脈の男児を儲けられなかったので、期待を孫世代に寄せた。その孫たちのために、チンギス・カンの『大法令の書』のほか、『歴代制詔』『世祖聖訓』が帝王学の教材として選ばれ、ユーラシアの共通語であったテュルク語で解説がなされていたのである。

ちなみに、カスティーリャ王国のエンリケ三世の使節団クラヴィーホのルイ・ゴンザーレスたち一行、大明《ダイミン》の洪武帝が遣わした傅安《ふあん》と郭驥《かくき》等は、ティムールが逝去する数カ月前の一四〇四年十月、サマルカンドにて、嫡孫ピールムハンマドに拝謁している。一四〇七年に永楽帝（洪武帝の子）のもとに帰還した傅安等は、ピールムハンマドがティムールの遺言も空しく殺害されたこと、その首謀者で同じくティムールの孫にあたるハリールスルタン（庶子アミーラーンシャーとジョチ裔公主の娘との子）が後を継いだことを、報告した。永楽帝は、甥の建文帝から帝位を簒奪していた。二年後、永楽帝に追随するかのように、ティムールの庶子シャールフが甥のハリールスルタンとの戦いに勝利する。

シャールフの子のウルグベクは、フレグ・ウルスの天文台と『イル・カン暦』に倣った天文・数学上の成果や学問所《マドラサ》の建設・庇護によって、名君の誉れ高い。「ウルグベク」は大官人《イエケノヤン》と同義のテュルク語で、祖父からよき輔佐役となることを期待され、チャガタイ裔の正妃が後見したという。かれもまた、『歴代制詔』や『世祖聖訓』を学んでいた可能性は少なくないだろう。

モンゴルの文字と文化の危機

二〇二〇年、世界がコロナ禍対策に気をとられている最中、中国政府は、内モンゴル自治区の全学校に対し、標準中国語による教育を義務化した。幼少期から母語と全く異なる言語体系・表意文字での学習と思考を強制される。その不利益・弊害についての懸念もさることながら、アイデンティティや文化の根幹をなす言語と八百年以上の歴史を持つ文字の危機に、人々は反発し、怒りの声をあげている。かつてソヴィエト連邦も外モンゴルや中央アジアにおいて、（パクパ文字よりも徹底して）一律に表音のキリル文字を使用させたが、かれらの言語までは取り上げていない。

現在、中国が推進する「一帯一路」政策は、マルコ・ポーロの『百万の書』が描くクビライ時代の再現である。しかし、その「戦狼外交」、新疆ウイグル自治区や香港における弾圧は、クビライの訓えとは正反対に向っている。

【附記】
本節について、松井太（大阪大学教授）より、『驚異の雑纂』収録の「クビライの聖訓（遺訓）」が『元史』にみえるパクパ文字の『世祖聖訓』ないし『歴代制詔』（『列聖制詔』）の一部であることを発見したのは、二〇一四年の同氏の口頭発表が最初であり、拙稿はそのアイデアの剽窃との言いがかりがなされた。『驚異の雑纂』の内容については、つとに一九六二年に英語で分析・紹介がなされており、遅くとも二〇〇四年に私も関わった『ＮＨＫスペシャル文明の道』で扱われた時点で、私の周辺の京都大学、南京大学等のモンゴル時代史研究者はみな、これが『世祖聖訓』の一部であることを前提に議論をしていた（漢文資料を中心に扱う「元代史」研究者、それを志す大学生、大学院生も全員、すぐ正解に辿りつくはずである。たとえ『元史』の内容が頭に入っていない者でも、今やインターネット上の基本漢籍の検索サイト、『四庫全書』電子検索版ソフトで、「世祖」と「訓」をクロス検索すればすぐ知り得る。この程度の初歩的ことがらを「発見」と自負する主張に驚きを禁じ得ない）。とうじ前述の先行研究によってパクパ文字モンゴル語の文面に些か問題があることが明らかになっており、むしろその真贋が問われていたのである。私自身は、同じ二〇〇四年発表の論文で『世祖聖訓』をはじめとするモンゴル語の出版物が高麗の駙馬や王子たちにも配布され、つづく朝鮮王朝でも教材として利用されたことを『（朝鮮王朝）実録』や『経国大典註解』を用いて紹介した（『驚異の雑纂』に言及しなかったのは上述の理由による。そのご、じゅうらい解読されていなかった遺訓の最後の一節が「ピール・ムハンマドが写《か》いた」と読めることに気付き、贋作の疑いが消えたため、連載で取り上げた次第である）。二〇〇四年当時はまだ朝鮮資料の電子検索版は存在しておらず、モンゴル時代史に利用されることもなかったから、国内外の学界で最初の指摘だった可能性が高い。やがて「『世祖聖訓』の朝鮮半島での利用」は既知の事実となっていったが、松井はこの経緯には触れない。同氏の基準に照らせば、当の本人が剽窃を犯していることになるだろう。

3　ユーラシアの東西で読まれた医学書

ペルシア語に翻訳された漢籍

フレグ・ウルスの宰相で財務・外交に辣腕をふるったラシードゥッディーンは、ユダヤの有名な医家の出身で、歴代君主の侍医も兼任していた。そのためか、令旨を奉じて『漢児《キタイ》の諸《もろもろ》の学問技術に関するイル・カンの珍貴の書《タンスーク・ナーマ》』と題するペルシア語の翻訳叢書の編纂を取り仕切った際にも、大元大《イェケ》モンゴル国《ウルス》治下で流通していた漢籍のなかから、挿絵・図解の豊富な医薬書三点（『晞范子脈訣集解《きはんしみゃくけつしっかい》』『銅人腧穴鍼灸図経《どうじんゆけつしんきゅうずけい》』『大元本草図経』）と法令書一点（『泰和律令《たいわりつりょう》』）を選んだ。

そのうち唯一所在が確認されているのが、最初の『晞范子脈訣集解』十二巻四冊のペルシア語訳である。残念ながら、編者の自筆稿本でもオルジェイトゥ・カンへの献呈本でもなく、一三一三年に部下のひとりが機械的に筆写した不完全なテキストに過ぎない。しかし、叢書全体に冠した編者自身の序文もとどめており、表意の漢字の構造と特長、書籍や紙幣の印刷術、工尺譜と雅楽演奏等の紹介を見ることができる。とうじの東西文化交流の貴重な証拠品といっていい。

ちなみにかれは、スタッフが発音する漢字音を正確に写し取るために、発音記号《シャクル》の多用に加え、シリアの文字を組み込んだ新字まで創製していた。縦書きを前提としたパクパ文字は、アラビア文字と連結が難しかったからだろう。結果的に、『珍貴の書』には十四世紀初頭の河北彰徳（安陽市）、陝西京兆（西安）、湖北宝慶（邵陽市）等の方言が記録されることとなった。

中国で失われた『脈訣』の解説書

『晞范子脈訣集解』（『晞范脈訣』）は、南宋最末期の一二六六年に、江西の臨川（撫州市）出身の学者李駉《りけい》（字《あざな》は子野、晞范は号）が、王叔和《おうしゅくわ》の『脈訣』という診察法の古典に対して、先行研究を踏まえつつ詳細な注釈を施し、巻一〜二に複数の絵図を収録、刊行したもの。同郷で前年の科挙合格者何桂発《かけいはつ》が序文を認《したた》めたらしい。現物は、大明《ダイミン》末期から大清《ダイチン》初期の蔵書家銭謙益《せんけんえき》が報告したのを最後に消息を絶っている。

しかし李駉は、三年後に同じく「脈」について八十一箇条に分けて論じる『難経《なんぎょう》』の注解書を刊行していた。『（新刊）晞范句解八十一難経』八巻（『晞范難経』）がそれで、口絵の「使いまわし」が期待される。初版本を大清末期に陸心源《りくしんげん》が入手しており、かれの蔵書は一九〇七年に財閥の岩崎彌之助が一括購入して静嘉堂文庫に収めた。大明時代の『道蔵』にも『黄帝八十一難経纂図句解』と題して収録される（道教教団は、医薬や占いの知識を以て信者を獲得、地域に根付いた）。

また、大元ウルス治下、『纂図方論脈訣集成』（『脈訣集成』）四巻が編まれた。①劉元賓《りゅうげんひん》の『通真子《つうしんし》補註王叔和脈訣』（一〇七一年）と朱肱《しゅこう》『活人書』（一一一八年）が代表する北宋の古典的学説、②『晞范脈訣』が代表する南宋の説、③張元素《ちょうげんそ》・張璧《ちょうへき》父子の『（新編）潔古老人《けっころうじん》註王叔和脈訣』（『潔古脈訣』）が代表する大金《ダイキム》末期から大モンゴル国初期の説を逐一対比する。臨川に近い盧陵（吉安市）の羅氏竹坪書堂が一三四九年に刊行したテキストが、民国初期に山東聊城の楊氏海源閣の蔵書に確認されており、そのご当地出身の傅斯年《ふしねん》の手によって、台湾中央研究院歴史語言研究所に帰した。竹坪書堂は『纂図鍼灸四書』も刊行しており、こうした一石数鳥本の登場が、単体の解説書を散逸の途に向わしめたのだろう。じっさい朝鮮王朝では、『脈訣集成』が『本草』や『銅人経』等とともに医官養成の教材に選ばれており、何度か重刊もされた。ただ、巻頭の「纂図」はどの版にものこっていない。

じつは、鎌倉・室町時代の日本には、『晞范脈訣』そのものが、『潔古脈訣』共々輸入されていた。それは抄物《しょうもの》と呼ばれる資料群によって確認される。十四世紀以降、①天皇や公家、将軍家、大名のサロン、②鎌倉・京都の五山をはじめとする寺刹、③足利学校等で、四書五経、歴史、諸子百家（兵法、芸術、医薬、水利、農業、天文、数学）、詩文等さまざまな講義が盛んに開催されていた。教材の漢籍はいずれも、商人に買い付けを委託したり、外交使節団の一員として、あるいは留学目的で、大元ウルスを訪れた僧侶たちが砂金を以て購い将来し、大切に保管してきたものである。教授側の準備ノート、学生が忠実に聞き書きしたノート、欄外にさまざまなメモや関連書からの抜粋を書きつけた双方のテキスト等がのこっており、中世の日本語資料として利用されてきた。いっぽうで中国の散佚書の書誌情報や抜粋も大量に含まれており、とうじの学問の受容を知るうえで、貴重な手がかりとなる。

桃源瑞仙《とうげんずいせん》、万里集九《ばんりしゅうく》、湖月信鏡《こげつしんきょう》、月舟寿桂《げっしゅうじゅけい》といった禅僧たちの閲覧と履歴から、京都の東福寺、建仁寺の所蔵が推測される。また、足利学校で学び熊本の大慈寺に住持した篷庵道器《ほうあんどうき》（天海大僧正《てんかいだいそうじょう》の師）も、『晞范脈訣』の図や記述を移録している。大慈寺は一二八七年の創建で、博多や川尻の津を経由して漢籍を蒐集していた。篷庵道器の著述は、武田薬品杏雨書屋や天海と所縁《ゆかり》の深い比叡山の文庫等に蔵されている。

鍵となる日本所蔵の漢籍

原書が失われていても、これらの資料にのこる図と記述をペルシア語訳と逐一対照することで、『珍貴の書』の図や記述の省略箇所、筆（色）を替える必要や漢字記入のため空欄のまま放置されていた部分を補塡できる。ラシードゥッディーンたちが原文をどのように理解し訳語を選んだのか、かれらが読者のために独自に解説を加えた箇所が、少しずつ明らかになってゆく。作業の経験値から、もとの漢文を類推、書物全体を復元することも可能となる。李駉の編纂時に遡って、かれの机周り、書架を推理することもできる。

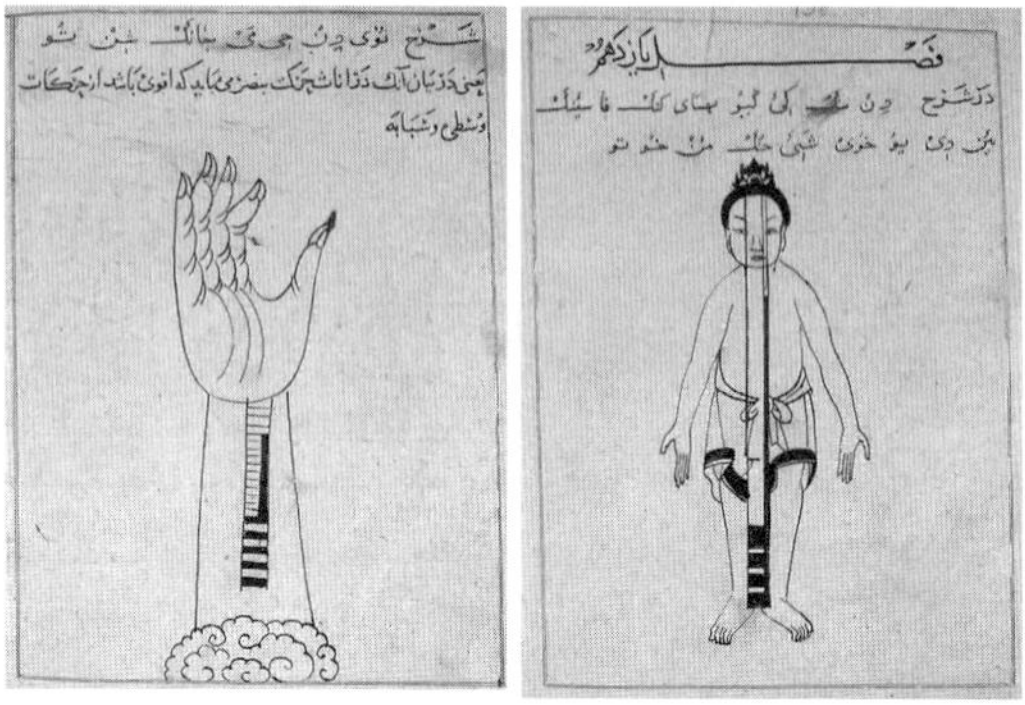

図9　『珍貴の書』

『珍貴の書』は，両図の表題を「ren 人 yang 迎 kī 気　gīū 口 tsāī 在 king 頚 fā 法 sīang 象 tīan 天 dī 地 īū 要 ḫūī 会 šī 始 ğung 終 mun 門 ḫū 戸 tū 図」「nūī 女 ren 人 ğī 尺 maī 脈 zjāng 常 šin 盛 tū 図」と朱色のアラビア文字＋シリア文字表記の漢字音で示す。パクパ文字やハングル，仮名等の資料とともに，中世の漢字の音価を知る貴重な手がかりともなっている（Mīnuvī, M., *Tanksūq nāmah: Collected works of Rashīd-al-dīnFadlallāh,* Vol. 2, Tehrān, 1972, p. 155, p. 159）。

たとえば、巻二の半裸の人形図と右手図（図9）。前者は、『晞范難経』の口絵（図10右）から、スタッフが原図の標題の句読・解釈を誤ったこと、図の後の頁に人迎・気口・神門・寸・尺・関・関前・関後・神門の用語解説をあえて「付加」したことが判明する。いっぽう後者に合致する図は『晞范難

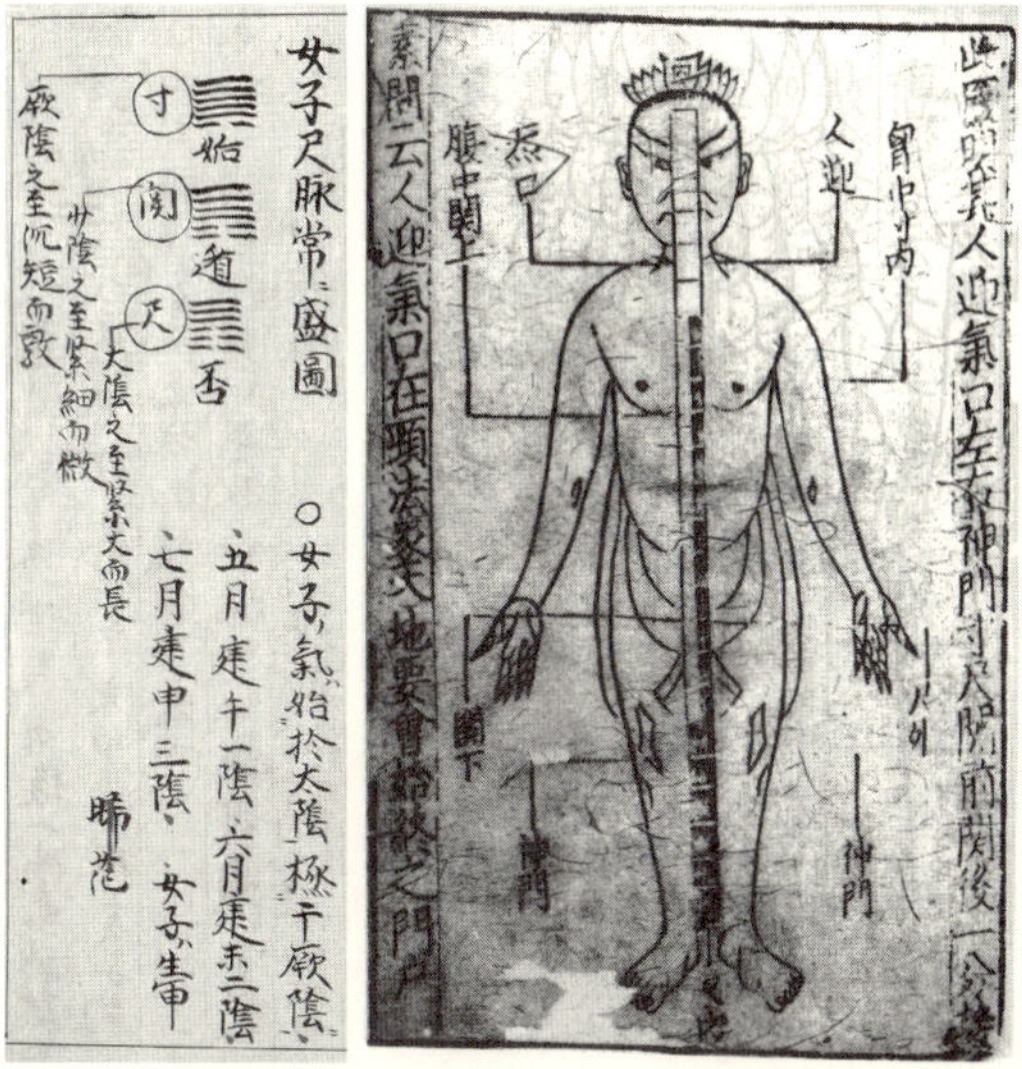

図 10　『新刊晞范句解八十一難経』（右）『難経隆庵抄』（左）
静嘉堂文庫蔵（『難経古注集成 1』東洋医学研究会，1982 年，p. 411）／京都大学附属図書館富士川文庫蔵。杏雨書屋所蔵の道器の自筆本の写し（『難経注解叢刊 2』オリエント出版社，1994 年，p. 98）。

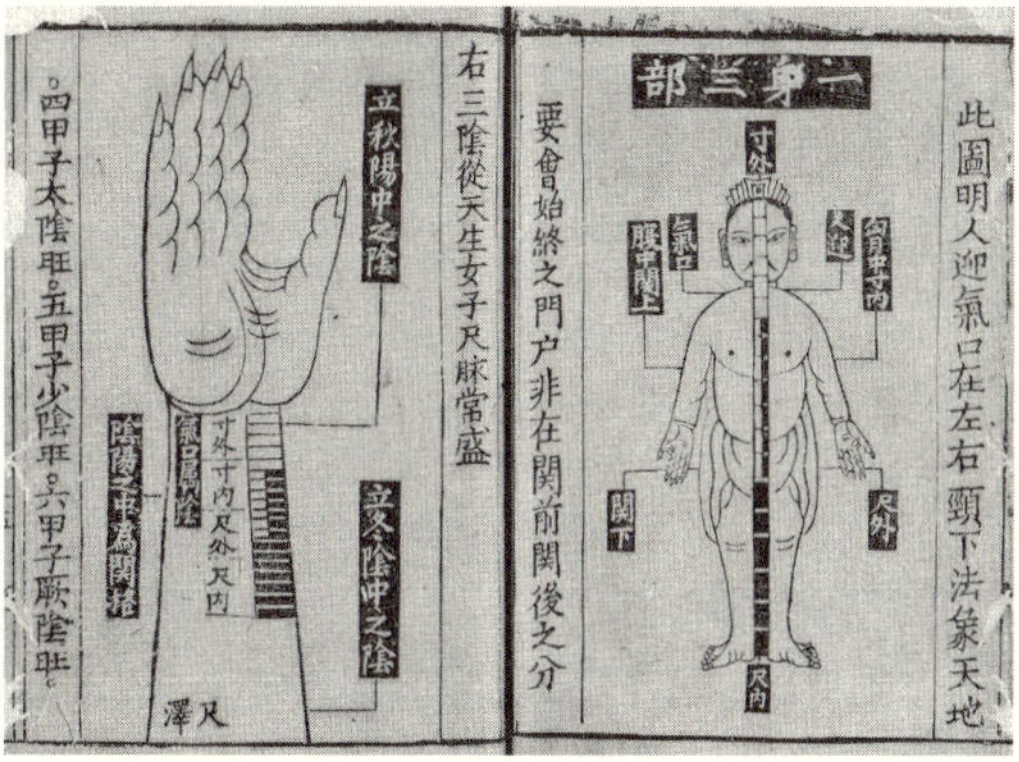

図 11　『続易簡方脈論』
関節が多すぎるのは御愛嬌？（『福井崇蘭館の秘籍』武田科学振興財団・杏雨書屋，2018 年，p. 13）。

経』にも篷庵道器の抄物にものこっていない。ただ、標題に続く「女子では薬指（尺）の脈動が中指（関）・人差し指（寸）の脈動より強いはずとの説明について」というペルシア語の一文は、篷庵道器も引用する『晞范難経』巻三「十九難・女子尺脈常盛」の解説——一筋縄ではいかない内容（図10左）を翻訳スタッフが口頭で「要約」したもの、と推測し得る。

そしてこの人形図・右手図とほぼ同じ図が、一二四四年頃に南宋で刊行され、いまや日本にしか伝来しない王暐《おうい》の『続易簡方脈論』に見えている（図11）。序文が脱落し跋も残缺のため詳細は不明だが、王暐は浙江東嘉（温州市）の出身で、一二三四〜五四年の一時期、祠禄（休職中・退官後の俸給付与のための名誉職）とはいえ、大金から南宋の領土に戻っていた河南亳州の明道宮（老子の故郷。政府直轄の道教施設）の主管を務めた。劉守真《りゅうしゅしん》・馬完素《ばかんそ》の『（新刊）図解素問《そもん》要旨論』をはじめ大モンゴル国治下の華北で流行していた纂図本を複数入手し、自著に転載した可能性が高い。趙希邏《ちょうきり》（南宋皇帝理宗《りそう》の叔父）と趙与芮《ちょうよぜい》（理宗の弟、度宗《たくそう》の父）は王暐の著述に好意的な評価を降し、出版を支援した。

李駉の「纂図」には依拠するものがあったのだ。それは王暐が利用したものと同じかもしれないし、朱肱の『内外二景図』と『活人書』、黎民寿《れいみんじゅ》『簡易方』（一二六〇年）等、複数の医学書かもしれない。その解明の鍵はおそらく日本にある。

梶原性全《かじわらしょうぜん》の『頓医抄《とんいしょう》』（一三〇四年）や『万安方』、釈有林の『福田方』、飯尾永祥《いいおえいしょう》の『撮壌集《さつじょうしゅう》』（一四五四年）等に列挙される医薬書の多くは、刊行からあまり時を置かずに輸入されたもので、官民あげての蒐集熱が窺える。江戸時代に至っても、平安時代以来朝廷に仕え多くの医者を輩出してきた丹波氏をはじめ、幕府の医官の多紀氏、福井氏等が競うように稀覯書を求めた。『続易簡方脈論』も福井氏の旧蔵で、丹波元胤《たんばもとたね》は一八五三年にその「謄写本の謄写」を得ている。

流出する先人たちのお宝

何百年も一方通行で貯まり続けていた国内の漢籍は、二十世紀初頭、廃仏毀釈や社会変動のなか、相当量が海外へ流出する。本家本元の中国では、王朝交代時の動乱、宮廷・地方官庁・学校の図書の管理不行き届き、文字獄等により、多くの古籍が散逸してしまっていた。折しも陸心源の蔵書の嫁ぎ先に憤慨していた外交官の李盛鐸《りせいたく》や楊守敬《ようしゅけい》は、宋・大元時代の古籍を二束三文で嬉々として「買い戻した」。それらは現在、中国国家図書館や北京大学、台湾国立故宮博物院に蔵される。

そして約百年。日本の民間の所蔵機関は、バブル崩壊と超低金利政策によって経営難に直面し、かたや文化大革命で疲弊していた中国は、改革開放によって急速な成長を遂げた。中国政府は一九八〇年代から乾隆以前の文物の海外への持ち出しを厳禁し、宋・大元時代の古籍は国宝扱いとなった。投資家たちはこれらを値下がりしない「金塊」と認識しはじめ、二〇〇〇年頃から日本の競売にも押し寄せ、落札価格は異常に高騰した。再び漢籍の流出がはじまった。先人達の想いとは裏腹に、ばらばらに引き裂かれ銀行の貸金庫で眠りにつく場合もある。こうした状況を危惧した文化庁は、最近、福井氏崇蘭館の医薬書を一括購入し、杏雨書屋に寄託して閲覧に供する英断に出た。有難いことである。

4　ユーラシアの東西で鑑賞された道釈画

フレグ・ウルスの朝廷からティムール朝、オスマン朝へと受け継がれた宝物は、法令や医学に関する書籍だけではない。

西伝した中国絵画

イスタンブルのトプカプ宮殿《サライ》には、大元大《イエケ》モンゴル国《ウルス》〜大明初期の「漢児《キタイ》の巨匠たちの優良作品集に属している」諸図像や刊本（木版）の「纂図」を裁断・貼付した『宮廷画帖《サライアルバム》』が何冊も蔵される。またそこから流出したいくつかは、ベルリン国立図書館の所有に帰し、『ディーツ画帖《アルバム》』と呼ばれている。

これらの画帖には、宮廷の画師たちが中国絵画の技法を熱心に研究した証拠の模写・素描も一緒に貼付されている。じっさい十四世紀以降、ペルシア語・アラビア語書籍の細密画《ミニアチュール》は、中国絵画の写実性と筆遣いの刺激により進化した。山水、楼閣、花鳥、動物など対象はさまざまだが、人物画には、儒教の「二十四孝図」、道教の「蝦蟇《がま》・鉄拐《てっかい》図」、仏教の「寒山《かんざん》・拾得《じっとく》図」などの故事（道釈画）が複数確認される。

特に注目すべきは、阿弥陀・文殊・普賢の三尊の化身と信じられていた唐代の天台山国清寺の禅僧——豊干《ぶかん》と弟子の寒山《かんざん》・拾得《じっとく》の「三隠図」（図12左上）である。三人が『摩訶止観』の「三十六獣」絵

図 12　上段：（左）「三隠図」（右）「四睡図」下段：（左）「七睡図」（右）「八仙図」

トプカプ宮殿附属図書館蔵。『宮廷画帖』（H. 2154, f. 55r, H. 2160, f. 48v, f. 83r.）より。狩野探幽が摸写した「八仙図」は，中央が［徐神翁／韓湘子］（竹製釣具，笛），右に何仙姑（花籠），呂道賓（宝剣），時計回りに李鉄拐（瓢箪），鍾離権（酒甕），［劉海蟾／張果老］（鎚？魚鼓？），曹国舅（玉板），藍采和（蓮？）（Grube, J. & Sims, E., *Between China and Iran: Painting from Four Istanbul Albums*, London, 1980／狩野応信編『探幽縮図聚珍画譜』中冊，博文館，1885 年）。

巻の鼠・猫・伏翼《こうもり》（蝙蝠）の箇所を仲良く覗き込む様子を描くために、大元時代の文化人たちの儒・仏・道の学問への兼通・融合という理想を表現した「三教合面図」（「三笑図」）の円形の構図を借りている。同じく円形の豊干・寒山・拾得と虎の「四睡図」（図12右上）は、件《くだん》の宮廷画師たちの作品で、原図の忠実な模写か、「三隠図」を参考に描き直したものか、両方の可能性がある。いずれにせよ、かれらは図の趣旨を理解しており、『クルアーン』「洞窟章」や中世ヨーロッパの世界概念図のひとつ「ヘレフォード図」にも取り上げられる東方キリスト教諸派の伝承「エフェソスの七睡（と犬）」にも応用した（図12左下）。日本には、「徐神翁《じょしんおう》／韓湘子《かんしょうし》」、何仙姑《かせんこ》、呂道賓《りょどうひん》、李鉄拐《りてつかい》、鍾離権《しょうりけん》、「劉海蟾《りゅうかいせん》／張果老《ちょうかろう》」、曹国舅《そうこくきゅう》、藍采和《らんさいわ》を円形に描いた「八仙図」（図12右下）が伝わった。大元時代の全真教《ぜんしんきょう》教団の隆盛によって広まった画題である。ユーラシア東西の文化交流の結晶といってよい。

隠された図像の正体

さらに目を惹くのは、壮麗な軍装の武将、海上に湧出し冠帽を被り圭（玉製の笏）を手に拝礼する高官と娘、岸辺で合掌する幼児の三点（図13）。いずれも縦三四センチメートル、同じ精緻な筆致で描かれている。ひとつの絹絵から切り出されたとみて間違いない。

武将は、『龍舒増広浄土文』（一三二一年刊）の扉絵と細部まで合致するため、護法神の「韋駄天」だと確定できる。仏画であるからには、円輪の後光が射す幼児は「善財童子」で、高官についても、背中の鱗皮、傍らの海産物を捧げ持つ鬼と亀鼈から「龍王」と推測される。そして韋駄天と善財童子の共通項といえば、京都祇園祭の南北の観音《かんのん》山に安置される「楊柳」（楊枝）観音。三十三観音のひとつとされ、医療・救済の象徴として楊柳の枝と甘露水を満たした宝瓶を配す。

三枚の図の中心に位置していた観音は相当大きく、何より仏教の礼拝の対象であることが明白だったため、イスラームを奉じる宮廷の画帖に収録するわけにはいかなかったのだろう。画帖には、「馬《め》郎婦《ろうふ》」ないし「霊照女《りんしょうじょ》」の絹絵のほか、「魚籃」観音の模写もあるが、花を愛でる娘や買い物帰りの「仕女」と言いくるめることが可能だった。円光を月や太陽に見せる意図的な変更もあり、「阿弥陀三

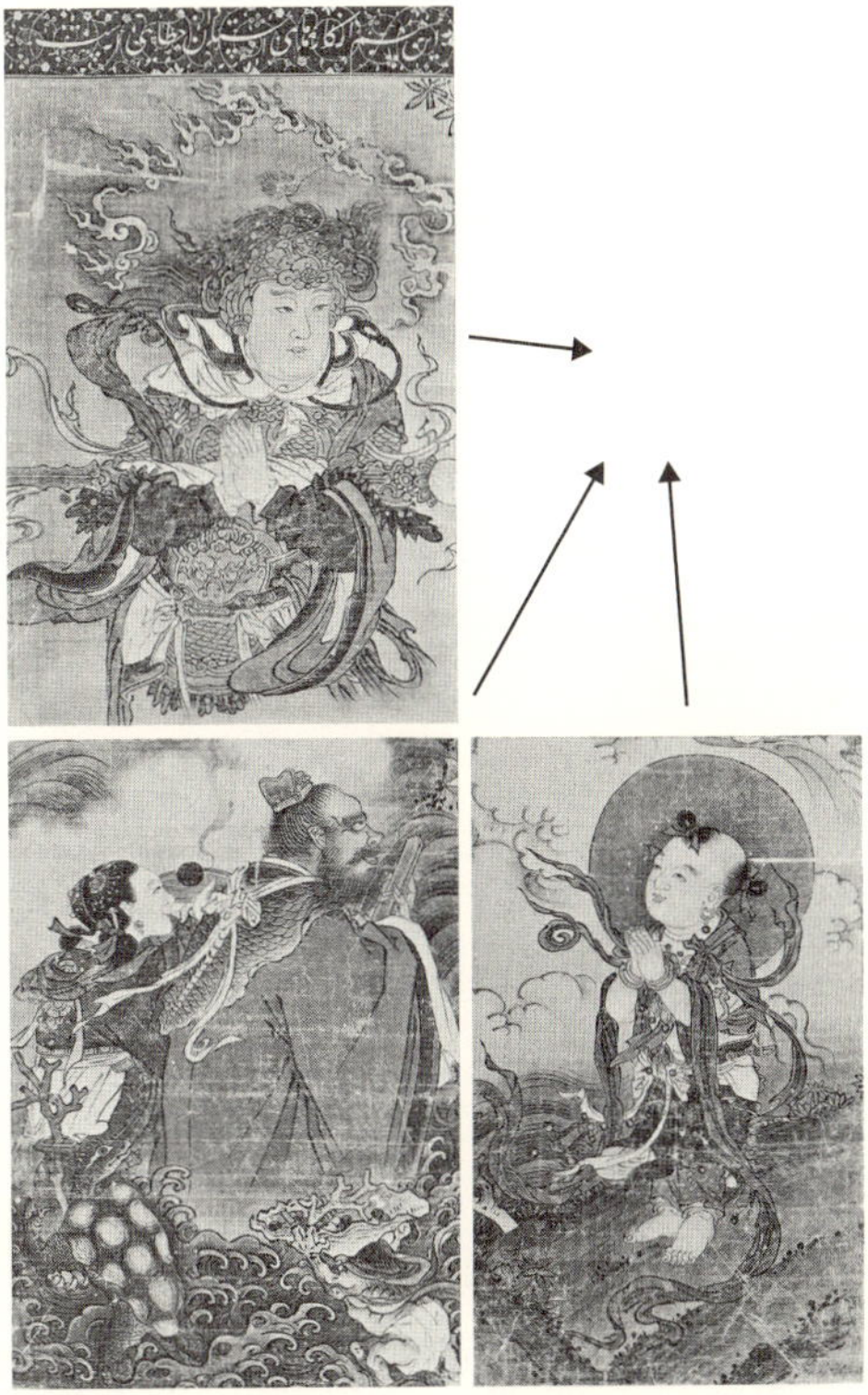

図 13　かれらの視線の先にあるものは？――『宮廷画帖』の分断された仏画
トプカプ宮殿附属図書館蔵。H. 2154, f. 136r, f. 95r, f. 74v.（*Between China and Iran*）

尊図」の模写に至っては、姫君と侍女のお喋りの一コマに化けている。

では、「楊柳」観音が韋駄天と善財童子を従えるようになったのはいつからだろう？

モンゴル時代の観音図

『歴代名画記』等の記録によれば、唐代の周昉《しゅうほう》、呉道子《ごどうし》、閻立本《えんりっぽん》等が「水月」観音なる画題を選び、都の長安や四川の寺観の壁に描いた。菩薩、円光、竹林、水上、（円石）を構成要素とし、水面に映る月のごとき清浄な夢幻美を表現する。これらの条件を満たす「楊柳」「白衣」「滝見」（観瀑）等の観音も「水月」で呼ばれることが多い。敦煌で発見された九四三年の「水月観音図」は上部に雲上人、下部に供養者を描く。五代・北宋の作品――敦煌莫高窟をはじめとする甘粛地方の壁画、カラホト（内モンゴル）出土の絵図も同様である。

ところが北宋末期、『華厳経《けごんきょう》』「入法界品《にゅうほっかいぼん》」を図解する『善財参問変相経』（一〇九六年）や『仏国禅師文殊指南図讃』（図14右）が出現した。結果、善財童子の求道の旅五十三次《つぎ》のうち、大海に浮かぶ補《ポー》怛洛迦《タラカ》山の観自在菩薩を訪問した場面が「水月観音図」に結びつき、雲上人も龍王、龍女に置き換わっていった。その変化は西夏国治下の楡林窟や文殊山古仏洞の壁画において顕著である。南宋でも、明州（寧波《ニンボー》）沖の普陀山がポータラカ山に擬されていたため、新たな観音図が盛んに製作されるようになる。奇しくも孫悟空たちの取経の物語『西遊記』の原形が図化されるのと同一の時期・場所である。

大元ウルスにおいても、呉道子・閻立本等の古画や「入法界品」の構図は踏襲され続けていた。一二九九年に国使として日本に派遣された普陀山の高僧一山一寧《いっさんいちねい》の賛がある「滝見」（ボストン美術館）、張思《ちょうし》恭《きょう》の筆とされる「白衣」（鎌倉建長寺）、十四世紀前半に宮廷のお抱え画師として活躍した王振鵬《おうしんほう》の名を冠する「白衣」（京都東福寺）等がそれである。

図 14　南宋の臨安（杭州）で刊行された「水月観音図」（右）と大元初期に慶元で描かれた「弘施大士図」の模写（左）

（右）別名「自在観音図」「普陀落観音図」。京都高山寺十無盡院旧蔵，大谷大学図書館蔵（『吉石庵叢書』より），（左）。右下隅に龍の頭，左上隅に韋駄天が描かれる（『探幽縮図聚珍画譜』中冊より）

しかし、慶元（明州）の張《ちょう》［月壺《げっこ》／月湖］の作品（京都大徳寺・岡山県立美術館）は、南宋時代に当地で製作されていた「五百羅漢《らかん》図」や「過海羅漢図」から韋駄天と龍を借用しつつ善財童子は描かない（図14左）。この辺りに転機がありそうである。

宋濂《そうれん》（一三一〇～八一）の証言に拠れば、林一清《りんいっせい》の「観世音菩薩像」が善財童子・韋駄天・龍女を描いていた。林一清は王振鵬と並ぶ界画（屋台引）の名手で、即位前のトクテムルの侍医だった。そして奈良は生駒の長弓寺が蔵する「楊柳」は、善財童子・韋駄天・龍に加え、観音の右肩近くに説法に聞き入る白鸚哥《いんこ》、右裾には「布袋《ほてい》」と見られる僧《そう》形《ぎょう》を描く。『宮廷画帖』の原図にも存在していた可能性がある。布袋以外の構成は、一四三九年創建の北京《ペキン》法海寺の壁画に受け継がれる。フレグ・ウルスで翻訳された『晞范子《きはんし》脈訣集解《みゃくけつしっかい》』を蔵していた熊本大慈寺にも大元末期～大明初期の「楊柳」があり、善財童子、韋駄天、白鸚哥が確認できる。

普陀山の観音寺は、大元ウルスの歴代の皇帝《カアン》、特に皇后《カトン》（テムルの皇后ブルガン、カイシャンとアユルバルワダの母后ダギ等）から手厚い保護を受け、毎年国家祭祀を執行していた。「観音図」の極上品が献上されたり、フレグ・ウルスの宮廷にも贈られる情況が存在し得たのである。

大元ウルスの駙馬国となった高麗の宮廷では、仏画が盛んに製作された。クビライの外孫で、インテムルの姉妹にあたる公主《ベキ》（姫君）を娶った駙馬《グレゲン》（婿殿）、なおかつアユルバルワダの宿衛《ケシク》の一員でもあった忠宣王エジルブカは、一三一〇年に宮廷画師の金祐たちに「水月観音図」（佐賀鏡神社）を製作させたほか、四年後には自ら志願し、カアンの代理として臣僚とともに普陀山を訪れている。かれの息子の忠粛王アラトナシリが一三二三年に徐九方に描かせた作品（泉屋博古館）をはじめ、日本各地の寺刹の伝来品の多くも宮廷工房の製作と見られる。それらの「観音図」はみな、金泥・繧繝《うんげん》彩色により、カアンからの下賜や大都での購入と見られるナスィーチュ（中東の金襴）、精緻な刺繡を施した緞子《どんす》、透明に近い羅《ヴェール》、宝飾品を対象に纏わせるが、観音が従えるのは善財童子のみ。高野山金剛三昧院への足利義政の寄進物や京都大徳寺の所蔵品等には、図13とよく似た龍王と従者たちが加わるものの、韋駄天は出現しない。湯垕《とうこう》とトクテムルの書画鑒定士柯九思《かきゅうし》の共著『古今画鑒』は、流れるような筆の動きと繊麗さを特記し、原流を唐代の仏画の名手でホータン出身の尉遲乙僧《うっちいっそう》に求めたが、遼・大金からの影響も考えるべきだろう。

東伝した中国絵画

京都東福寺の虎関師錬《こかんしれん》（一二七八～一三四六）の『異制庭訓往来』は、大元時代の僧侶たちの語録や留学経験者の見聞を参考に、大法会の際に飾るべき名画として、慶元から輸入された張思恭の「釈迦三尊」「四睡図」「三笑画」、陸信忠《りくしんちゅう》の「阿弥陀三尊」「十王像」「三教図」、牧渓《もっけい》の「布袋」「寒山」「拾得」、張月湖の「観音」「魚籃」「馬郎婦」等を挙げている。関白太政大臣一条兼良《いちじょうかねら》（一四〇二～八一）も『尺素《せきそ》往来』において、書院に飾る本尊に張思恭の「出山釈迦」や啞子《あし》の「観音」を、両脇の絵に「霊照女」「馬郎婦」、「寒山」「拾得」、「三笑」「四睡」等を薦める。能阿弥《のうあみ》（一三九七～一四七一）の『（鹿苑院殿已来）御物御画目録《ごもつおんえもくろく》』の巻頭にはなんと「円石観音　脇韋駄天・龍　牧渓《ママ》」とある。大元以降の構図に依拠して、南宋末期の牧渓の「観音図」にはなかった韋駄天と龍を脇絵で補っているのだ。そして「五幅観音　脇三笑・四眠《ママ》・猿　牧渓」、「呂道賓《りょどうひん》　脇三笑・四睡　牧渓」の組み合わせ（呂道賓は唐の道士で、蝦蟇仙人こと劉海蟾《りゅうかいせん》の師）。「三笑」は晋の恵遠《えおん》（仏）・陶元亮《とうげんりょう》（儒）・陸脩静《りくしゅうせい》（道）の故事を描き、仏印《ぶついん》禅師（仏）、蘇軾《そしょく》（儒）、黄庭堅《こうていけん》（道）が桃の花の酢漬けを啜る「三酸」とともに、「三教合面図」に属する。「四睡」と同様、南宋末期～大明初期に流行した画題で、日本でも愛好されたが、高麗では全く流行らなかった。

『宮廷画帖』に収録された「観音」「三隠」「四睡」の軸物もほんらいセットだったのだろう。ほぼ同時期に同じものが日本と中東に伝播し享受されていた好例である。

Ⅲ　クビライの海上展開に導かれ

【Ⅲ　扉図】

（右）龍泉窯（江西省）の印花（刻花）青磁を模倣したフレグ・ウルスの陶製鉢。トルコ石色の地に，矢を放つ者と棍棒を振り上げる者が１頭の駱駝に同乗して戦う場面が浮かびあがる。中近東文化センター附属博物館蔵（『煌めきのペルシア陶器――11～14世紀の技術革新と復興』中近東文化センター附属博物館，2008年，p. 43）。

（左）磁州窯（河北省）の鉄花ないし浮梁局（江西省景徳鎮の官窯）の青花，直接にはフレグ・ウルス王室の工房スルタナバード産を模倣したマムルーク朝の陶製壺。白地に紺・青・黒を以て天翔ける駿馬を細かく描き込む。口辺には漢字風の意匠。釉薬の効果で全体に光沢がみとめられる。磁州はトルイ家の投下《アイマク》領で，のちにフレグに分配された彰徳府路（安陽）のすぐ北に位置する。ヴィクトリア・アルバート美術館蔵（Behrens-Abouseif, D., *The Arts of the Mamluks in Egypt and Syria- Evolution and Impact*, Bonn University, 2012, p. 90）。

1　バヤンの肖像

大明《ダイミン》時代に広まったバヤンの肖像

江戸の昌平坂学問所旧蔵の『集古像賛』と題する漢籍がある。一五三六年に嘉靖《かせい》帝の王子たちの教育係孫承恩《そんしょうおん》が編纂したもので、盤古《ばんこ》・伏羲《ふくぎ》・神農《しんのう》・黄帝《こうてい》といった伝説上の帝王から大元 大《イェケ》モンゴル国《ウルス》に至る歴代皇帝のなかの名君、功臣たち計二百六名の肖像画を掲げ、各々に自作の四言八句の「賛」を附す。南宋までの図像については、四川成都の周公礼殿の壁画を模写した冊子本の『聖賢図』、王惲《おううん》がクビライと皇子たちへのご進講用に収集した『古今名臣画像』や『聖賢画像』、釈懶牛《らんぎゅう》の『歴代君臣図像』（一三三七年）などを源流とする巷間のいくつかの木版・石刻を参照したらしい。

モンゴル関係では、皇帝はクビライ（図15右）、功臣はチンギス・カンとオゴデイに仕えた耶律楚材《やりつそざい》（移剌楚才《いらそさい》。契丹《キタン》の旧王族の末裔）、クビライに仕え南宋接収の最大の立役者となったバヤン（図15左）、劉《りゅう》秉忠《へいちゅう》、許衡《きょこう》、姚枢《ようすう》、廉希憲《れんきけん》（ウイグル）、劉因《りゅういん》、程鉅夫《ていきょふ》、趙孟頫《ちょうもうふ》、呉澄《ごちょう》、許謙《きょけん》、虞集《ぐしゅう》の計十三名が選ばれている。耶律楚材～劉因の面々は、つとに蘇天爵《そてんしゃく》の『国朝名臣事略』（一三三一年）で取り上げられており、この書の増補版たる王褘《おうい》の『国朝名臣列伝』（一三四八年）に、程鉅夫～虞集も含まれていた。両書とも挿絵はないが、王褘は収録した人物全員に「賛」を附し、宋濂《そうれん》もこの増補版から二十二

元世祖
雄武以斷
聰明而仁
胡夷聞氣
篤生此人
驅策賢豪
振揚武烈
繼統中華
式欽大業
臨淮王伯顔
臨淮桓桓
嚴凝若神
百萬貔貅
御如一人
討定江南
混一九土
武功洸洸
永載盟府

図15 『集古図像』のクビライとバヤン
国立公文書館内閣文庫蔵。孫承恩の忖度か，クビライが纏う衣の刺繡の龍の爪は4本に減らされているうえ，大明・大清満洲《ダイチンマンジュ》国《グルン》の宮廷で秘蔵された『元朝帝像』（台湾国立故宮博物院蔵）や『百万の書』の伝える容貌と乖離し，バヤンの顔と差別化できていない。

名を選び、四言の句を連ねる「頌」を製作している（二人とものちの『元史』編纂官）。かれらと比べると、孫承恩の人物選定は、武官はバヤンのみ、文官は耶律楚材を除き全員朱子学の推進者でほぼ漢児《キタイ》（華北）・蛮子《マンジ》（江南）出身、と偏る。それはともかく、孫承恩は一体どこから図像を調達してきたのだろう？　そしてわれわれは『集古像賛』が描く各人物の容貌をどの程度信じてよいのだろう？

南宋接収の功労者バヤンの顕彰

バヤン（一二三六～九四）は、モンゴルの諸部族のなかでも特に強大なバアリン部の出身で、『モンゴル秘史』にも見えるチンギス・カンの右翼軍千戸のひとり、アラクの孫である。モンケの指示でフレグの西征に従軍していたが、ほんらいクビライの護衛《ケシクテン》に配当されるべき武将であった（一説に実父が叛逆罪で死刑となり、一族とともに国外追放が決まった）ため、一二六五年頃、外交使節団に加わり、クビライのもとに帰参した。かれの容貌・言辞を気に入ったクビライは、傘蓋持ち《シュクルチ》（衣装の世話もする側近）として四班の宿衛《ケシク》のひとつを統括させつつ、行政を統べる中書省と最高軍事機関たる枢密院のナンバー2の職も与えた。そして一二七四年、対南宋戦の総大将に任命した。バヤンはクビライの期待に応えて連戦連勝、自軍には厳しい軍律を以て民への狼藉を防ぎ、降伏した者には寛大な待遇を示すことで敵の士気を挫いた。二年後に南宋臨安（杭州）の朝廷は無血開城した。その功績は、モンゴル語の『国史《トブチヤン》』、漢籍のみならず、『集史』や『ヴァッサーフ史』といったペルシア語文献、マルコ・ポーロの『百万の書』にも記録された。

しかし、旧南宋領の塩・茶の専売、金・銀の鉱脈、複数の国際貿易港の確保による巨大な商業圏の収益は、クビライの寵臣アフマド一派と皇太子チンキムを担ぐ官僚たちの権力闘争を激化させた。バヤンも巻き込まれて誹謗中傷を受け、一時クビライの信頼を失した。とはいえ、バヤンの知略と配下の軍は大元ウルスに必要不可欠で、そのごもモンゴル高原や中央アジアの叛乱の鎮圧に多大な貢献をなした。チンキムはアフマド暗殺事件の後に実権を掌握したが、わずか三年で幽閉され亡くなり、その妃《カトン》ココジンは、バヤンを後ろ盾として、愛児テムルを次期皇帝《カアン》に擁立する準備を秘かに進めた。

一二九四年、クビライの死が公表された当日、上述の王惲は、詔勅の撰文や国史の編纂に携わる翰林院の同僚たちとともにバヤンに招集され、直接その面を拝む機を得た。だがバヤンは一年経ずに病死し、かれの部下の張楚《ちょうそ》がその遺影を翰林院に持参して王惲等に「賛」と哀悼の詩を求めたという。

一三〇三年には、国費によって杭州にバヤンの祀廟が建設され、かれの事蹟を顕彰する『平宋録』も刊行された。廟には道士の杜道堅《とどうけん》の「賛」を附したバヤンの肖像画が掲げられた。これをもとに模写・石刻拓本が多数作られたようで、程鉅夫と『聖武開天紀』（『国史《トブチヤン》』の漢訳）の著者チャガンの共通の友人李仲章《りちゅうしょう》のほか、蘇天爵も入手している。

モンゴル朝廷における「写真」の製作

同じ時期、画才を自負する唐文質《とうぶんしつ》は、チンギス・カン以来の名臣・烈士の肖像画の製作を志願し、塩の管理官から秘書監の書画部門へ異動した。ここには歴代の『帝王像』や『聖賢図像』が複数収蔵されており、アユルバルワダは一三二〇年頃、ウイグルの文官トレクカヤに一冊下賜している。また秘書監の文書（モンゴル語を口語の漢語語彙で直訳）に、

> 延祐六年（一三一九）四月十六日、大司農（農林水産省長官）の張彦清《ちょうげんせい》（張晏《あん》）が特に奉じた聖旨《ジャルリク》に「在前、劉太保（劉秉忠）を頭と為す薛禅皇帝《セチェンカアン》（クビライ）の旧《ふる》きに行し来的《たところの》官人毎的《ノヤンたちの》画像は、李《り》肖巌《しょうげん》（李師魯《しろ》）を教《し》て他毎《かれら》各家的《の》大きな「神」（肖像）に依っ著《て》、対模（逐一付き合わせて模写）・伝写（次々借り出して抄写）し了《おわったら》呵、小何（何鏞《かよう》）を教《し》て裱褙（表装）し看冊（供覧用の冊子）と成し、我が看《み》て過した呵《ら》、秘書監の裏《うち》に収め者《よ》。合《まさ》に用いるべき的《ところの》工銭（経費）は您《おまえたち》司農司の子粒銭（税収）の内より支し付与せ者《よ》。李肖巌と一処に「神」を画《えが》く的《もの》、別箇の画処は、差撥（賦税・徭役）を休《や》め者《よ》。他毎《かれら》併《なら》びに工を教《し》て、我が下馬する比及《ころおい》までに完備し了者《おわれ》」麼道《とて》、聖旨が了也《なったぞ》。

とあった。バヤンのみならず功臣たちの各家庭では大型の遺影を祀るのが習慣で、それらを模写して一冊に纏めたのだった。宮中にはかれらの生前の姿を記憶する者も少なからずおり、より故人に似せ

図 16　「世祖出猟図」のクビライとバヤン（部分）
（『公主的雅集：蒙元皇室与書画鑑蔵文化特展』台湾国立故宮博物院，2016 年，p. 158）

るための修正も可能だっただろう。なお、この後に続く文からは、アユルバルワダ直々の命令で製作されたこの冊子が劉秉忠等三十名の功臣たちの彩色肖像画を収録しており、顔料費だけで銀四・二キログラム（とうじの金銀の交換比率は十対一なので、時価約三〇五万円）を要した豪華本だったこともわかる。おそらく臣下への頒布用の木版本も直後に刊行された。「写真」の圧倒的な技量を以て海内に名を馳せた李師魯（肖巌は号）は、翌年には、即位したばかりのシディバラの指名で、亡父アユルバルワダと母后アナシシリの祭祀用「御容」の製作を命じられており、そのごもずっと秘書監に在籍した。とうじの僧侶たちの「頂相《ちんぞう》」のレヴェルの高さから推し量っても、かれの作品の出来栄えはこんにちの「写真《フォトグラフ》」に近かったと考えられる。

以上を踏まえつつ、一二八〇年にカアンの衣装係でシュクルチ集団に属する劉貫道《りゅうかんどう》が描いた有名な「世祖出猟図」を見てみると、クビライ（図16中央）の左側に、折り畳んだ傘蓋《シュクル》を持って控える凝《かた》く峻《けわ》しい容貌の武将がいる（図16左）。職掌からバヤンだろうと推測し得たが、バヤンの祭祀用の遺影に源流を持つ『集古像賛』との酷似によって確実となる。

もうひとりのバヤン

ところで、マルコ・ポーロの『百万の書』は、クビライの狩猟に関連して、以下のような報告をしている。

大君陛下には、同じ父母から生まれた兄弟二人がお仕えしており、ひとりはバヤン、もうひとりはミンガンという名で、タタル（モンゴル）の言語でクイウチ（グユクチ）――「猟犬の主」と呼ばれ、囲猟（獣）・打捕（鳥）・飛放（兎）のための犬とマスティフ犬を持っている。この兄弟の各々が配下に一万人を抱えており、これらのうち、一方に仕える部下たちは緋色の衣を、もう一方の部下たちは天空の紺碧色を着用する。狩猟に行く際は毎度、これらの衣を身につけ、自身とともに五千匹にものぼる数のブラッドハウンド、グレーハウンド、マスティフ犬を連れてゆく。

厳密には「グユクチ」は「疾走する者」で、猟犬・勢子《せこ》、またはそれらを統べる者を指す。ちなみに毎年、勢子たちの士気を高めるためか、冬の大都もしくは夏の上都において、六時間以上かかる約一一三・四キロメートルのコースを設定したマラソン大会が開かれていた。カアンの御前で万歳を叫び拝礼して初めてゴールと看做され、優勝者には賞金として銀二・一キログラム（約一五三万円は安いか、自衛隊隊員に聞いてみたいところである）、二位には金襴緞子四疋、三位には二疋が下賜され、参加賞は一疋だったらしい。

兄弟のうち、ミンガン（?～一三〇四）は『元史』に伝があり、『至正析津志』や『大元通制』、フレグ・ウルスの『オルジェイトゥ史』にも名をとどめる。カンクリ部の出身で、クビライの侍衛親軍を指揮し、御幸の際には部下の大半と扈従した。一二八四年以降は、オゴデイ家のカイドゥ等の叛乱に対峙すべく、息子のブラルキ等とともに幾度も中央アジア戦線に派遣され、陣歿するまで戦闘に明け暮れた。バヤンのほうは断片的な記録しか残らないが、一二七六年の時点でクビライの側近中の側近だったと耶律希亮（楚材の孫）の神道碑（墓前に至る道端に鎮守のための石獣などとともに配置。Ⅷ章扉絵参照）が証言し、『集史』第一部『ガザンの吉祥なる歴史』の「クビライ・カアン紀」は、かれの息子のナンキャダイがミンガン等と同じ中央アジア戦線に投入されたことを伝える（バアリン部のバヤンにも同名の息子がいた）。

件《くだん》の「世祖出猟図」には、クビライの右側で猟犬を従える緋色の衣のバヤン（図16右）が、その前方に同じ漆黒の肌でよく似た容貌の持ち主、空色の衣のミンガンが描かれる。クビライは二人のバヤン将軍を従えていたのだ。しかも本図が描かれてまもなく、アフマドに取って代わった財務官僚のサイイド（預言者ムハンマドの子孫）アブーバクルが、モンゴル名「バヤン」（「富」の謂い）を与えられた。このバヤンもテムルの即位に加担したが、かれの肖像画は伝わっていない。

2　一兵卒が語る東南アジア遠征

失われた墓石

中国の山西省臨汾市襄汾県古城鎮鄧村の南の郊外に、かつて一二九四年製の「関《かん》氏の創修せる墓誌銘」と題する墓石が存在した。七〇メートル四方あったはずの一族の墓地ともども、大明《ダイミン》以降の地方志はもとより『山右石刻叢編』（一九〇一年）や『山西各県名勝古蹟古物調査表』（一九三一年）にも記録がなく、刻されていた文章は、劉武経主編『古城鎮志梓後記事』（二〇〇七年）が拓本から抄写したものによって初めて知り得る。現物は行方不明になっているらしく、石材として再利用された可能性が高い。

ほんらい「墓誌（銘）」は、少し前に遣唐使の吉備真備の関与で話題になったそれのように、正方形の石板に刻し、平たい方錐台形の「蓋」を載せ墓室内の柩の前に安置される。しかしこれは寝かせず立てているので、［圭／笏］首方趺（図17）の形状を有していたはずである。いずれにしても、通常は考古学者や墓盗人が発掘しない限り、人眼に触れることはない（有名な文筆家や書家に依頼しておけば、文集に草稿が収録・出版されたり、清書現物が伝わる可能性はある）。長らく地下にあったからこそ言及されなかったと考えるのが自然だろう。ただし、この時代の墓誌銘のなかには、地上に立っていた事例がいくつも確認されている。ちょうど、同じ鄧村の東側に五年遅れて立石された「梁《りょう》君の祖考の墓碣銘」

（縦一・五五×幅〇・七二メートル、六四二字）のように。

じつは、無位無官の庶民一家で初めて進義副尉・管軍下千戸所の弾圧という従八品の位階と従九品の官職を得た関秀《かんしゅう》は、チンギス・カンの時代から都元帥・万戸（万夫長）や千戸（千夫長）を輩出してきた梁家のごとく、正六品〜従七品の官僚のみに許された「碣《けつ》」を立てることはできない。まして従五品以上の螭《ち》首《しゅ》亀《き》趺《ふ》の「碑」や墓地への参道の両脇に並べる石造りの人・羊・虎・柱等の彫刻（Ⅷ章扉絵参照）に至っては、子孫の武勲に期待するよりほかない（現実には、早い段階で墓地が廃れたため全て土に埋れた、との推測も可能な体たらくだった）。この墓石の叙述が物故者個人を悼む「墓誌銘」の定型か

図 17　笏首方趺の「墓誌銘」(1299 年)
最上部の「額」に篆書体で「処士王先生墓誌銘」と刻む。処士は在野の教養人。圭・笏ともに螭首亀趺と同じ天地を繋ぐ意匠で位牌にも使用。螭首の場合には両脇の龍が掲げる「額」を圭の形とすることが多い（山東省曲阜孔子廟にて撮影）。

ら大きく逸脱する所以である。ちなみに［圭／笏］首方趺の「墓表」「阡表」も、「某人之墓」としか刻まないのが古式ゆかしき礼法だが、「碑」「碣」を使用できない金満家の代用品となっていた。

一二八〇字にのぼる「墓誌銘」の撰文は関秀の姻戚で近隣の絳州《こうしゅう》の儒学教授を務めたこともある地元の名士高庭玉《こうていぎょく》が引き受け、国子監（幹部養成大学校）博士の劉泰《りゅうたい》が清書を担当し、篆額は「梁君祖考墓碣銘」の撰者でもある張思温《ちょうしおん》が手掛けた。張思温も関秀と同郷で、官吏採用試験に合格して蒙古《モンゴル》翰林院の学士となっていた。したがって、標題は篆書体のパクパ文字だった可能性もある。山から切り出し成形した石に原稿を謄写して刻む作業、依頼先への運搬等は、安西府路（いまの西安）等陝西一帯の採石場の管理者馬通《ばつう》が手配した。カネに糸目をつけず、コネも最大限に活用して立てられたのだった。そしてそれに見合うだけの内容――関秀がどうしても昔馴染みと後世に自慢したい体験談が発信されていた。

関秀の従軍記

関秀は、三人兄弟の末っ子、早くに両親を亡くして、生活はひじょうに困窮・苦労していたが、へこたれず大志を抱いていた。総角《あげまき》姿の少年の頃から大人びた雰囲気を漂わせ、性格は真面目で慎み深いが、眉のあたりにユーモアや親しみやすさが覗いていたという。中肉中背で際立った体格ではなかったが、肝はすわっており、弓矢を最も得手とした。

一二七四年、大元大モンゴル国《イェケ・モンゴル・ウルス》の朝廷は、南宋接収にむけて、バヤン将軍を総大将に任ずるいっぽう、華北の各郡・県に通告を出し、従軍の兵士を募集した。県官は、関秀を隊伍に推薦し、河南は漢水のほとり襄陽（いまの襄樊）の手前の光化に至るや、山西出身の万戸鄭鼎《ていてい》の大軍団の下の「貸し出し部隊」に配属された。七六年に、かれは直接の上司たる総管千戸の那家歹《ナンキャダイ》に従って、江西隆興府（いまの南昌）に進撃、先陣切って城壁に取りつき制圧した。翌年にはさらに、数名の王を担ぎ捲土重来を目論む南宋朝廷の残党を追って広東《カントン》方面へ向かい、福建を接収するのに貢献した。バヤンの信頼を得て福建等の未帰順の地域に対する招討使《しょうとうし》を拝命していた高興《こうきょう》は、関秀の武勲を認め、かれを兵卒の長に昇進させた。臨時の派出行政府としての「行中書省《こうちゅうしょしょう》」もまた文書を下して、かれに褒賞を与えるよう指示した。

ちょうどこの頃、朝廷の指示により、水軍の大展開を見据えた船上訓練や造船のため、鄭鼎の軍団は荊州《けいしゅう》・湖北方面の鄂州《がくしゅう》（いまの武漢）に引き返し、当地に長期間駐屯することとなった。ところが、かれが戦闘中の軍船の顚覆によって溺死したため、息子の鄭制宜《ていせいぎ》（モンゴル名は「犬」を意味するノガイ）がその後を継いだ。関秀は、かれからすでに故人となっていた軍官張天翼《ちょうてんよく》の配下六十二人を付与された。

そして一二八三年、鄂州に日本への第三次遠征の命令が届く。鄭制宜等、「都元帥府」の首脳部は、関秀を千戸の馮徳王《ふうとくおう》の水軍に配して送りだしたが、揚子江を下り建康（いまの南京）に至ったところで、中止を命ずる聖旨《ジャルリク》が届いたため、鄂州に引き返した。ほどなく、「水軍を移動して海を渡り南方の僣《チャン》城《パー》（占城）を制圧せよ」との新たな聖旨が下された。海原に漕ぎだしチャンパーに到着するまで、強い潮風、大きな波濤が浩瀚《こうかん》として続いた。艦隊が彼処に至ると、きわめて大勢の敵に遭遇した。敵方の仮設の城寨（木城）を襲撃するに際しては、関秀は常に馮《ふう》千戸の指揮下に進み、精鋭の騎馬隊数百とともに城寨の南面目指して出撃、奮戦した。夜明けから日暮れまで、数え切れぬほど殺傷し、大破した。鄂州において南宋から接収した水軍と関秀等が所属する水軍との合同教練を担当してきて、「日本」から「占城」方面の「行中書省」の左丞へと肩書をすげ替えていた劉深《りゅうしん》は「勇将《バアトル》」の呼称に違わず、この戦闘中、直々に軍を鼓舞し、勝ちに乗じて前進に前進を続け、とうとうその城寨を陥落させて平定した。かくて年を跨いでここに駐屯し、平和な状態の持続を見定めてから帰還した。都元帥府の首脳部が関秀の功績を記録して上申した結果、勅書が降され褒め労われたので、かれの名声・威信は光り輝き、士卒はみな畏怖し服従した。

一二九二年、クビライ・カアンは、海外の諸国がみな帰順してくるなか、直沽（いまの天津）からフレグ・ウルスのホルムズまでの海道を通すのに協力が欠かせない南海の呱哇《ジャワ》（『ヴァッサーフ史』やイブン・バットゥータがムル・ジャーワと呼ぶ本島。『百万の書』の大ジャワ）シンガサリ朝のみが来貢しないこと、香辛料など特産品が非常に多く大元ウルス治下に流通する珍貴な薬物の価格が黄金にも匹敵すること等を鑑みて、朝廷で合議のうえ派兵を決断した。そこで福建方面の「行中書省」の平章政事だった史弼《しひつ》、曳黒的蔑失《イゲドミシュ》（通称：イグミシュ。インド洋〜東南アジア海域に詳しいウイグル）、高興等を遠征軍の指揮官に任じ、兵士や糧食の準備を進め、戦略会議を開き、各部隊に指示がなされた。

関秀の所属部隊は、敵方首長の［仏《ヴィ》］斉《ジャヤ》の先導で、杜《トゥ》［瓶《バン》］より上陸、昼夜となく陸行して約六十日をかけ麻喏八歇《マジャパヒト》、答哈《ドホ》、葛郎《カラン》等の諸地域、ジャワに到達、軍勢はその疆域を鎮圧すべく敵の城塁に相対して陣取った。敵は多勢で味方は少なく、むこうにとってはお茶の子さいさいでこちらにとっては死に物狂いの骨折り仕事、味方の五千の兵士たちは怖気づくこと甚だしかったが、関秀は左右の手勢を率い騎馬にて突撃し、敵陣の要を切り裂き、刀も矢も避けずに陣中を恣《ほしいまま》に駆け回れば、立ち塞がる者は無く、本軍がかれの後に続いたことで、敵軍は大打撃を被った。国主は守り難きを知り、とうとう城塁の門前に姿を現して投降、カアンの教化に向きあい帰順の意を示すに及んで、ようやく征伐軍を引き揚げ帰還した。

故郷に錦を飾る

ちなみに、クビライはジャワ遠征に先だって「将軍・兵士で際立った武功を立てた者には、悉く行中書省が斟酌した功績の軽重の結果に従い、かれらが適切・相応と考えた名誉・肩書・職位どおりに、宣勅（任命書）、金銀の牌子《パイザ》（パスポート）を頒布する」との聖旨を出していた。そのため、史弼たち首脳部は、都元帥府が作製・提出してきた査定（証言録取・履歴・推薦・保証書類）にしたがって、百戸（百夫長）の関秀に対し「進義副尉」の品秩（位階）と「管軍下千戸所の弾圧」の職位、銀牌を付与、昇進させるべし、とクビライに上奏した（日本のこんにちの叙勲の手続きと大差ない）。さらには、鄂州からいったん故郷に戻って先祖の墓石を立てるために、有給休暇と所定の旅費・日当も賜与されたのだった。

関秀は、四子のうち長男を連れ一二九四年の初めに帰省し、約三カ月の間に朝廷の規定に照らして祖父母・父母・長兄の眠る墓地を整備し、家長を務める次兄と一緒に墓石の落成式を執り行った。なお、墓石の肩書を「管軍千戸」とし、下に続くはずの「所弾圧」の三文字を略したのは、見る人に従四品の「千戸」と誤解してもらいたかったからに違いない。

歴史の再構成のために

安南（ヴェトナムの陳朝）、緬（ミャンマーのパガン朝）、チャンパー、ジャワ等、東南アジア諸国への遠征に関する大元ウルス政府の公式発表・総括は、『世祖実録』（一二九五年）や『経世大典』「征伐篇」（一三三一年）に述べられた。また、ジャワ遠征で想定以上に大量の死傷者を出したため処罰された史弼、イゲドミシュ、高興等将軍たちの言い分も、各人の「行状」「墓誌銘」「碑」に書き留められた。それらの概要は、こんにち『元史』『国朝文類』などによって窺える。

これらのなかで関秀の記録は、南宋接収に連続する日本・東南アジアの遠征が、「貿易活性化のための安全な港湾・航路の確保」の構想の下、一斉展開されていたことを裏付ける。同じくジャワ遠征に従軍した汴梁《べんりょう》（いまの開封）出身の文華甫《ぶんかほ》は、昇進して湖南の耒陽州に赴任するまでの短期間に、『征爪哇《ジャワ》録』を纏め、当地の名士の陳仁子《ちんじんし》に序文を書いてもらい出版した。残念ながら散逸してしまったようだが、二人以外にも、さまざまな形で記録を遺した者がいたに違いない。こうした資料を拾い集め、モンゴルの軍事展開の実態をより詳細に知り、多角的に見直してゆくことも、必要な作業である。

【附記】

本節の発表と呼応するかのごとく、同じ二〇二二年二月、その五年前にジャワのセルトゥ島で発見されていた碑石の漢文が公けになった。なんと五百隻の舟を率いた史弼等が一二九三年二月二十五日に碇泊した地の巨石に刻んだものだった。

3　象の輿に乗って

朕は象が欲しい！

クビライがヴェトナムの陳朝、チャンパー、ミャンマーのパガン朝等東南アジア諸国に対し、強く所望した貢物があった。調教された象である。諸ウルスの代表、商人、世界各地から訪れる使節団に富と権力を見せつけるため、あるいは自身をチベット仏教の金転輪聖王《こんてんりんじょうおう》（チャクラヴァルティン）に擬すため、欠かせぬ道具と考えたようだ。兄のモンケの命令で雲南の大理国に出陣した際に、その能力を実見していた可能性もある。

アターマリク・ジュヴァイニーの『世界を開く者の歴史』によれば、つとに一二二一年、チンギス・カンがホラズムシャー朝治下のサマルカンドに進攻した時、二十頭の象を投入した迎撃に遭っていた。モンゴル軍が臆せず矢を浴びせかけたので、負傷した象は向きを変えて逃げ出し、味方の兵卒を踏み倒し陣形を崩壊させた。降伏後、象使いたちは、チンギス・カンに餌の発給を請願した。膨大な経費を要するためか、チンギス・カンは、調教前と同様に荒野の草を食べさせればよいと答えて象たちを放たせたが、飢死してしまったという（耶律楚材《やりつそざい》や全真教の道士丘処機《きゅうしょき》等が目撃した象？）。クビライは短所も充分に解ったうえで欲しがったのである。

ともあれ、一二七〇年前後から帰順・友好の証として献上されはじめた象は、大都《ダイドゥ》宮城の北、析津坊海子橋（いまの北京什刹海《ペキンシーチャーハイ》）附近で飼われ、街の人々、旅行者たちはしばしば苑墻《えんしょう》ごしに水浴びする象たちを見物して楽しんだ。象たちは、石材や巨木の運搬に駆り出されることもあったようだ。

『集史』に見える象の輿

そして一二八七年、象とともに戦闘に赴く機会が出現した。チンギス・カンの三人の弟の子孫たち——モンゴル高原東部の大興安嶺一帯に本拠地を構える［テムゲ］オッチギン家のナヤンを盟主に［ジョチ］カサル家、カチウン家の諸王が、中央アジアのカイドゥと連携、クビライに反旗を翻したのである。フレグ・ウルスの宰相ラシードゥッディーンは、この戦いについて、

> カアンの御前に（敗戦の）報告が齎されると、いかにあちこちの関節が痛み年老い虚弱になっていようとも、象の背の上に（設えた）輿の内に出立した。カアン軍が敗走した附近に至ると、象を輿ともども孤山の上まで操縦せしめ、太鼓《コルゲ》を打たせせた。ナヤン官人《ノヤン》と宗王たちは諸軍とともに逃走し、カアン軍がかれらの諸軍をそれぞれ追跡、捕えてカアンの御前に連行した。かくて全員、扎撒《ジャサク》（法令）に照らして処分、かれらの諸軍は分配し、解散させられた。そのごカアンは足の痛みのため、追加の出陣はしなかった。

と記述する。クビライの後継者のテムルへの言及箇所に、

二十五歳の若さにもかかわらず、いつ何時もそのおみ足は痛み、象による輿の内に坐した。

とあり、同じ時期の一三〇三年十月三十一日、君主ガザンが夏営地たる王都タブリーズを出発して南方の冬営地フウラン・ムレン（紅河）に向った際のこととして、

象たちがヒンドゥスターンの地域より御駕用にと殿下に献上されていたので、（ガザンは）命令を下し、体例どおりに象の背の上に王座が据えられた。都城から出て「い」の一番に、象に坐して教場まで行き、午前から午後まで象たちの遊芸やそれらの操縦に耽った。城市《まち》の人々は男も女もみな押し合い圧し合い立ち並んで見物し、賛頌の数々を誠心誠意述べたてていた。その夜、タブリーズの園林に下営を命じられ、翌日ウージャーン（夏営地のひとつ）経由の道程に出立することとなったが、その御腹が焼けつく痛みに苛まれ、衰弱が健康状態を支配したため、馬は論外となり、ほとんどの時間、輿に坐していた。かくて毎日（一行は）、ごく少量の道程を進んだ。

とも述べる。象や輿を単数と複数に書き分ける点が注目される（傍線部）。傍点を附した箇所のもとのペルシア語 pušt は「背中」と「背後（後方）」の両方の意味があり、『集史』の十四世紀の写本から切り取られて『ディーツ画帖』に収録された挿絵は、普賢菩薩のごときガザンを呈示する（図18）。この一枚と「体例どおり」の一句から、象に跨るクビライの雄姿がイメージされてきたのである。しかし、

図18　象に跨るモンゴルの君主
ベルリン国家図書館蔵。*Diez album*, Fol. 71, S. 28. Nr. 1.（*Dschingis Khan und seine Erben: Das Weltreich der Mongolen*, München, 2005, p. 270）。

ほんとうに馬より象の背の方が快適で安定しているのだろうか？　戦闘中でなくとも危険な高さ、「親《みずか》ら象輿を御し以て戦いを督《み》る」姿を敵方に示して戦意を挫くという意図があったにせよ、矢や「てつはう」等の格好の的《まと》で、墜落すれば踏み潰される公算が大きい。じっさい、ナヤンは一際目立つクビライの象輿に集中攻撃をかけており、姿が露わでは無事に済まなかっただろう。

『百万の書』に見える象の輿

いっぽう、マルコ・ポーロの『百万の書』は、冬営地の大都《ダイドゥ》から夏の首都上都《シャンドゥ》へ移動中の鷹狩について、

大君（クビライ）は、通常、二頭または一頭の象によって行く。特に「打捕」（鳥猟）に赴く際には、狭い行路——得られる道幅、ゆえにせいぜい二頭か一頭が通るだけの、それも何箇所もある——のために。しかし、ほかのことをする際には、四頭によって行く。それらによって精巧な細工の木製

の房《へや》――内側は金褥が敷き詰められ、外側は虎皮で蔽う――がある。大君は痛風を患っているため、「打捕」に赴く際、その中でずっと過ごす。房の中には、かれの同伴・娯楽のために十二人の寵臣と共に、自身が所有する最良の白鶻《しろはやぶさ》十二羽を置いており、周囲の別の騎馬する者たちが鶴や他の鳥の通過を君主に注進すると、大君は房の上の覆いを開けさせ、鶴が見えると白鶻を飛ばし放てと命じる。白鶻は長時間かけて鶴と闘いながら捕獲し、君主は寝台に居たまま眺めて最大限に楽しみ慰み、寵臣たちや周囲の騎馬武者たちも皆同様である。

と記述する。劉貫道《りゅうかんどう》が一二八〇年に描いた「世祖出猟図」（台湾国立故宮博物院蔵）では、二人のバヤン将軍等とともに馬に騎乗しており、『世祖実録』はこの年の暮れにジャワやヴェトナムに使節を派遣し、初めて「象轎」を製作させたというから、痛風はこの頃から悪化したのだろう。傍点の箇所のもとのイタリア語は sopra で、「の上に」と訳されることが多い前置詞で、『ガザンの吉祥なる歴史』の表現と呼応する（『百万の書』はペルシア語資料に依拠するところが多い）。そのため、タイの観光地等で見られる象の背に箱型の座席《ハウダー》を載せた状態が想像されがちで、英語や日本語の翻訳は全てそのように解している。しかし、単体ならまだしも二頭ないし四頭の象の背に、少なくとも十三人が寛げる居室を載せ、隊列の乱れや大きな揺れなく移動するなど、どうみても不可能だ（図19）。

じっさい、同書の「ナヤンの乱」の記述を見直すと、

図 19　想像で描かれた『百万の書』（15 世紀写本）の象の輿
フランス国家図書館蔵（*Le Livre des Merveilles*, MS: Fr. 2810, f. 42r）。

クビライは、弩《いしゆみ》・弓の射手たちでいっぱいの木製の大櫓の上にいた。大櫓の頂《いただき》には太陽と月の意匠を施した帝旗が掲げられていた。この櫓は、きわめて強固になめした皮の鎧で全身覆われた四頭の象によって運ばれていた。櫓の上には絹・金襴の織物が掛けられていた。

とあった。ここの sopra は「の上に」以外に訳しようがなく、かたや「によって」の原語には前置詞 da が使われていた。象の先導によって牽引されゆく様が目に浮かぶが、「運ぶ」の原語の portare には「担ぐ」の意味もあるから、従来の理解でよいのだ、と強弁する人もいるかもしれない。

暴走事故から見える象の輿　じつはクビライの危機は、ナヤンの乱の後、平時の御幸の際に訪れた。兵卒の殷某《いんなにがし》が象の鼻に絡めとられて死亡する事件等もあり、かねてから監察御史（＝検察官）

図20　大明皇帝の象の輿
（『南薫殿歴代帝后圖像（下）』台湾国立故宮博物院，2021年，p.200）

の劉好礼《りゅうこうれい》や王惲《おううん》が懸念を奏していたのだが、鷹狩からの帰り、宮城の前で芸人たちが派手な獅子舞で出迎えたところ、「輿を載せる象」が恐慌状態、制御不能となったのである。宿衛《ケシク》の一員として同乗していた賀勝《がしょう》が飛び降り身を呈して立ち塞がり全治三カ月の重傷を負ったおかげで、ようやく後続が追い付いて「靷《むながい》を断ち象を脱《はず》す」ことができ、クビライの乗った輿は事なきを得たのだった。馬車のようなものを想定せざるを得ない。

　そして、モンゴルの諸制度の多くを継承する大明《ダイミン》皇帝の御幸の際の「警蹕《けいひつ》」（人払い・露払い）を描いた絵巻「出警《しゅっけい》図」「入蹕《にゅうひつ》図」（台湾国立故宮博物院蔵）には、象が牽引する「輿輦《よれん》」（輦輅《みくるま》）が描かれている（図20）。なんと前に三頭、後ろに一頭を六本の縄で連結する四頭だてで、輿は「穹廬《きゅうろ》」と訳されることもあるモンゴルのゲルを思わせる形状である。これなら戦闘中に攻撃されにくく、病体での移動も負担は少ないだろう。絵巻には、二十三疋の馬が牽く華麗な木製の巨輦、四疋の馬が牽く輦、三十二名で担ぐ「穹廬」形の輿等も描かれている。『元史』の「象の鞴鞍《びあん》」の解説に「行幸すれば則ち蕃官が騎引し以て大駕を導き、以て巨輦を駕す」の言も見いだせる。カアンのひとりイスンテムルは、輿輦から二頭の象をじっくりと観察し、墨筆で写生して皇太子に与えた。車は象の背には載らない。やはり、『ガザンの吉祥なる歴史』の記事の「背の上」は、現在の文法上の習慣がどうであれ、「背後」に置き換えて読むべきだろう。

【附記】

呉紅艶の報告によれば、陝西省咸陽市文物保護センターが蔵する大元末期〜大明初期の青花の壺の側面にも、モンゴルの騎馬武者たち（琵琶を演奏する者は楽隊を代表しているのだろう）と象一頭が牽引する車がぐるりと描かれる。象使いは雲南かインド系と思しい（図21）。また、真下裕之（神戸大学教授）の教示によれば、モンゴルの後継国家のひとつムガール朝の皇帝アクバルは、象の牽く車ではなく象の背に据え付けた輿に乗っており、戦闘中、象の動揺に踏ん張りかねて輿のなかで臣下ともどもひっくりかえったこともあれば、市街戦の際には家屋の屋根から狙撃されたこともあったらしい。そうした情景を描く細密画も数点確認されるという。

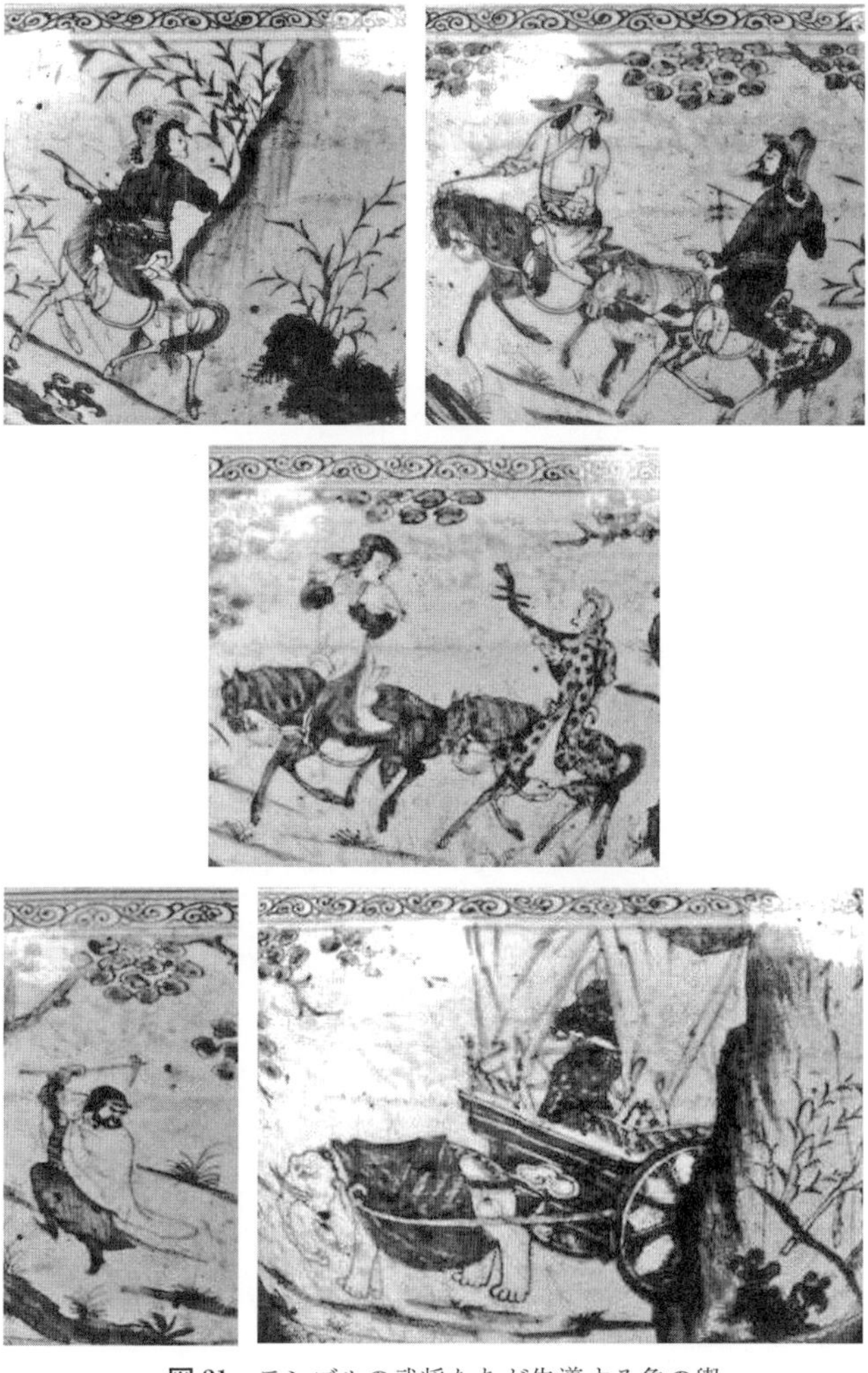

図 21　モンゴルの武将たちが先導する象の輿

（呉紅艶「元末明初象輿人物故事図青花大磁罐」『文物天地』2015-18, pp. 74-75）

4　キリンが来る！

象《ゾウ》の油、犀《サイ》の鎧

前節の「暴走してクビライの生命を危険に晒し数人の死傷者を出した象」は、諸国から贈呈された象たちのなかでもとりわけ大きなオスだったが、やむを得ず殺処分されることになった。外交上の配慮からか、官吏が公開裁判形式で罪状を述べたてる一幕を演じ、可哀想に被告の象くんは耳を垂れて判決を聞き、おとなしく死刑に甘んじたという。その際、採れた油は大甕四十八杯分。食用の肉はもちろん、工芸・薬剤に需要のある牙、骨、皮革すべてが加工にまわされた。とうじモンゴル帝室お抱えの甲冑造り一家――大匠《イエケウラン》孫公亮《そんこうりょう》の息子たちが、クビライに進言して、動物園の象や犀の遺骸から甲冑を製作しており、それらは軽量・精緻・堅固で柔軟性・耐久性に優れ、従来にない製品だと好評価を得ていた。

鼻面に一本の角を生やしたサイは、一〇五七年にヴェトナムから北宋の仁宗皇帝に献上された際に、「麒麟」と看做された。ぎゃくに漢方薬として重宝される「犀角」の持ち主は、『本草』の挿絵において、蹄は正しく三つだが、象や水牛に似た体形ではなく鹿の変種のような姿に描かれている（図22）。「麒麟」は鳳凰と対比される想像上の動物で、胴体は鹿、尾は牛に似る。頭上に肉に包まれた一角を持つとも、狼の額と五彩の毛と馬に似た蹄を持ち身高約二・七メートルともいわれる。「聖人の出現に呼応して光臨する」瑞兆のため、皇帝・君主に阿《おもね》る輩《やから》は、しばしばこの中華の霊獣を、国内各地の突然変異・奇形の動物、異国の珍獣に重ね合わせた。

贈物としてのキリン

アラビア語・ペルシア語の zurāfah ズラーファ、それにもとづく英語の giraffe ジラフを「麒麟」と通称するようになったのは、大明《ダイミン》永楽年間の「鄭《てい》和《わ》の遠征」が契機に見える。この遠征は、モンゴル時代の航路・港湾の確認と外交・通商の継承を目的として数回にわたり実施された。のちに鄭和本人が撰し蘇州劉家港の天妃廟に立石した記念碑において、「祖剌法《ズラーファ》」の訳語に「麒麟」を充てており、その漢字による発音表記は、永楽年間以降に編まれたペルシア語・漢語の対訳辞書『回回館訳語』でも踏襲されている。

図22　『重修政和経史証類備用本草』の奇妙奇天烈なサイ
『中華再造善本』所収。

「鄭和の遠征」に対する諸外国の返礼品として、まず一四一四年九月二十日にベンガル国王のサイフッディーンがアフリカから入手したキリンを永楽帝に贈った（図23右）。翌年の重陽の節句に開催された宴会の場ではケニアのマリンディの使節団が、一四二一年二月二十六日と一四三三年九月にはイエメンのアデンの使節団が、それぞれキリンを運搬してきた。最初のキリンは記念すべき事柄として『実録』に明記された。また永楽帝は、毎回、キリンと使臣の姿を写生させたうえ、翰林院の学士や文官たちに詩賦頌歌

図 23　ベンガル国王が永楽帝に贈った麒麟（右）とマムルーク朝君主がティムールに贈ったキリン（左）

台湾国立故宮博物院蔵／ウスター美術館蔵（『故宮書画図録（九）』, pp. 345-346／*Gifts of the Sultan: The Arts of Giving at the Islamic Courts*, Yale University, p. 118）。

を詠ませて二十冊前後にのぼる『瑞応麒麟詩』を編集、後世に遺したのだった。

遠征の報告書――馬歓《ばかん》の『瀛涯《えいがい》勝覧』（一四一六年）や鞏珍《きょうちん》の『西洋番国志』（一四三四年）の「アデン」の項には、

「麒麟」は、前の両足の高さが約二・七九メートル余り、後の両足の高さが約一・八六メートル、長い頸で、頭《こうべ》を擡《もた》げると高さ約四・九六メートル、前方が上向きで後方が下がっているため、騎乗できる者はいない、両耳のあたりに短い肉の角を生やしている。牛の尾に鹿の胴体、蹄《ひづめ》は（三）［二］つに分かれ、褊《せま》い口で粟、荳《まめ》、麦粉のだんごを食べる。

とあり、さらに「ホルムズやメッカでも購入可能」との情報を記す。永楽帝は早くからキリンの存在を聞いており、諸国に対して無心していた可能性すらある。

というのも、シャラフッディーン・アリー・ヤズディーの『勝利の書《ザファル・ナーマ》』によれば、一四〇四年九月七日の日曜日、チンギス・カンの後裔たちとティムール駙馬《グレゲン》が大宴会《イエケクリム》の開催のためにサマルカンドの庭園に定営し、翌日、マムルーク朝の君主《スルタン》からの贈物として、「創造主（神）の珍奇な作品の一つたるキリン」と九羽のダチョウ（駝鳥）が献上された（図23左）。その場に大明皇帝の使節団も居合わせたのである。ちなみに、カスティーリャ王国のクラヴィーホのルイ・ゴンザーレスたちの一行は、マムルーク朝の使節団と同道してきており、キリンを最初に目撃したとき、その首の長さと食欲に眼を丸くし、会見の直前には、小さな櫓《やぐら》と調教師をそれぞれ背に乗せた六頭の象の遊芸を見物して楽しんだ。

南宋時代のキリン情報

ふりかえって、キリンの存在は南宋末期には知られていたというのが通説である。南宋皇室の末裔で福建の市舶司《しはくし》（海関、貿易監督局）の長だった趙《ちょう》汝适《じょかつ》の『諸蕃志』が、「弼琶囉《ビルバラ》国（紅海沿岸アフリカ側）」の解説末尾において、その名も「徂蠟《ズラーファ》」なる動物を紹介し、「状は駱駝の如くして大なること牛の如し。色は黄。前脚の高さ約一・五五メートル。後ろは低く約〇・九三メートル（赤ちゃんサイズ？）。頭は高く上を向き、皮の厚さは約三・一センチ」といい、南宋の李石《りせき》を著者名に冠する『続博物志』も、「皮は豹に似て、蹄は牛に類し、峯《こぶ》無く、項《くび》の長さ約二・七九メートル、胴体の高さ三・一メートル以上」という撥抜力《バルバル》国の珍獣「駝牛」に言及するからだ。いずれも明らかにキリンを指しており、ムスリム商人から聴取した情報と推測し得る。ただ、前者の記述は、『永楽大典』に収録された際に増補された可能性が高く、大元時代の百科事典『事林広記』に転載された広州の市舶司刊行の『諸蕃志』要約には存在しない。後者の書物は南宋・大元時代に言及された例が見いだせず、大明《ダイミン》末期に大量に出現した偽書の疑いが濃厚である。南宋時代の情報だと断言することは難しい。

クビライはキリンを見たか？

しかし、遅くともクビライの時代、大元大《イェケ》モンゴル国《ウルス》治下においてキリンが知られていたことは立証できる。一二六三年にマムルーク朝の君主《スルタン》バイバルスがジョチ・ウルスのベルケ・カンにキリンを贈っており、アブドゥッハーディー・マラーギーの『動物《マナーフィイ》の特性《ハヤヴァーン》』の「キリン（豹駝牛）」の挿絵の出来映えは、フレグ・ウルスのガザン・カンのところでもそれが飼育されていたことを示唆する。マルコ・ポーロの『百万の書』は、クビライがアフリカ東岸のモガディシオ方面に調査隊を派遣したと伝えており、大都《ダイドゥ》（いまの北京）の宮城内の動物園には、キリンと同地域産のシマウマ（花驢《ハル》：紋様のある驢馬／阿答必耶《アッタービーヤ》：縞）、ライオン、チーター、黒豹、鸚鵡等がいた。そこで大元ウルス時代の印刷本を見直してゆくと、海洋の国からはるばる船舶と駅伝《ジャムチ》を利用して真珠、香料、犀、象などとともに献上される瑞獣について、王惲《おううん》が、

「竹鹿」は南海の（不）［木《ム》］合剌《クッラ》国に出ず。赤い毳《むくげ》に雪の文《あや》、状《さま》は亀の背の若《ごと》し。然《しか》るに頂《いただき》には雙《ふた》つの茸《ふくろづの》有りて、葳蕤《いずい》（盛んな貌《さま》）たること珊瑚の巨枝の如し。［至］元廿七年秋八月、上進すべく、福唐を過ぐ。予、之を［望見す／見るを獲たり］……

と述べていた。かくも重要肝心な記事にもかかわらず、版木の下部が破損しており、文字を推測・補塡しながら解読しなければならないのが少し残念だが、クビライの治世の一二九〇年の九月頃におそらく泉州《ザイトゥン》に上陸し、いまの福建省福清県を通過、大都の朝廷目指して行進していったのである。

海洋国の「不合剌」が中央アジアのブハラを指すはずはなく、字形のよく似た「木合剌」の彫り間違いと看做すべきで、アフリカ東岸のヌビアの王国のひとつ Muqurra ムクッラのことだろう。漢字音訳に用いられる「合」の字は、ふつう q ないし kh (ḫ) を表す。しかし、王惲が正確に聞き取っていなかった場合、イエメンの港湾都市でアデンにも近い Mukallā ムカッラーから献上された可能性もなくはない。この時期、「南海」という形容は必ずしも東南アジア海域だけでなく、たとえば西の海の「波斯国《ペルシア》」に用いられることもある。

王惲が引用箇所の後に続く詩でも言及している綦(赤黒)と白の亀甲紋様は、明らかにキリンの特徴を示す。「竹」は具体的には「湘竹《しょうちく》」を指しており、斑《まだら》の模様と長い頸の比喩だろう。経典の霊獣の条件に合致しない「長頸」への直接的な言及を避けるのは、永楽帝の群臣たちの作品も同じであった(現代中国語では「麒麟」を採用せず「長頸鹿《チャンジンルー》」と呼ぶ)。また、フレグ・ウルスで編纂された百科事典『心神の娯楽《ヌズハトゥルクルーブ》』(一三三九〜四一年)の「キリン」の項目においても、

有名であり、肉は食べられる。なぜなら駱駝と野生の牛から生まれた(!?)からである。首は駱駝に、毛皮は豹に、四肢は牛に似ており、前脚が後脚より長いが、諸賢哲の書物にはその利点につい

て何も述べていない。姿の美しさのために狩られ、贈品として貴顕たちのもとに連行される。としか書かれていない。なお、「竹」の字はとうじ dzëu と発音したから、ズラーファの「ズ」を表そうとしたとも考えられる。『元史』にこのキリン献上の記録は採られておらず、クビライの御前に無事到着したかは確認できない。

そのごアユルバルワダの治世、科挙の再開の準備が進められていた一三一二年、国子監（幹部養成のための帝国大学）の教官だった虞集《ぐしゅう》によれば、遠方より「麒麟」と称する異獣が献上され、学生のひとり周暾《しゅうとん》が一一〇〇字にのぼる賦（歌頌）を詠み朝廷で大評判をとったという。これがキリンだったとすれば、訳語でも鄭和たちに先んずることになろう。

【附記】

本節を発表した二〇二二年四月半ば、神戸市立王子動物園から岩手サファリパークへ移送中のキリン「ひまわり」ちゃんが死んだ。檻のなかで体勢を変えようとして転倒、折り曲げた首を戻せず、呼吸・循環器不全を起こしたのだという。現代でもこんな事故が発生するのだから、とうじの運搬の困難・苦労はいかばかりであったろう。

5　新異なるアフリカ

アフリカへの海の道

マルコ・ポーロの『百万の書』は、「インド洋を往来する博識の船乗りたちの世界図《マッパ・ムンディ》・コンパス海図と指南書」に依拠して、セイロン島（スリランカ）や、「アフリカの角」と呼ばれる地域のソコトラ島やアビシニア（エチオピア）、アフリカ東海岸のモガディシオ（ソマリア）、マリンディ（ケニア）の南のザンジバル島等について紹介する。海流の関係で、インドのコロマンデル海岸から約二十日間の航行でモガディシオに着岸できるが、その逆は三カ月を要し、ザンジバル以南への航行は困難だったらしい。さらに、クビライがモガディシオ一帯に使節団（調査隊。実体は国が出資する商船）を少なくとも二度派遣したという貴重な情報を載せる。

一二九〇年九月に王惲《おううん》が目撃した一行――生きたキリン、カバの歯、ダチョウの羽のほか、たくさんの土産話《みやげばなし》を携え泉州《ザイトゥン》に帰還した船団こそ、この二度目の使節にほかならなかった。おりしも港では、『経世大典』やラシードゥッディーンの『ガザンの吉祥なる歴史』にも記録されるクビライからフレグ・ウルスの当主アルグンへの使節団――后妃となるコケチン姫、大元ウルス治下の珍奇な物貨、虎一頭などの贈物を届ける使命を帯びたウラタイ、アビシュカ、ホージャほか百六十名が待機していた。その季節風を待つ集団のなかに、「クビライからローマ教皇・フランク国王等への書簡を託された」

マルコ・ポーロの一家も加わっていた、というわけである。

このアフリカ調査隊の記事を裏付けるように、『経世大典』に収録された一三〇二年一月の公文書には、

> 杭州路（省の下の行政単位）は城内の駅館にて、先ごろ使臣《エルチ》のタージユゥッディーン等が聖旨《ジャルリク》を携え虎頭金牌（カアンから下賜される駅伝《ジャムチ》経費免除の通行札）を懸帯し馬合答束《マクダシャウ》（モガディシオ）なる蕃国へライオンやチーター等の産物の徴取に赴くのを接待したが、往復に必要な二年分の規定の分例（食糧・生活必需品・雑費などの供応）を支給しようとすると、山羊《やぎ》は受け付けず、（江南ではとんでもなく稀少で高価な）華北産の羊の首思《シュス》（分例）も要《い》らないとて、禁止されている屠殺法（ハラール）の百五十日分の食肉をせがみ求めるに及んだ。いっぽう、イッズゥッディーン等、正使・副使と扈従する官員計三十五名が四つの船に分乗して刁吉児《ディーオギール》（インドのヤーダヴァ王国の首都デオギリ）の地にチーターや珍奇な物貨を求めに行くのに対し、往復に必要な三年分の規定の分例を支給しようとすると、どの官も華北産の羊肉の代金を要求する……

とあり、クビライの後を継いだテムルも、ムスリム官僚たちをインド、アフリカ方面に派遣していたことがわかる。

ちなみに『百万の書』が利用した指南書は、『秘書監志』の一二八七年三月一日の公文書に見える

「福建道の海を騙《わた》り行く船の回回毎《ムスリムたち》」の「海の道を知る回回文字《アラビア》の剌《ラー》・那麻《ナーマ》（道の書）」と同一ないし類似のものと推測される。羅針盤とアストロラーべによるこれらの知識は、長らく秘書監（≒科学技術庁）を務めた長官ジャマールッディーンの指揮のもと、前年から製作が開始されていた巨大な一枚の彩色世界地図「天下地理総図」の港湾・島嶼《とうしょ》部にも反映された。

クビライが作らせた世界地図

ジャマールッディーンは、中央アジア（いまのウズベキスタン）のブハラ出身の学者で、チンギス・カンの嫡子のうち後継者と目されていたトルイの一家に早くから仕えていた。というのも、トルイの正妻ソルコクタニ・ベキ（ケレイト国王オン・カンの姪）が相当な教育ママであり、夫が毒殺されて以降はより熱心に、モンケ、クビライ、フレグ、アリクブケのために、ユーラシアの東西から多分野の優秀な人材を招請したからである。ジャマールッディーンは、天文学やユークリッド幾何学の手ほどきを担当したと見られる。

モンケはカアン位に坐すや、かれに対して、フレグのイラン方面への遠征に扈従し、イスマーイール派（シーア派のひとつ）の牙城アラムートとアッバース朝（スンナ派）の首都バグダードに集積されていた古今東西の図書、観測機器等の接収にあたるよう命じた。かれはモンケの指示を逐一実行し、ナスィールッディーン・トゥースィーの指導のもとに、マラーガの司天台（天文観測・研究所）の建設や新しいムスリムの太陰暦――『イル・カン暦』の編纂にもしばし与かった。「研修」を終えると、新カアンとなっていたクビライのもとへ、必要な観測機器・書物、新暦の稿本、地球儀を携えて一二六七年に参上し、大都《ダイドウ》（いまの北京《ペキン》）に回回司天台を建設した。

「天下地理総図」は、ジャマールゥッディーンがフレグ・ウルスから将来した回回の地図と大元ウルスの漢児《キタイ》の地図を合体することによって、大金《ダイキム》・南宋の領域出身の臣僚・学者にも、クビライが幼少期から見ていた世界の概容と大《イエケ》モンゴル国《ウルス》の版図の広大さを認識させ、華夷思想から脱却させる目的を以て製作された。もちろん、国威発揚やモンゴルたることの誇りを植え付ける意図もあったろう。アラビア文字は、ウイグル文字、万葉仮名のごとき漢字表記へと変換された。

フレグ・ウルスにおけるアフリカ像

かの回回の地図は、プトレマイオスの天文学・数学・地理学の研究から発展してきたフワーリズミー、バルヒー、イブン・ハウカル、イスタフリー等の知識のうえに、モンゴル高原のカラコルム、オゴデイ家のカイドゥの根拠地カヤリク、チャガタイ家の根拠地アルマリク、クビライの宝座のある中都《カンバリク》（大都）の経緯度など、『イル・カン暦』編纂時の世界各地での観測調査・研究成果と地名等の修正を加えて描かれた方格図《グリッドマップ》であった。したがって、アフリカやイベリア半島の大凡の姿、地名も知ることができた。『イル・カン暦』のアフリカ周辺の計測地点は、アンダルシアのコルドバ、タンジールのFās フェズ、モロッコのSūs-i aqṣā スーサルアクサ、Sigilmāsah シジルマサ、マグリブのTarābulus トリポリ、下エジプトのカイラワーン、イフリキーヤのターハート、マフディーヤ、Saʿīd-i ʿAlā 上《かみ》エジプトのIskandariyah アレクサンドリア、Miṣr カイロ、Qulzum スエズ、Damiyāṭ ダミエッタ、クース、ヌビアのドンゴラ、アビシニアのジャルマ等である。

一三〇六〜一〇年頃に完成した『集史』第三部の「世界の地誌・地図」（散佚）も、書名にバルヒーの『諸気候帯の様相《スワルウッルアカーリーム》』とイスタフリーの『諸道と諸国《マサーリク・ワ・ママーリク》』に近似する『諸国の諸道《マサーリクウッルママーリク》』を拝借した。
じっさい、ラシードゥッディーンの著作をしばしば引用するハムドゥッラー・ムスタウフィーの『心神の娯楽《ヌズハトゥッルクルーブ》』（一三四一年）は rūd-i Nīl ナイル河について、

『諸国の諸道』によれば、Ǧabār al-qamar「月の山脈」から発出しており、ḫaṯṯ al-istiwā'「赤道」の向こう側より、南から北へと流れゆく。「赤道」のこちら側に至ると、二つの湖泊の内に集まる。それらの湖泊から出でて、ザンジュ、アビシニア、ヌビアの諸地域の沙漠を通り、ミスル（エジプト）の王国に至る。「アラブの大河」（チグリス・ユーフラテスが合流した河）よりも大きい。それから七つに分流する。第一はアレクサンドリアに、第二はダミエッタに、第三はメンフィスに、第四はフスタートおよびミスルの都城があるファイユームの地に、第五はアリーシュに、第六はサルドゥースに、第七はマンハーに向う……

と述べており、この情報に関する限り、フワーリズミー以来変わっていないように見える（図24）。ただ、同じく『集史』を下敷きにするハーフィズ・アブルーの『地歴書』は、より詳細に述べて「二つの湖泊は（それぞれ）四つの流れに分かれ出で、別の河川からの二つの流れもこれらに隣接して流れゆく。六つの流れが北の方角へ、クーラー湖と呼ばれている赤道附近の丸い湖泊まで進み至る」「クーラー湖から、三つのナイルが流出する。ミスルのナイルは北方に、マクダシャウのナイルは東方に、ガ

ーナのナイルは西方に」との新情報も伝えている。白・青のナイルとニジェール河の認識の反映だろう。また『タブリーズの翰墨全書』（一三二三年）と題する群書の類要には、『集史』に依拠したと思しき一枚の世界図「（簡略化による）諸気候帯の様相」が収録されており、環海のアフリカ大陸が描かれていた。これはフィレンツェの『メディチ家地図帳』（一三五一年頃）に先行する。

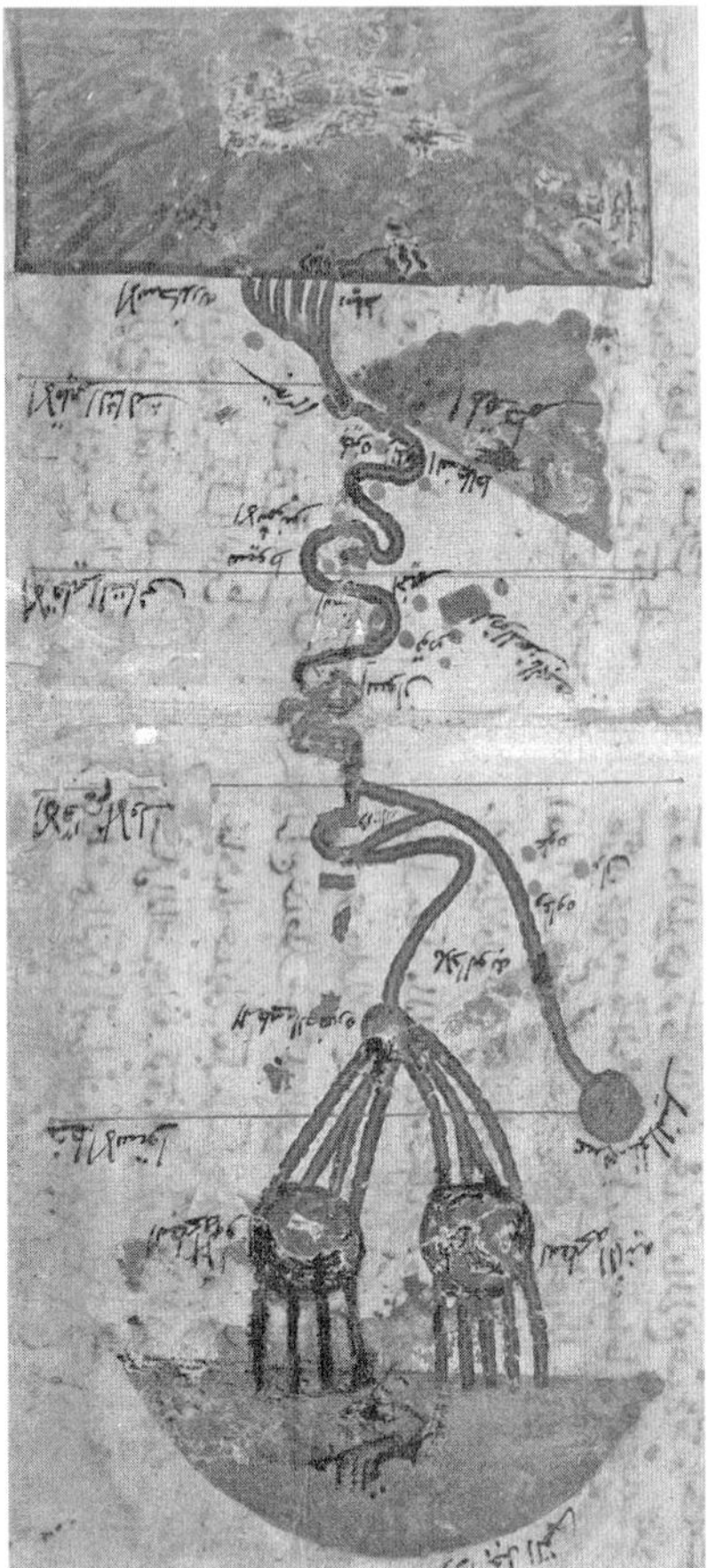

図24　フワーリズミー『大地の肖像』（1037年）のナイル河

ストラスブール国立大学図書館蔵（von Mžik, H., *Das Kitāb ṣūrat al-arḍ Abū Ǧa'far Muḥammad ibn Mūsā al-Ḫuwārizmī*, Leipig, 1926）。

李沢民の描いたアフリカ大陸

「天下地理総図」は何度か改訂され、それらを模した世界図は、クビライたちの狙いどおり巷間に流布するようになった。一三六〇年代に蘇州出身の李沢民《りたくみん》（字《あざな》は汝霖《じょりん》）が製作した「声教広被図」も後裔といってよく、その姿は「（東・西）南海夷図」（『広輿図』収録）、「大明混一図」（中国第一歴史档案館〔図25〕）、「混一疆理歴代国都之図」（龍谷大学、長崎県島原本光寺）、「大明国地図」（熊本県本妙寺）、「大明国図」（天理大学）に窺える。長い間、模写を重ねた結果、図24と似た羅的尼里《ルーディニール》「ナイル河」の源流は、這不魯哈麻児《ジャバルウッカマル》「月の山」とも哈訥亦思津哇《ハットゥルイスティワー》「赤道」とも離れてしまった。「別の河川からの二つの流れ」は「クーラー湖」に合流せず、代わりに流れの間を塗りつぶして巨大湖を形成する。地中海は塗り忘れ、光塔《ミナレット》（灯台。一三〇三年に大地震で倒壊）の絵の傍らに大都市アレクサンドリアを記入せず、「七つの分流」は歪む。法蘇《ファース》、満剌苦十《マッラークシュ》、佛那《ブーナ》、細只里麻思《シジルマーサ》、他剌布《タラーブ》、魯思《ルス》、賽伊阿剌《サアイディアアラー》（上《かみ》エジプト）、密思《ミス》〔児《ル》〕、阿合明《アフミーム》、高思《クース》などは解読できるが、誤字脱字・倒錯のた

図25　「大明混一図」のアフリカ
（宮紀子『モンゴル帝国が生んだ世界図』日本経済新聞出版社，2007年）

めアラビア文字への復元が難しい地名もある。そんななかで、麻哈答束《マクダシャウ》はあるべき場所に正しく記されたのだった。

Ⅳ　モンゴル経済圏に組み込まれたヨーロッパ

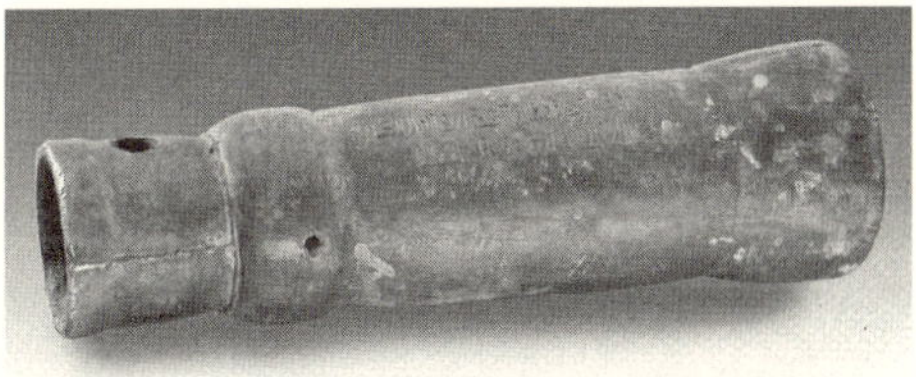

【Ⅳ　扉図】

（上）1998年，上都遺跡（内モンゴル自治区シリンゴル正藍旗）近郊で発見された現存最古の銅製の銃砲。6.21 kg，全長34.7 cmで，銃口の外径は10.2 cm，内径は9.2 cm。パクパ文字モンゴル語で「tay dė' qoyar ǰil, dala ere dawu-ar/ čaq[i] lan xėürin, nayan 大徳二年（1298）：大音響で光って爆発するもの：第80号」と刻まれる。大金《ダイキム》女真《ジュシェングルン》国は1232年の時点で，鉄壺に火薬を詰め込んで爆発させる「震天雷」（≒てつはう）や前方10歩余りに火炎を吹きつける「飛火槍」を有しており，前者を縄に連結して城壁にとりつこうとする敵兵に投下したり，船からモンゴル側の軍艦に連続投擲した例もあった。モンゴルも早速これらの火砲（＝炮 naft）を導入・改良して投石機（manǧanīq）ともども，フレグの中東遠征や南宋攻撃，文永・弘安の役で用いた。ジャワ遠征以降は，この筒状の銃砲を戦艦に積載してゆく（鐘少異・斉木徳道爾吉・硯鴻・王兆春・楊泓「内蒙古新発現元代銅火銃及其意義」『文物』2004-11）。

（下）『集史』第2部「世界史」（アラビア語版。1314-15年写。ナセル・D・ハリーリー・イスラム美術コレクション）に描かれたノアの方舟。構造・配色ともに『蒙古襲来絵詞』の戦艦（図47）や江戸時代の「唐船之図」（神戸市立博物館）や「唐船図巻」（松浦史料博物館）を思わせる。朱塗りの2本の帆柱に施された金泥の紋様は『大元聖政国朝典章』等の元刊本の牌記に類似。フレグ・ウルスの宮廷絵師は港湾で大元ウルスの船を目撃したことがあったに違いない。やがてヨーロッパの商人たちは，王侯貴族の庇護のもと，長い航路に耐えかつ戦闘能力を備えた船舶を製造するために，大砲・羅針盤と併せて改良を進め，「大航海時代」を支えることになる（Blair, S. S., *A Compendium of Chronicles: Rashid al-Din's illustrated history of the world*, The Nour Foundation & Oxford University Press, 1995, f. 285a）。

1　描かれたヨーロッパ

世界地図のフランク諸国

一二八六年、ジャマールッディーンは、自身の副官でクビライの宿衛《ケシク》において通訳《ケレメチ》も務めるネストリウス派キリスト教徒のイーサーがフレグ・ウルスから帰還するのを俟って、一枚の巨大な世界地図「天下地理総図」の製作に乗り出した。漢字とアラビア文字ふたつの文化圏の既存の「知」を合体する画期的な試みだったが、軍事用の緻密な方格図《グリッドマップ》ではなく、華夷思想を打破する目的の装飾的な道具だった。そのため、利用した既存の地図それぞれの欠点を背負っていた。

中華の地図では、自らの姿をできるだけ「天円地方」に近づけようとするいっぽう、夷狄たる朝鮮半島、日本、大琉球、小琉球（台湾）等は▽や○の記号で片づけるのが伝統だったため、当該地域のデータの蓄積が少なかった。

対してアラビア地図は、プトレマイオスの地理書に起源を持つが、一般にはザカリヤー・ブン・ムハンマド・カズヴィーニー（一二八三年没）『被造物の驚異と万物の珍奇』に収録される世界図（図26）のように、地中海北岸のフランク諸国、黒海北岸の諸国の情報が不充分だった。唯一アブー・アブドウッラー・イドリースィーが一一五四年にシチリアのルッジェーロ二世の求めにより製作した地誌・

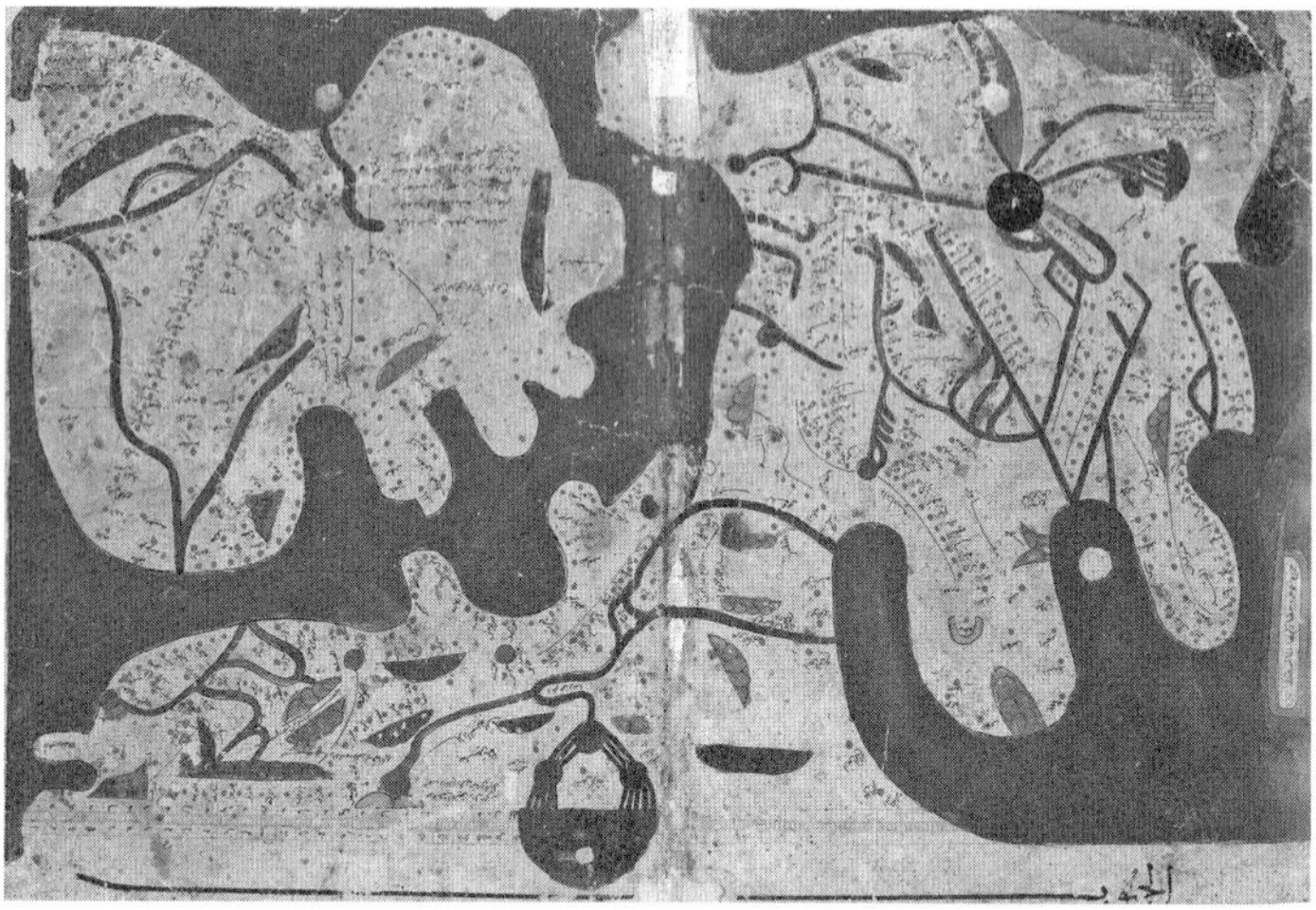

図26　13世紀後半のアラビアの世界図

ボドリアン図書館蔵。（左）ヨーロッパとアフリカ，（右）アジア。港湾・重要都市は朱色の丸印で表記。メッカが大きく描かれたアラビア半島の東にはセイロン島？，狭小のチャイナの南端にはĞābarqā 日本国，ホラズムの北東（右上隅）にはアレクサンドロス大王の関門が見える。百科事典用の略図のためか，地中海の島々やブリテン諸島は見えない。ジブラルタルとボスフォラスの海峡，黒海の描出は大雑把で，フランク諸国のTO型「世界図」との相関が示唆される（Pinto, K. C., *Medieval Islamic Maps*, The University of Chicago Press, 2015, p. 27）。

地図のみ、ブリテン諸島、キプチャク草原の諸国なども扱っていた。ジャマールゥッディーンなら、故郷の学術都市ブハラやかつての研修先マラーガで、この旧図も入手していたかもしれない。ただ、『集史』第一部『ガザンの吉祥なる歴史』は、一二九〇年八月に初めて、マラーガ司天台のクトゥブゥッディーン・シーラーズィーが西方・北方の邦土の多くを包括する「地中海および湾岸の図」をアルグン・カンに献上した、と記している。

フランク諸国の世界地図

この「地中海および湾

岸の図」は、『集史』第二部『諸史精華』（『世界史』）「フランク史」（一三〇六年頃完成）が、フランク人は西の四分の一の姿・形状を描出しており、それは「世界図《マッパ・ムンディ》」と呼ばれている。邦土・半島・山々・諸海・砂漠（ないし草原）の全てがそこに描かれ、国土の測量のための尺度は「ファルサフ」の単位（＝ファルサング。約六・二四キロメートル）を以てなされている。その地域は一〇×一〇に分割されており、両側からの距離を知りたいときには、コンパスで以て推算する。その図像は、この吉祥なる書の第三部『諸気候帯の様相』にて、確認されよう。

と紹介するものとおそらく同一で、ムスリムかユダヤ人の製作だった。精確に港湾の姿を捉える海図《ポルトラーノ》を土台として、山・草原・河川をはじめ内陸部のさまざまな情報を補ったものとわかる。描かれる領域は世界の四分の一だから、現存最古のラテン文字ポルトラーノと目される「ピーサ図」（フランス国立図書館）のように、東は聖地イェルサレムから西はイベリア半島まで、地中海南岸から黒海北岸までを扱うのだろう。しかし、マルコ・ポーロ『百万の書』がいう「インド洋を往来する博識の船乗りたちの世界図、コンパス海図と指南書」、有名な一三七五年の「世界図」（通称「カタラン・アトラス」）の扱う領域からすれば、『集史』の記事は、羊皮紙の巻物の一本、冊子体の一部分のみを紹介したものに違いない。

アルグンは、クビライの指示・承認のもと、祖父フレグ、父アバカに倣い、マムルーク朝との対峙のためにローマ教皇庁やフランク諸国との共同戦線を画策し、頻繁に使節団を派遣していた。カンの側《そば》にはヴェネツィアやジェノヴァの大商人・銀行家たちが仕えており、使節団の通訳や交渉を担うこともあった。アバカが義父のビザンツ皇帝ミカエル・パラエオロゴス八世と協同し、一二六八年にアラゴン王国のジャウメ一世のもとへ派遣したテュルク・モンゴルの重臣たちは結果的にバレンシアまで足をのばしたし、一二七四年の使節はリヨン公会議に参列しさえしている。

件《くだん》のイーサーは、一二八五年にアルグンと一緒にローマ教皇庁、フランク諸国に派遣する使臣たちの人選を行ったから、当該地域を描いたこの時点での最良の地図、かれらが携帯する地図を目睹する機会は充分にあった。写しを大元ウルスに持ち帰った可能性もある。二年後、あらためてこれらの諸国に派遣された使臣たちのひとりラッバン・バール・サウマ（オングト部族のネストリウス派キリスト教徒、大都《ダイドゥ》郊外出身）は、「西方見聞録」とでもいうべき報告書を遺している。ちょうど教皇に選出されたばかりのニコラウス四世は、返礼として一二八八〜九一年、矢継ぎ早に大元ウルス、フレグ・ウルス、中央アジアのカイドゥのもとにも使節団を送った。特命を受けたモンテ・コルヴィーノのジョヴァンニは、各地で布教活動を行い、最終的に大都に拠点を置く。かれは天文学に長け、『アルフォンソ天文表』やアストロラーベを利用しながら、地図作成に必要な観測・測量も実施していた。

この新たな世界図の製作は、フランチェスコ会の修道士ロジャー・ベーコンが教皇クレメンス四世への献呈本『大著作《オープス・マーユス》』（一二六七年）のなかでユリウス暦の改訂と併せ進言していたものだった。かれは先輩たるプラーノ・カルピニのジョヴァンニ、ルブルクのギヨームの著した「対モンゴル」の諜偵報告書を研究し、マラーガ司天台の活動も仄聞していた。

　フランク諸国では一三〇〇年代以降、海図、世界図の製作が流行し、『経世大典』「輿地図」や『心神の娯楽《ヌズハトゥッルクルーブ》』で用いられている緻密なアラビアの方格《グリッド》の手法も導入されはじめる。

「天下地理総図」への接近戦

　「天下地理総図」の亜流たる李沢民《りたくみん》の「声教広被図」は、大元ウルスの領域を重視して、アラビア地図にもとづく「畏吾児《ウイグル》は別失八里《ビシュバリク》の田地」以西の世界を従来の約二分の一の幅に圧縮し、歪めてしまった。しかもかれが直接参照した図は彩色されていなかったため、山脈、河川、黒海や地中海を識別できず、島を湖とするなど多くの塗り間違いを犯した。

　朝鮮王朝ではこの図を下敷きに、自国と日本の部分を最新情報に描き直して王権の象徴とし、「混一疆理歴代国都之図」と名付けた。何度も何度も改訂し、大明《ダイミン》国の地図を入手したのちは中華の部分も差し替えたが、その間ずっと西方の部分については修正の術《すべ》を持たなかった。

　洪武帝が建国記念の一環として朝見の場ないし執務室用に作らせた「大明混一図」も「声教広被図」にもとづくが、自らが支配する領域は一三八九年時点の地名に書き換えた。同時に、原図で目を惹いていた西側世界のいくつかの大都市は、意図的に周囲の地名の群れに埋没させられた。一六〇〇年代初頭、退色・破損のため新調した際、新たな朝鮮半島と実際よりも遥かに巨大な日本国、さらにマレー半島（アラビア半島から借用した地名で埋められる）を追加した。代償としてヨーロッパ、中東、アフリカをさらに二分の一幅に圧縮せざるを得なかった。東西の地図の接合部の空白に対しては、同じ地名を何度も並べる誤魔化しが行われ、西方の地名は、モンゴル時代の情報のまま放置された。正確

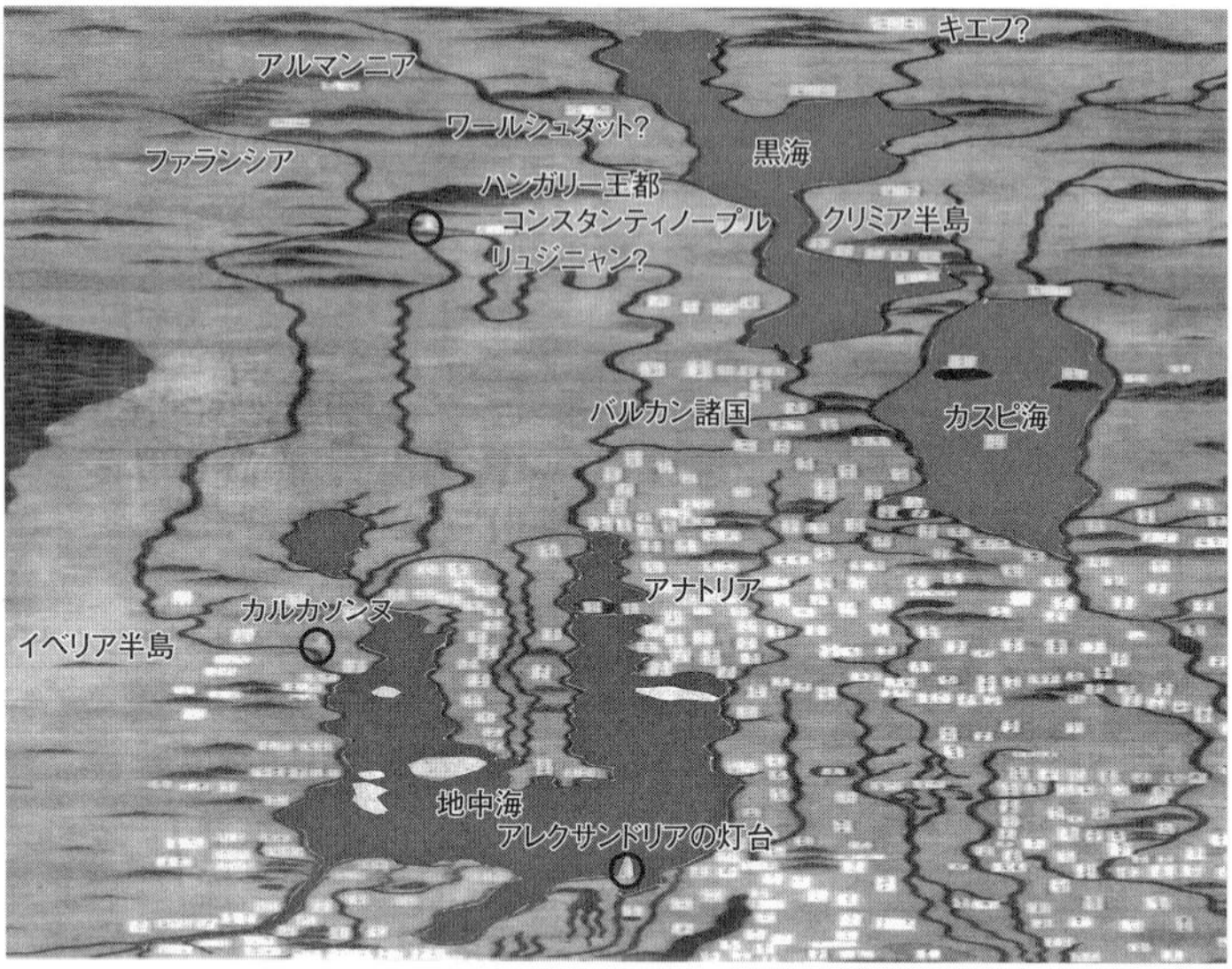

図 27　加工修正した「大明混一図」のヨーロッパ

中国第一歴史档案館蔵。東西を 4 倍，南北を 2 分の 1 倍に調整，地中海・黒海・カスピ海を彩色。海岸線はボスフォラス海峡のズレを除けば意外に正確。

なところを知りたければ、一六〇二年製のマッテオ・リッチの世界図を見よ、と開き直っていたのだろう。新しい「大明混一図」は、まもなく大清満洲《ダイチンマンジュ》国《グルン》の所有に帰し、各地名の上に満洲文字による漢字音訳、解説文には翻訳の附箋が貼り付けられた。朝鮮王朝の一連の地図のように模写を繰り返していないので、誤字・脱字・省略は少なく、「声教広被図」により近いはずである(図27)。

これらを比較統合しつつ、着色されなかった地中海を見ると、イベリア半島とイタリア半島のあいだに、瓢箪型のコルシカ、撒哈里那《サカリナ》(撒里答那《サルダーニャ》?)、薛撒的《ビサディ》(薛撒的《セチエディ》シチリア?)、法里桑《ファリサン》(バレアレス諸島)、莫里的《モリディ》(マルタ)が描かれている。長靴状のイタリア半島は中央に山脈が走る。大都市の丸枠でローマを表し、そばには教皇庁の意訳と思しき「天丁戸（天にお仕えする者たちの家）」の文字が見える。半島にはジェノヴァをはじめ二十四の地名が確認できる。阿魯満尼阿《アルマニア》、法里昔耶《ファリシャ》（ベルギー／フランス）の南方には塔の絵が描かれ「阿彌那昔南《アヴィナシナン》」とある。一見アヴィニョンの教会だが、位置的にはオルレアン、ルシニャン等の王城のほうが相応しい。同様の塔は、ピレネー山脈のフランク側、麻里昔里那《マルシリナ》（マルセイユ）の西にも見える。地名は附されていないが、カルカソンヌの城塞かもしれない。パリとビザンツ帝国の都の骨思《クス》嘆昔那《タンスィーナ》（イスタンブル）のあいだには、ビシュバリクと同格の大都市として昔充那《シチュンナ》□□《ヴェイサ》（ハンガリーのシュトゥールヴァイセンブルク?）が記される。経緯度を平面に表すため傾いてしまった無色の黒海の対岸には、クリミア半島の［怯失《ケルシュ》／怯夫《カッファ》］、速達黒《スダク》、曲孫《ケルスン》（セヴァストポリ）等が並ぶ。キエフ、ルーシを擁するジョチ・ウルスが軍事の最前線・貿易の拠点として重視した港湾都市で、現在はロシアのプーチンの野望発出の場となっている。ジョチ・ウルスはカフカースの領有権を主張して再三フレグ・ウルスに進攻し、勝利のためには敵の敵マムルーク朝と連携さえしたのだった。

【附記】

中国の連続ドラマ『山河月明』（二〇二一年製作。邦題『永楽帝――大明天下の輝き』）を視聴していたら、洪武帝の執務室に「大明混一図」が。時代考証の周到さを誇るためか、製作費のもとをとるためか、何度も映し出される。ついには洪武帝の息子たちの燕王（のちの永楽帝）や魯王等の宮殿、戦場の幕営にまで、種子島式の火縄銃（?!）ともども登場するに至った。「天下郡県図」と名を換え、満洲文字も漢字表記に戻してあったが、一六〇〇年代初頭の新調時に描き加えられた巨大な「徳川幕府体制下の日本列島」は削除し忘れたようだ。ちなみに、鎌倉五山のひとつ円覚寺の『仏日庵公物目録』（一三六三年）に「君臣混一図」一軸が挙げられる。「布袋」や「毘沙門天」等の肖像と同じ「応化賢聖」に分類されているが、大元時代の地図だった可能性もある。

2　ヨーロッパの権力者たち

『集史』「フランク史」の資料源

ラシードゥッディーンが編纂を統括した『集史』の第二部『世界史』「フランク史」は、二巻に分かたれており、それぞれが四章仕立ての構成である。前巻はアダムの出現の始めから救世主《メシア》キリストの誕生まで。後巻は翻訳・編集作業終了時の一三〇五〜〇六年までを扱い、①キリスト教徒諸派の信仰、②地理からみたアルメニア諸国の疆域、③フランク諸国およびその海・島に関する知識、各地域の特性と君主たちの銘、④キリストの諸国とかれの事蹟の記、フランクの君主たち——歴代の教皇《パパ》と皇帝《カイサル》の事蹟の銘、の構成となっている。

④はラテン語の『教皇と皇帝の年代記』の抄訳である。この年代記は、ポーランドでドミニコ会修道士として活動したチェコのオパヴァ出身のマルティン（一二七九年頃没）が著したもので、表題どおり教皇と神聖ローマ皇帝の歴史を見開き頁に並列して述べていた。とうじとしては画期的な試みだった。多くの写本が流布し、さほど時をおかずにフレグ・ウルスにも将来され、ペルシア語とアラビア語に訳されたのである。教皇、皇帝ともに、肖像画、在位年数、主要な事蹟を掲げ、前者については出身地も記す（図28）。『集史』の編纂とうじ、すなわちベネディクトゥス十一世、および皇帝アルブレヒト一世まで記載するが、前者が一三〇四年に崩御したことは把握されていなかった。この増補は、

依拠した原本の所行ではなく、編纂官たちの成果だろう。

とはいえ、この「フランク史」は③こそが重要といえる。十四世紀初頭のモンゴル朝廷がヨーロッパに関してどのような知識を持っていたか、具体的に教えてくれるからだ。

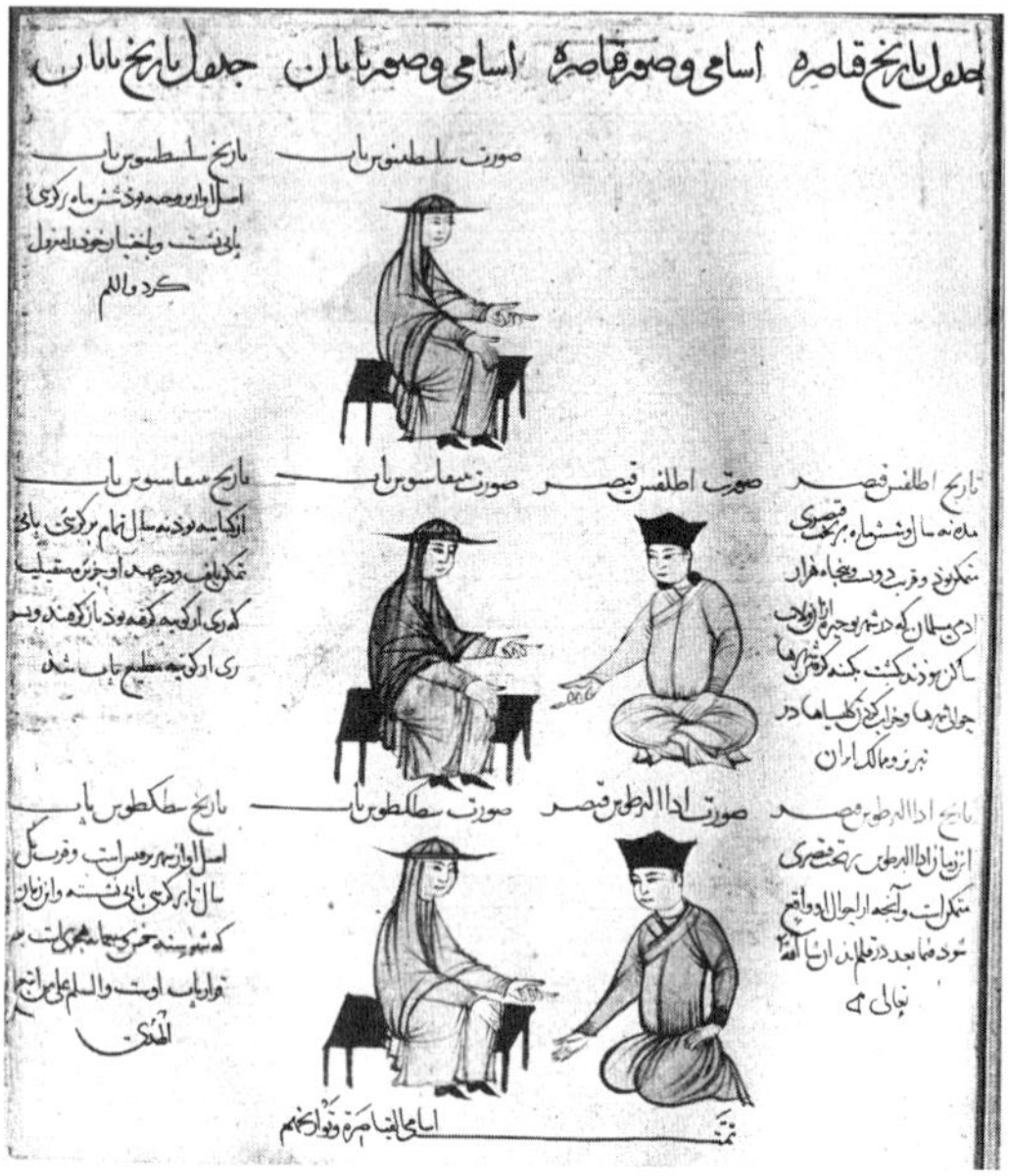

図 28 『集史』に描かれた教皇と神聖ローマ皇帝
左：ケレスティヌス5世　　右：アドルフ
　ボニファティウス8世　　アダー・アルブルトゥス
　ベネディクトゥス11世　　（アルブレヒト1世）
モンゴル式の席順に照らし，高位（南面して右手）に教皇を配置（Jahn, K., *Die Frankengeschichte des Rašīd ad-Dīn*, Wien, 1977, Tafel. 35）。

フランク諸国の情勢を眺めて

「二十五の言語で話し、どの種族も別の種族の口語を理解できないが、文字の綴り・算術は皆わかる」フランク諸国のうち、たとえばイベリア半島、バレアレス諸島、シチリアは、

「イスラームの時代」のはじめにムスリムたちが征服し、マグリブ（アフリカ北西部）の君主《パードシャー》たちの手中にあったが、一二六二年にカスタルーニャ（アラゴン）の王《ロワ》がムスリムたちから奪取し、目下、税はイスパニアの王に与えられている。シチリア島に定住していたムスリムたちは、敵方と合一しないようにとの用心から、フランクの国土の中央にあるルーチェラの都市《まち》（イタリア）に連行され、かれらの代替にキリスト教徒たちがその島に送りこまれた。ムスリムたちがアッカ（アッコン）を奪取し、イーラーンの地でキリスト教徒たちが破滅した現在、フランク人たちは、その代償として件《くだん》のムスリムたち——約二十万の男子を殉教者として殺害した。なお、トレドの城市《まち》の最大の人口は、ヤコブの子ユダの子孫に属するイスラエル人たちである。

と説明される。アラゴンの王ジャウメ一世は、息子がシチリア領の君主ルッジェーロの婿となるや、この挙に出たのである。また、ポルトガルの王が豊富な銭糧と無数の軍勢を有し、しばしばイスパニアの王と戦争に陥ったこと、カスタルーニャの王の支配下にバレンシア、ムルシア、マヨルカの三つの国があること、トゥールーズには大軍が常駐し、ナヴァッラの王は北アフリカの君主たちと軍事同

盟を結んでいること、ジェノヴァとヴェネツィアの君主は選挙によって任命され、それぞれ二百隻（毎隻三百人の兵士）のガレー船を持っており、アルクレイアの総大司教《パトリアルカ》は大勢の軍勢と数え切れない財宝の持ち主であること、アイルランドとイングランドの君主《パードシャー》が「スコットランド」の名で呼ばれ、税はイングランドの王に与えられていること、イングランドの君主《パードシャー》がフランスの王に朝貢していること、十万の騎馬兵を擁し「サカ」と呼ばれるボヘミアの君主が、目下ポーランドの王国を侵略・占拠していること、プロシアが胸に黒十字を付けた白い粗末な毛織の衣を纏った信者たち（チュートン騎士団）の国であること、ジョチ（チンギス・カンの嫡長子）の後裔のひとりノガイがモンゴルの大軍とともに、クマンやブルガールの諸国すなわち「マジャール人の住地」へと疾駆し、攻撃中であることも紹介される。ノガイの本拠地は黒海北岸で、通商のためにジョチ・ウルス全体の利害と相反してフレグ・ウルスのアバカとアルグンの父子と姻戚関係を結び、ビザンツのミカエル・パラエオロゴス八世の娘も娶っていた。マルコ・ポーロの『百万の書』でも大きく取り上げられている。ちなみに『集史』の編者たちは、「スラブ」のルーシ（ロシア）については、とうじ君主・王と呼んでもよい存在を認めていない。

各国の統治以外には、『集史』の「世界地図」（佚）に見える国々の地理、人種の特徴、風俗の一端、産出品（特に鉱物・宝石）がひととおり簡潔に述べられている。本書を通じて、アイルランドの特異な土壌と流水鉱泉、スウェーデン、ゴトランド島、ノルウェーのオーロラや白夜の現象、北極点のほか、モンゴルの君主たちへの贈呈品「白い胸の鷹《シンコル》」がここの産出だったことも知り得た。ロマーニャ地方やトレヴィーソ辺境では、大型脚高の西馬《トビチャク》を飼育していた。パリには、医学や哲学を学ぶ留学生が約十万人もいたらしい。

情報提供者のひとりと目されるのが、陸・海に多くの軍勢を擁したピーサの君主ジョロ勇将《バアトル》。かれは「モンゴルの君主《カン》＝チンギス・カンの子孫《ウルク》と友好・同盟関係にあった」。教皇ニコラウス四世が東方布教に向うモンテ・コルヴィーノのジョヴァンニに託した一二八九年七月十三日付の複数の書簡の宛先のひとつ、「雄々しき貴族ピーサのジョロ」その人で、航行の保護警備、交易の促進に貢献していた。ちなみにほかの宛先は、クビライ・カアン、アルグン・カン、中央アジアのカイドゥ、アルメニア国王、ネストリウス派をはじめとする東方教会各派の総主教たち、と錚々たる顔ぶれだった。

ヨーロッパの権力者番付

さて、数多の情報のなかでも特に興味深いのは、「フランクの指導者・君主たちの序列」である。

第一位は教皇《パパ》：「父たちの父」の謂い。「救世主《メシア》の代理《カリフ》」と認識されている。

第二位は皇帝《カイサル》：フランクの言葉で皇帝は「エムペロール」と呼ばれ、「国王《スルタン》たちの国王《スルタン》」の謂い。

第三位はフランス国王《ロワ・ド・フランス》：「君主《パードシャー》たちの君主《パードシャー》」の謂い。皇帝《カイサル》ことエムペロールは統治権を父《パパ》に対して有さない。頭抜けた能力によって能力ある者たちの集団の中から選出され、帝位に坐せしめられる。フランス国王は統治権を父から子へと世襲で有する。現在、極めて強大で権威があり、かれの勅命の下に十二名の君主がいて、それぞれの統治権は三名の王侯《マリク》を服従させている。

第四位は国王《ロワ》：「王侯《マリク》・領主《ホダーヴァンド》」の謂い。教皇の地位は、希望する時にいつでも皇帝を任命せしめるほど卓抜かつ強大なものである。そのために任じられている貴顕たちのうち七人――三人の「司教《マール・ハシャー》」、三人の大官人《アミーリ・ブズルグ》、一人の君主《バードシャー》が、それに関して商量《ゲンゲジュ》（テュルク語で「相談」の謂い）し、フランクの貴族たち全員について議論して十人近くにまで選抜、その十人の中から敬虔・資質・能力・禁欲に帰せられ、かつ忠実・敬神・不動・沈着・品行と名誉の善美・霊魂の成熟で知られる一人を、完全綿密な調査ののちに選出する。そしてアレマニア（＝ゲルマン。李沢民《りたくみん》の世界地図「声教広被図《せいきょうこうひず》」の「阿魯満尼阿」）の王国――フランク人によればその邦土は人が住んでいる地域の三分の一を占めている――において、銀製の王冠をその者の頭《こうべ》に載せる。そこからロンバルディアの邦土に至り、当該地で鋼鉄製の王冠をその者の頭に載せる。そこから教皇の最大の都市《まち》ローマに至り、教皇が金製の王冠を両足で持ち上げ、その者の頭に載せる。それから、その者は自らの身を捧げて、教皇が御足をかれの頭・項に載せ、背中を踏み渡るようにし、その後は鐙《あぶみ》となって、教皇が御足をかれの頭上に置き、馬上に坐せるようにする。かくてようやく「皇帝《カイサル》」の称号がその者に付与される。フランクの君主たちは、かれの命令・禁令を遵守し、服従する。かれの指示は、かのフランクの諸邦の陸・海の内に行き渡る。

貴顕の七人はいわゆる「選帝侯」――トリーア、マインツ、ケルンの三人の大司教、ライン（バイエルン）、ザクセン、ブランデンブルクの三人の侯伯およびボヘミア王を指す。したがって一二八九年以降の情報が記されていることがわかる。

　モンゴル朝廷において、「アミーリ・ブズルグ」すなわち「大官人《イエケノヤン》」とは、チンギス・カンの末子トルイのように国政を代理で預かる者、あるいは主君のために輪班《ケシク》で宿衛《ケプテウル》（弓箭士《コルチ》、傘蓋持ち《シュクルチ》、膳夫《バウルチ》、環刀《ユル》持ち《ドゥチ》など）を務める譜代大名や御家人を指した。大司教の訳語「マール・ハシヤー」は、ネストリウス派キリスト教徒たちが使用していた称号である。いずれの訳語も実情をできるだけ正確に理解できるよう、周到に選択されたものなのだ。

　教皇による皇帝の戴冠式の一連の儀は、文字どおり人を踏みつけにした慣例で、皇帝からすれば「韓信《かんしん》の股くぐり」さながら踏んだり蹴ったりの屈辱だったに違いない。クビライおよびアルグンの使節として、一二八七年にローマやパリを歴訪したラッバン・バール・サウマもこの儀礼について簡単に触れており、「宗教権が世俗権を超越することを示すために設けられたもの」との説明を受けたという。こんにち伝わるかれの報告書は『マール・ヤバッラーハー三世伝』に挿話として引用されたもので、しかもこの伝記自体がシリア語による節略版に過ぎず、ほんらいはペルシア語で書かれていた。サウマは「エムペロール」を「王侯《マリク》たちの王侯《マリク》」としたり違いはあるが、前後の使節、たとえばジェノヴァの商家出身でアルグンの弓箭士《コルチ》だったブスカレッロの報告書（かれはロンドンのエドワード一世のもとにも赴いた）などと併せて、『集史』の編纂官たちが参照していた可能性は高いだろう。

3　ヨーロッパからの輸入品

『集史』編纂の総裁官を務めたラシードゥッディーンは、『踪跡と生物』（『踪跡と消息』）と題する農業・土木・鉱物（宝石も含む）の指南書のなかでも、フランク諸国（＝ヨーロッパ。ファラング、アフランジュともいう）について言及していた。この指南書の現物は伝わらず、目次と他書に引用された一部分しか知り得ない。かれは、コウラム（キーロン）やデオギリ（ヤーダヴァ王国の首都）産の胡椒が、東は大元ウルスへ、西はフランク諸国へと運ばれていることを把握していた。また、エジプトやフランク諸国の原産で、もともとフレグ・ウルスには自生していなかった白百合は、メソポタミア地方マールディーンの領主が入手したものを、ラシードゥッディーン自らが首都たるスルターニーヤとタブリーズに輸入、栽培したのだった。そして次のような一節もある。

亜麻色の髪の乙女？

フランクの数カ国では、亜麻がほかの地域よりも多く栽培されよく成長し、フレグ・ウルスにも輸入されている。「ルーシ亜麻」と呼ばれているものの、実際にはルーシでは栽培されず産出していない。以前、フランクの商人たちがコンスタンティノープル・黒海の方面およびフレグ・ウルスに将来していて、フランク人たちの大部分が、赤毛か金髪だったものだから、ルーシの国の出身だと推測されてしまったのである。この名で知られるようになってそのまま生き残っているが、決してルーシの邦土に亜麻は存在していないのだ。極細の亜麻は、フランクの邦土でもひじょうに高価で、フレグ・ウルスには滅多に将来されない。あったとしてもかれらのところで珍重される。ほとんどの場合、純製の織物（リネン）であればやはり当該の邦土で珍重され、ほかの諸邦に輸出されることは滅多にない。純細の亜麻は、フランクの大官たちの御夫人、御令嬢がたが、頭に結んで地毛がその下からのぞくようにしている。つまり、かのじょたちのあいだでは「毛髪が（フサフサ）際立つこと」がひじょうに称賛されるためである。亜麻が細ければ細いほどほんものの髪らしく見える。もし肉眼で識認されなければ、表現不可能なまでの細さである……

『源氏物語』の「初音《はつね》」でも女盛りを過ぎた花散里に葡萄《えび》葛《かづら》の髢《かもじ》を薦めるお節介なコメントが出てくるが、ユーラシアの東西で似たようなことをしていたらしい。

薫香と彩なす宝石

いっぽう、ラシードゥッディーンの部下として、『集史』第二部の『世界史』と『オルジェイトゥ・スルタン史』の編纂にあたったアブー・アルカースィム・カーシャーニーもまた、『宝貝の花嫁と芳香の珠玉』において、フランク諸国の鉱物と香料についての蘊蓄を披瀝している。かれの実家は、王室のタイル工房を管理しており、もともと興味や知識があったのだろう。もちろん、高名な天文学者でフレグとアバカの知恵袋となったナスィールゥッディーン・トゥースィーの著作『珍宝の書』など複数の先行文献も踏まえるが、宮帳《オルド》や首都タブリーズでの相場価格をはじめ最新の見聞を記録している。

フランク人たちが使用している金蓮花《ラーダン》（神香）はシチリア島産だった。その本質は当地の某植物のうえに溜まる露水で、粘り気がある。山羊はその植物が大好きで、それを食している間に、金蓮花が山羊の毛髪や顎鬚《あごひげ》に付着するのだが、一貫して清浄なもので、卵黄と一緒にかき混ぜる。それは「フィルスィー」と呼ばれた。いっぽう、山羊の腿と蹄に付着したものは、糞便と混ざり汚染され黒光りしているうえに砂も含む。件の植物から直接に採集する別の方法もあった。ひとつは乾燥法で、丁寧に粉末状にすると、金蓮花が火によって蠟燭のごとく溶け出す。各種金蓮花の香気は総じて龍涎香のそれに似ているが（効能は逆）、新鮮な沈香や薬剤のなかに用いられていた。金蓮花の油は育毛の効能があるいっぽうで、妊婦のもとで燻ゆらせると流産する、と考えられていたようだ。

最良の孔雀石《ダフナジュ》（マラカイト）は、フランク諸国の西方にある山脈で採掘され、宝石商たちはそれを「フランク」の発音にも近い「フィリンディー」（アラビア語で宝剣、名刀の謂い）と呼び倣した。フランク諸国やマグリブ（アフリカ北西部）では、孔雀石から家具、食器、腰帯等が製造されていた（ソヴィエト連邦の最初のカラー映画『石の花』が、まさにこの孔雀石の細工職人の話で、岩波少年文庫にも入っていた）。

『世界を開く者の歴史』の著者の兄で、長らく財務省長官を務めた聖裔シャムスッディーン・ムハンマド・ジュヴァイニーのもとには、フランク方面から齎《もたら》された約十五キログラムの水を汲める水晶《ブルール》製の壺・瓶のほか、無色透明の水晶と褐色《ビャーズ》の刺《ラル》（ルビー）に似た紅石榴石（ガーネット）の二色の格子縞でひじょうに清浄な感じのする将棋盤《チェス》があったらしい。もっとも、『珍宝の書』によればフランク産の水晶の品質は、インド産より劣っていた。

祖母緑《ズムッルド》（エメラルド）の品級は色合いや透明度によって、上から「牛虻《ヅバービー》／青蠅（の羽）」「目箒《ライハーニー》（バジリコの葉）」「甜菜《スルキー》（ビートの葉）」「緑　青《ザンジャーリー》」「磨鏡《サイカリー》」「暗　黒《ズルマーニー》」「大海《バフリー》」「石　鹼《サーブーニー》」「ぎんばいか《アーシー》」「　韮《クッラースィー》　」「その他」に細かく分類される。かたやカーシャーニーの知り合いの宝石商のナスル・ブン・ヤコブは、「甜菜」「目箒」「マグリブ」「そのた（下等）」の四種に大まかに分けていたらしい。その栄えある「甜菜」「目箒」は、フランク諸国からの産出が際立っていた。当該諸国の慣習では、「暗黒」の場合には、ひとつの指輪に小さな宝石の端片をいくつも組み合わせて鏤《ちりば》め、かつその小さな宝石の部分には五彩や紅を配する。同様に、指輪の小さな宝石の象嵌用に、紅　玉《バフルマーニー》の鴉鶻《ヤークート》（ルビー）をフランク人たちは珍重した。

まめまめしきもの

フランク諸国からフレグ・ウルスに輸入される鉛は、粉末化して絵画用の黒色顔料の素にしたり、「はんだ」の原料として利用されていた。おなじく「はんだ」の原料であるブルガール（非ブルガリア。「フランク」の範疇に属さない）産の錫は、透明度が高く良質で光沢のある明るい色調だったので、瓶や壺の製作に用いられ「食器用錫」と呼ばれていた。また、多くの薬剤・軟膏（脱毛剤等）にも混ぜられていたらしい。

フランクの地域の鉄は白く滑らかという特徴があり、その剣の一撃のもとにはどんな鉄も輝きを失う。イスラーム諸国への輸出用に、（フェンシング仕様の）剣《サーベル》を何本も紙こよりのようにして、再度熔錬した。一本の双刃刀のお値段は、エジプトの金貨で一千ディーナール！　もしたという。ブルガールも、自前の滑らかな鋼と鉄の合金で剣を製造していた。

鍍金等に用いられる水銀も、フランク諸国産が良質とされた。「泉から滲み出てくる」とあり、これに関連した伝承が朱徳潤《しゅとくじゅん》の「異域説」（一三四七年）に載る。一三一四〜一八年に、「日の没する処に当たり、土地が甚だ広く、七十二人の酋長がいる仏菻国《フリン》」の使節（ローマ教皇庁から派遣されたペルージアのアンドレア修道士の一行？）が、草木染めの梭福《スーフ》（フェルト）や毛氈の贈物とともに、アユルバルワダに上奏した話とされる。朱徳潤は、とうじ輪班《ケシク》の宿衛《ケブテウル》を務めていたネストリウス派キリスト教徒のヨカナン等から聞いた。

全周約二二〜二七・六キロメートルの水銀の海があり、まず海沿い約五・五キロに亙って坑井を数十箇所掘削、それから鷹狩担当の屈強の者・駿馬を集めて、人馬ともに護身の金箔を貼りつけ、海沿いを連なり行かしめる。日光が燦々と照らすと水銀が潮のように沸き立ち、迫り来る勢いはネバネバの風呂敷のよう。人々は即座に馬の向きを返して疾駆し、水銀が背後から追う。反応がちょっとでも緩慢だと人馬もろとも溺れる。逃げが速ければ、水銀の勢いは次第に遠く弱まるが、また襲いかかってくる。坑井に水銀が蓄積するので、引いている隙に採取に戻る（日没後に集中採取する発想はないらしい）。香草を用いて煮沸すれば、銀塊が得られる、とか。

輝く「知」の余光

浙江天台の陶宗儀《とうそうぎ》も、随筆『南村輟耕録《なんそんてっこうろく》』のなかで「回回の宝石」を紹介している。「回回」（「回紇」「回鶻」）はムスリムを指すことが多いが、原義は「商賈《サルタ》の民《ウル》」で、西域の民の総称としても用いられる。いわゆる「色目《しきもく》人（いろんな人々）」に近く、ウイグル、ユダヤ、碧眼すなわちカフカス方面のアス族（アラン人）、ブルガール、フランク諸国の人々も含まれる。


《紅の宝石》（四種類。同一の坑《あな》より産出。いずれも白濁が無い）

「剌《ラル》」：淡い紅色で嬌《あで》やか。「避者達《ビージャーダ》（琥珀色）」：深い紅色で石は方形に近く嬌《あで》やか。「昔剌泥《シーラーニー》（セイロン島産）」：黒ずんだ紅色。「苦木蘭《フムラット》（紅）／苦木蘭《クルドムクラル》（混血？）」：紅・黒・黄の混合色。寸法は大きくても評価が低いもの。

《緑の宝石》（三種類。同一の坑より産出される）

「助把避《ツバービー》」：上等、暗い深緑色。「助木剌《ズムッラド》（エメラルド色）」：中等、明るい緑色。「撒卜泥《サーブーニー》」：下等、石が混じり浅緑色。

《鴉鶻《ヤークート》》

「紅の亜姑《ヤークート》」：表面に白濁がある。「馬思艮底《マーシクンディー》（鈍い金剛鑚《アルマース》ダイヤモンド）」：石が混じり光が無い。両種は同一坑から産出する。「青い亜姑」：上等、深い青色。「你藍《ニーラジュ》（藍色）」：中等、浅い青色。「屋《ク》撲你藍《フルニーラジュ》（アイライナーの深藍色）」：下等、氷のごとき形状、石が混じり、濁った青色。「黄色い亜姑」

「白い亜姑」

《猫睛《アイヌゥルヒッル》》

「猫睛」：中心に生き物の眼光のような線が一筋走る。「走水石」：新たに鉱坑から発見されたもので、猫睛に似ているが光は無い。

《甸子《ダフナジュ》》

「你捨卜《ニーシャーブー》（的）［里《リー》］（ニーシャープール産）」：回回の間に流通する孔雀石で紋様が細かい。「乞里馬《キルマー》泥《ニー》（キルマーン産）」：アム河以西に流通する孔雀石で紋様が粗い。「荊州石」：襄陽《じょうよう》（湖北省襄樊）産の孔雀石で色が変化する。

高級とされるヨーロッパ産の宝石のなかで、エメラルドはともかく孔雀石の細工・調度品は、出回っていなかったらしい。なお、「ニーシャプーリー」の発音に当てた漢字の誤りは、アラビア文字のرラーをدダールに読み間違えたために生じたものである。陶宗儀は『書史会要《しょしかいよう》』（一三七六年刊）のなかでアラビア文字の一覧表を掲示しており、ペルシア語の単語を自力でなんとか読むことができたのかもしれない。

4　天翔ける駿馬

修道士たちの諜報活動

一二四五年、ローマ教皇インノケンティウス四世の親書を託されたフランチェスコ会修道士のプラーノ・カルピニのジョヴァンニは、ポロニア（ポーランド）出身のベネディクトとともにモンゴル高原に赴き、グユクの即位式に列席した。一二五二年には、フランク国王ルイ九世の密命をうけた同会修道士ルブルクのギヨーム等がモンケのもとに赴いた。前者は、ボヘミア王をはじめポロニア、ルーシ等の諸侯の助言のもとに、毛皮等の贈物を準備したが、馬数匹は現地の極寒の環境に適応できないため連れてゆくことを断念したという。いっぽう後者は、手土産として葡萄酒・ビスケット・果物しか用意しなかったため、各地で怒りや不満を買った。いずれも大《イエケ》モンゴル国《ウルス》の敷設した駅伝《ジャムチ》を利用しており、飲食・宿泊・光熱・運搬の諸経費は自己負担していない。

かれらの旅程はいずれも皇帝《カアン》の住まいたるカラコルム周辺までで、南東の漢児《キタイ》（旧大金女真国《ダイキムジュシエングルン》）、蛮子《マンジ》（南宋）に足を延ばすことはなかった。当該地域の情報はモンゴル高原で収集したもので、最優先のモンゴルの軍事分析のオマケに過ぎなかった。それでも表意の漢字の使用、儒教の経書に「今文（隷書）」と「古文（秦以前の科斗文字。漢の景帝の時代に孔子の旧宅の壁のなかから発見されたと称する偽書）」の別があること、『論語』や『孟子』、孔子廟、雲崗石窟、漢方医の脈診、交鈔（紙幣）等について聴取していた。
とうじカラコルム周辺には、キタイや中央アジア・中東方面の工匠たちの住区が設定されていた。また、フランク諸国から使節や商人が頻繁に訪れており、捕虜として連れてこられたルテニア（ウクライナ／ルーシ）やフンガリア（＝ハンガリー）の男女も少なからず暮らしていた。モンケは、母ソルコクタニ・ベキのお抱え職人だったパリ生まれのギヨーム・ブーシェに、大宴会《イエケクリム》の開催時に用いる銀製給酒器（白馬乳・黒馬乳・葡萄・蜂蜜の四種の酒が出る）を特注している。モンケの同腹弟のクビライ、フレグ、アリクブケも、フランク諸国のさまざまな階層の人々を目の当たりにし、自身の宮帳《オルド》（宿営）にも多数抱えていたはずである。

キタイの地へ

そうしたなかで、かの『百万の書』のマルコ・ポーロは、クビライが初めて眼にした「ラテン人」、ならびにクビライの治める漢児《キタイ》の地を訪れた最初の「ラテン人」を、自身の父ニコロと叔父マッフェオだと主張する。計算上、一二六六年頃のことになる。クビライは、ニコロ兄弟に教皇とフランク諸国の権力者たち、風習について詳しく尋ねたという。しかし、王惲《おううん》が自身の日記を整理した『中堂事記《ちゅうどうじき》』（一二八七年）には、

> 一二六一年六月六日、発郎《ファラング》の国が人を遣わして草織（リネン？）の衣服などの品々を献上に来た。使者たちの話では、「本土から開平府（上都《シャンドゥ》）に到着するまで三年以上かかってしまった。当該の国は「回紇」の極西辺境にあり、常に昼で夜にならず、野鼠が穴を出る頃が黄昏である。人が死ぬと

大勢が誠心誠意を尽くして天を呼び、甦った者もいる（?!）。蠅《はえ》や蚋《ぶよ》は悉《ことごと》く木から湧いて出る。ご婦人方はひじょうに艶美で、男子は大抵が金髪碧眼である。通過してきた道程には二つの海があり、ひとつは一箇月以上、ひとつは満一箇月かかることから大きさを推し量ることができよう。船艘は大きく、五千人を載せられる」とのことだ。かれらが献上した醆斝《さかずき》は、おそらく海鳥の大きな卵をふたつに割って造ったもので、冷えた美酒を注いでもたちまち温まってしまう。まさか、巷間にいうところの「温涼盞」（温めるも冷やすも意のままの盞《さかずき》）なる宝物でもあるまいが。上様（クビライ）は、かれらが遠路はるばる参上したことを嘉《よみ》されて、返礼として黄金・絹地等を手厚く賜わった。

とあった。ここの「回紇」は、中東方面を指すものとみてよい。「二つの海」は地中海・黒海ないし黒海・カスピ海と考えられるが、白夜の現象からすれば、使節団のなかにバルト海沿岸域の者が含まれていた可能性が高い。この数カ月前に、モンゴル高原でクビライの「叛乱」軍が大《イエケ》オルドの主《あるじ》で正統なカアンのアリクブケの軍に大勝しており、「外交上の保険」として、急遽、上都まで足を延ばしたものと見られる。

フランクの使節団の拝謁の翌日には、回紇の医者（アラビア系かユダヤ系?）が、太鼓や螺貝のにぎやかな伴奏のもと、きらきら輝く鞍・鐙や色鮮やかな掛物で飾り立てた駱駝を三十頭献上し、別の回紇は栗色ですっきりと立ち姿の美しい「宛馬」（房星《そいぼし》の天馬の精が中央アジア大宛国《フェルガーナ》の地に降りて産まれたとされる汗血馬。西域の大型の駿馬）――テュルク・モンゴル語の「脱必察《トビチャク》」を齎した。『モンゴル秘史』

やカルピニの報告書を見ると、つとにオゴデイがバグダード方面に対して毎年の貢納品目を指示しており、金塊、金細工、金糸を織り込んだり刺繍した各種絹布、大小の真珠、「脚高の西馬《トビチャク》」、駱駝等が挙げられていた。したがって、これらの献上品が上都に齎され、道中も含め衆くの眼に触れたことは、クビライ側にとって大勢を誇示する助けとなり、ひじょうに大きな意味を持った。なお、劉貫道《りゅうかんどう》の「世祖出猟図」（台湾国立故宮博物院蔵）で、クビライが騎乗するのは漆黒のトビチャクである。

七つの海を越えた天馬

一三一四年、アユルバルワダが科挙を再開した際、湖広の郷試（地方で実施される一次試験）の「古賦」の科目で出されたお題は、「天馬」だった。第一位の欧陽玄《おうようげん》、五位の郭再《かくさい》、八位の陳奎《ちんけい》、十二位の陳泰《ちんたい》、十四位の李朝瑞《りちょうずい》の答案と採点官をつとめた龍仁夫《りゅうじんふ》の批評がとうじ出版された過去問の傾向と対策集に収録されている。受験生たちはみな、典籍・書画の知識だけで、見たこともない想像上の駿馬に美辞麗句を連ねており（百科事典の『事林広記』や『居家必用』には良馬の識別法が挿絵付きで解説されている）、宮廷のさまざまな場面でカアンのために歌頌を献上する翰林院の学士たちを選抜するのにいかにも相応しい実践的な出題といえよう。じっさい、首席を獲得した欧陽玄は、四半世紀以上の時を経て、再び「天馬」のお題に直面することになる。

一三四二年八月十九日、トゴンテムルが夏の首都たる上都《シャンドゥ》近隣に設置した宮帳《オルド》慈仁殿で、教皇ベネディクトゥス十二世の使節団すなわちマリニョッリのジョヴァンニ修道士たちの一行を謁見した際に、駿馬が献上された。鼻端から尾根までの長さは三・九五メートル余り、背丈は二・二五メートル余り。首を擡げた状態で耳からの高さは二・八七メートルほど、全身、墨のように黒く（青毛ないし黒鹿毛）、後脚の両方の蹄冠・繋の辺りが白か細長白だった（二〇二一年のダービー馬シャフリヤールと同じ！）。金色の轡《たづな》と勒《くつわ》は、金髪碧眼で体の線に沿った上下異なる色の衣服の男が牽いていた。この日は快晴だったといい、馬体はさぞかし照り輝いて見えたことだろう。

　三日後、トゴンテムルは、別の組み立て式宮帳《オルド》龍光殿の前で、この馬を再び鑑賞した。そして翰林院の長官のキキ（カンクリ部出身。字《あざな》は子山）の推薦で、周朗《しゅうろう》（字は伯高、号は冰壺）、張彦輔《ちょうげんほ》（モンゴル。太一教の道士）等に写生させた。周朗の絵図は二日後に仕上がり、それを見たトゴンテムルは、翰林院の学士のひとり掲傒斯《けいけいし》に賛（四言五十句。一句目と偶数句に押韻）を作らせ、おそらく名筆で知られるキキ自らがそれを絵の傍らに揮毫した。これらの書画に呼応して、欧陽玄のほか周伯琦《しゅうはくき》、許有壬《きょゆうじん》、呉師《ごし》道《どう》、朱徳潤《しゅとくじゅん》といった面々も、詩賦・歌頌・賛を製作・献上している。「漢の武帝は大宛の馬を入手するために二十万の兵を費やしたが、カアンの仁徳・文治の教化はかつての月氏国（月窟《オグズ》）よりもさらに西の彼方、数万里の先まで及び、一兵も煩わすことなく、七たび巨洋（大海）を越え四年の歳月を閲して天馬が贈られてきた。素晴らしい」というのが、かれらの共通した見解である。トゴンテムルは、翌月冬の首都の大都《ダイドゥ》に帰還する際、さっそく「七つの海」（全世界の海）を渡った天馬に騎乗してみせた。くわえて、動物園さながらに飼育場の見物を許していたらしい。

　しかしじつはこの天馬、一三三六年にトゴンテムルとかれの側近でモンテ・コルヴィーノのジョヴァンニに帰依していたアス族（アラン人）の官僚たちが「日の没する処、七たび海洋を渡るフランク諸国において、キリスト教徒の主《あるじ》たる教皇《パパ》」のもとに遣わした使節団の返礼品であり、しかもトゴンテ

図 29　カアンに献上された西域の馬（部分）
（『故宮博物院蔵文物珍品大系　元代絵画』上海科学技術出版社，2005 年，pp. 230-231）

ムルが直々に指定したものだった。一三二八〜三〇年に、当地から叔父のトクテムルに贈られた二疋の駿馬——耳からの高さは二・八メートルもあり、やはり烏の濡れ羽色だった——を知っていたからだろう。トゴンテムルの代に初めて贈られたものではなかったのだ。アス族官僚の書翰にも、教皇庁から使節が数回来到していたことは記されている。

『文宗実録』の編纂は、トクテムルの皇后《カトン》で甥のトゴンテムルに代わり垂簾聴政をおこなっていたブダシリの検閲下に進められたから、この駿馬の贈物も記載されていたはずだが、実権を取り戻したトゴンテムルの命令によって、一三四八年の改訂の際、意図的に削除したらしい。真実は、張昱《ちょういく》の詩集（一三七六年）によってかろうじて残ったのだった。

なお、中国故宮博物院が蔵する周朗「仏郎国献馬図巻」（図29）によれば、トゴンテムルは八月二十九日に再度、周朗に絵巻を描かせ掲傒斯に賛を認《したた》めさせたことになっている。大明《ダイミン》時代の忠実な「模写」とされるが、同じ故宮博物院所蔵のキキと周朗の合作「杜秋娘《としゅうじょう》図」（一三三六年）の画風と全く異なり、嘉靖・万暦年間の戯曲・小説の版画に似る。何より馬は脚低く、前脚の繋も細長白、肋から股にかけ大きな白斑のある青駁毛で白面。勒を執る男は金髪ではないし、緩やかなモンゴルの官服を纏っているときた。どうみてもローマ教皇からの使節ではない。掲傒斯の文集に収録される賛のみに依拠して「復元」された贋作だろう。この絵巻を以てとうじの朝廷の衣服や文化を論じるのは、馬鹿げている。

【附記】

二〇二三年十月一日、その名もスルーセブンシーズ「through［the］seven seas 七渡海洋」という牝の鹿毛が、かつてとは逆に極東からフランスに赴いて凱旋門賞に挑んだ。残念ながら四着だったが、〝天馬〟の称を受ける資格は充分にある跳びの大きな疾走だった。

V　華やかな宮廷生活を送るには

【V　扉図】

大明《ダイミン》の初代皇帝朱元璋《しゅげんしょう》（洪武帝）の第十子，朱檀《しゅたん》（1370～89）の墓から出土した黄金色に輝くモンゴル式の衣――帖裏《デエル》。胸背・肩に五爪の龍が踊る（山東博物館・山東省文物考古研究所『魯荒王墓』文物出版社，2014年，図版25）。

1　君主は錦繡がお好き

チンギス・カンと西域の高級織物

テムジンはチンギス・カンを名乗る前から、版図の拡大のために独自のネットワークを持つムスリムやウイグルの商人たちを抱え込み、諜報活動・外交代行・物資調達等への協力を得ていた。かれらにとっても大口の出資と巨大な経済圏の出現は望むところだったのである。フレグ・ウルスに仕えたアターマリク・ジュヴァイニーの『世界を開く者の歴史』には、一二一八年頃のモンゴル高原における高級織物の流通を窺わせる記事が残る。

（ホラズムシャー朝の）スルタン・ムハンマドの治世の末期には、沈静・安寧・平和・安定が最高潮まで達成され、安楽・快適が最大限まで吸引され、（盗賊・ならず者を駆除して）街道は安全、騒乱は不発となっていた。西方の終極・東方の起点に、もし利潤・成果が呈示されているのなら、商賈《しょうこ》たちがそこに向わんとするほどに。そしてモンゴルたちはいかなる城市《まち》にも定住することなく（城市から遠く離れ）、商人・旅客たちもかれらのもとに来到することがないため、衣服・敷物はかれらの周辺では全て価格が高騰し、かれらとの売買の利鞘は評判となっていた。当地（いまのウズベキスタンのブハラ）からホジェンド出身のアフマド、官人《アミール》フサインの息子、バルヒーチュ？　出身のアフマドの三名が東方の地への出立に賛同し合い、箔金《ムザッヒブ》・布《キャルバース》（綿布・麻布等）・「ザンダニーチー」の衣服や相応の品々で構成される数多の商品を集め、旅路へと向かった。

とうじ、モンゴルの諸部族の大部分はチンギス・カンが敗走せしめ、かれらの土地も平らげて、その疆域（西遼《カラキタイ》・テュルキスターン）から叛乱を一掃していた。そして哨望《カラクチ》と呼ばれる見張りたちを各街道上に配しており、「来到する商賈たちは誰であっても無事に通過せしめよ。カンに相応しい物品については、その所有者と共にカンの御側に送付せよ」との法令《ジャサク》を付与していた。

この一行は当該の地に到着すると、諸々の衣・バルヒーチュ（のアフマド）の物品が選ばれ、かれとともにカンの御側に送られた。品物が再び解《ほど》かれ、上奏がなされたとき、単価でせいぜい金十銭《ディーナール》（四十二グラム）か二十銭で売られていた段疋《ジャーマ》（反物）に金三錠《バーリシュ》（六・三キログラム）の言い値をつけたので、チンギス・カンはかれの法外な言葉に立腹され「この者は、これまで段疋がわれらのもとに届いたことが無いとでも思っているのか？」と宣った。かくて帑庫《かねぐら》に貯蔵していた歴代の君王《カン》たちの段疋をかれに示したうえ、かれの段疋を（ひとつずつ）筆を以て登記して没収し、本人を収監せしめた。それからかれの同伴《なかま》たちを召喚するよう人を遣わし、かれらの全物品を御前に持ってこさせた。何度もしつこく段疋の価格を問わしめたが、いかなる値もつけず、「われらはこれらの段疋を君主への（献上の）名目で持参しました」と申し上げた。かれらの詞状は批准されて御耳に達し、かくて金の段疋には各金一錠（二・一キログラム）を、キャルバースとザンダニーチーのふたつは各銀一錠（≒金二百十グラム）を与え、かれらの同伴アフマドを再度召して、（没収されていた）かれの各段疋に対しても同価を与えるよう命じた。さらに、かれらに対し敬愛と尊重の待遇を指示なされたのである。

ラシードゥッディーンの『集史』第一部『ガザンの吉祥なる歴史』は、この記述の美辞麗句を解りやすく書き改めたが、その際「箔金《ムザッヒブ》」を「織金《ザルバフト》」に言い替えた。別の箇所では同じ語に「金襴《ナスィーチュ》」を当てている（『モンゴル秘史』は、ペルシア語の nasič/nasiğ に由来するモンゴル語 načidu を「織金」、細金絲の naqdah に由来する naqu を「渾金」、金刺繍の zardah に由来する darda を「綉金」と漢訳した。十四世紀前半の文官虞集《ぐしゅう》によれば〝「日耳答《ダルダ》」が西域の織文の最も貴なる者〟で「納失失《ナシーチュ》」より高価）。仮に二〇二二年八月の金のレート（一グラム≒八三〇〇円）で計算した場合、チンギス・カンは、単価三十五万円から七十万円相当の商品を五二三〇万円とふっかけられ、最終的に金襴緞子一反に一七四〇万円余り、金絲を用いないほかの二種にはその十分の一を支払ったことになる。

ザンダニーチーの正体

二種の織物のうちザンダニーチーについては、アブーバクル・ナルシャヒーが十世紀半ばにアラビア語で著し、のちにペルシア語に抄訳された『ブハラ史』が、

（北郊の）ザンダナは大きな堡塁、多くの市場《バーザール》、大寺院《モスク》を擁する。金曜日ごとに其処で礼拝《ナマーズ》がなされ、売買が行われる。特産品はザンダナ邑《むら》産の高品質かつ大量の布《キャルバース》で、「ザンダニーチー」と呼ばれる。

その布はブハラの多くの邑々に於いて織られるが、最初この邑で出現したために、全て「ザンダニーチー」と称されるのだ。イラク、ファールス、キルマーン、ヒンドゥスターン等といった諸邦へと輸出され、当該地域の貴顕・君主たちがみな衣服に仕立てるのだが、錦緞《ディーバー》の価格を以て購入している。

と述べていた。また一一二六年、大遼（契丹）の版図を接収したばかりの大金《ダイキム》（女真《ジュシェン》）が南宋の外交使節団に贈った品目にも「賛嘆寧《ザンダニン》」が確認でき、美麗な紋様入りの羅《うすぎぬ》より単価が安かったこともわかる。イエメンのラスール朝アフザル国王（在位一三六三〜七七）が編んだ六カ国語辞書は、ザンダニーチーをテュルク語の「ザンダニ」、アラビア語とモンゴル語の「綿布（の一種）」に対応させる。中央アジアの木綿は、保温性・軽さ・肌触りゆえに愛され、精緻な意匠と相まって金と帛《きぬ》の錦に迫る値がついたらしい。『砕金』という字書の「綵帛篇」には、「草錦」「麻錦」等の〝矛盾語〟も見える。ザンダニーチーが最高級綿布ならば、同価値のキャルバースはヨーロッパ産の亜麻布《リネン》とも考え得る。『華夷訳語』（一三八二年）によれば、ラシードゥッディーンの紹介どおり（Ⅳ章3節一一八〜一一九頁参照）、「麻・斡《オ》羅孫《ロスン》（ルーシ）」の誤称がモンゴル語に定着しており、中東経由での輸入が裏付けられるからだ。

ブハラ北西部のヴァラフシャやサマルカンドのアフラシアーブの王宮遺跡の壁画（七〜八世紀）、唐の「胡人俑」を見ると、白象や駱駝の背の敷物、貴族の衣服の縁飾りに共通した特徴がある。連珠の縁取りの大円のなか、左右対称に鳥獣（獅子、犀、鹿等）を配する紋様なのだ。これらに似た文綺《あやぎぬ》が、西はベルギーのユイの教会から、東は奈良の法隆寺や正倉院までユーラシアの各地に伝来しており、とうじの運び手に即して「ソグド錦」の泛称で呼ばれている（ユイのそれには〝司令官アブドゥル・ラフマーンの所有品。金三十七と三分の二銭《ディーナール》で購入〟とのアラビア語墨書が確認されるという）。北コーカサスのモシチェヴァヤ峡谷のアラン族酋長墓（八～九世紀）からは、同様の意匠を金絲で織り込むホラーサーン（イラン）産の錦衣が発見されており、しかも縁取りに「ソグド錦」を用いていた。要するに、マルコ・ポーロの『百万の書』がこんにち綿布と定義されるモスリン（イラク北部モスル産）をバグダードの「織金《ナスィーチュ》」や「渾金《ナク》」と同じ「金と帛の錦」とするのと似た現象で、伝統と流行の紋様を、その土地の条件に照らし綿・絹・金の糸からひとつあるいは複数選んで織っていたと考えればよいのだろう。左右対称の鳥獣丸紋の愛好はモンゴル時代まで続くが、連珠をクーフィー体アラビア文字、蓮華、雲龍等に替え、東西文化の融合を具現する。

チンギス・カンは、ホラズムシャー国への遠征の際、四嫡子のうち跡継ぎと目していた末子トルイとともにブハラやサマルカンドを攻略し、前者を中央アジア管区におけるトルイ家の「投下領」と定めた（北中国管区の「投下領」は大金国皇室の綾錦工房があった真定で、いまの河北省石家庄市）。すなわち、自身の部下を管理官に任命して税収や特産品等を一定の割合で受け取ったり、当地を本籍とする人々――特に医者・天文学者・工匠といった特殊技能の持ち主を本領や別の投下領に招聘・集団移住させて活用したりする権利を与えたのである。その影響か、トルイの嫡子のひとりクビライは、のちに大元大《イェケ》モンゴル国《ウルス》治下において、養蚕事業はもちろん、同じく高額の輸出商品に化ける木綿栽培を奨励した。陝西産の木綿は中央アジアのそれと遜色なかったらしい。クビライのもとでアラビア天文学による観測と暦の編纂、世界地図の製作を行ったブハラ出身のジャマールゥッディーンは、「撒答刺欺《サダラキ》」の織匠たちの管理も兼任していた。プラーノ・カルピニのジョヴァンニ修道士が報告する「ブカラン」とともに、「ザンダニーチー」の別称と考えるのが自然だろう。マフムード・カーシュガリーがアラビア語で著した『突厥語集覧』（一〇七七年）にも「サダラク綿布《ボズ》：錦織りの繊細な布《キャルバース》」とある。

購買者から専売者へ

ブハラの接収後、トルイはホラーサーンに進軍し、次々と重要都市を陥落させていった。現在アフガニスタンに属するヘラートもそのひとつであり、木綿の生産で知られていた。そしてやはりイラン管区におけるトルイ家の「投下領」となったようだ。サイフィー・ハラヴィー『ヘラート史記』（一三一八〜二二年）によれば、攻撃開始の翌日、城内からイッズッディーン率いる織匠二百戸が各々十反の高価な段疋を手に投降（別の箇所では百戸、各九反とする）、トルイに庇護を求めた。トルイはかれらをビシュバリク（新疆ウイグル自治区）の王室工房で金襴（織金・綉金）の製造に就かせ、現物と売上金を一族郎党で享受した。父がサマルカンド等で確保した織匠三千戸を蕁麻林《シーマーリーン》（内モンゴル自治区）なる新城市へ集団移住させた手法に倣ったのである。〝商人たちのお得意様〟から一転、会社経営に乗り出したわけだ。

しかし、モンゴル高原の広大な本領と強大な軍、巨額の富を占有していたトルイは、チンギス・カンの宝座を得た同腹の三兄オゴデイとかれを操る次兄チャガタイによって毒殺され、その兵馬と家産は侵食されていった。ビシュバリクの織匠とヘラートの権益も例外ではなく、オゴデイたちはチンギス・カンの旧妃で収継婚によりトルイに嫁いでいたクトルグアルミシュに接触し、チャガタイの支配するテュルキスターン内の五つの邑と引き換えに織匠たちを我が物とした。漢文資料も、同時期にオゴデイが〝西域の織金綺紋の工たる三百余戸〟を大同（山西省）の東の弘州に移動させ、腹心のチンカイに管理を委ねたと伝える。さらにトルイの正妃で遺産の大半を受け継いだソルコクタニ・ベキは、オゴデイの長子グユクとの再婚を勧められた。意図は明白であり、拒絶したかのじょは、息子モンケのために宝座奪還の準備を進めてゆく。

2　ファッションモードはカアンから

カアンのお四季施《しきせ》

一二四六年七月下旬、カラコルム郊外のシラ・オルドと呼ばれる美しい草原に設置された数千人収容の巨大天幕にて、大《イエケ》モンゴル国《ウルス》の第三代君主選出を主目的とした大聚会《イエケクリルタ》が始まった。テントの外では、即位式に来賓として呼ばれていた諸国の使節団が結果を今か今かと待ち受けていた。ローマ教皇インノケンティウス四世が遣わしたプラーノ・カルピニのジョヴァンニ、ポロニア出身のベネディクト修道士等の姿もその群れにあった。かれらは、討議の期間中、天幕に入ってゆく貴族・高官たちが全員一律に、初日は白、二日目は赤、三日目は青、四日目は金襴と、更衣していたことを報告する。

また、マルコ・ポーロの『百万の書』は、①クビライの誕生日と元旦の大宴会《イエケクリム》には、后妃・宗王・親戚・大臣・将帥・近侍から楽師・衛士に至るまで臣下全員が、精粗の差はあれカアンと同一色の衣冠を纏う、②カアンから各自に予め十三種の装束（金襴の帯と銀絲の縫いとりのある油靴を含む〔図30〕）が下賜されている、③側近中の側近たる宿衛《ケシク》の重臣の衣装には宝石や真珠を縫い込んだものもある、と述べる。

この宴会および衣冠は、ともにモンゴル語で単一の「色」を意味する「ジスン」を冠して呼ばれて

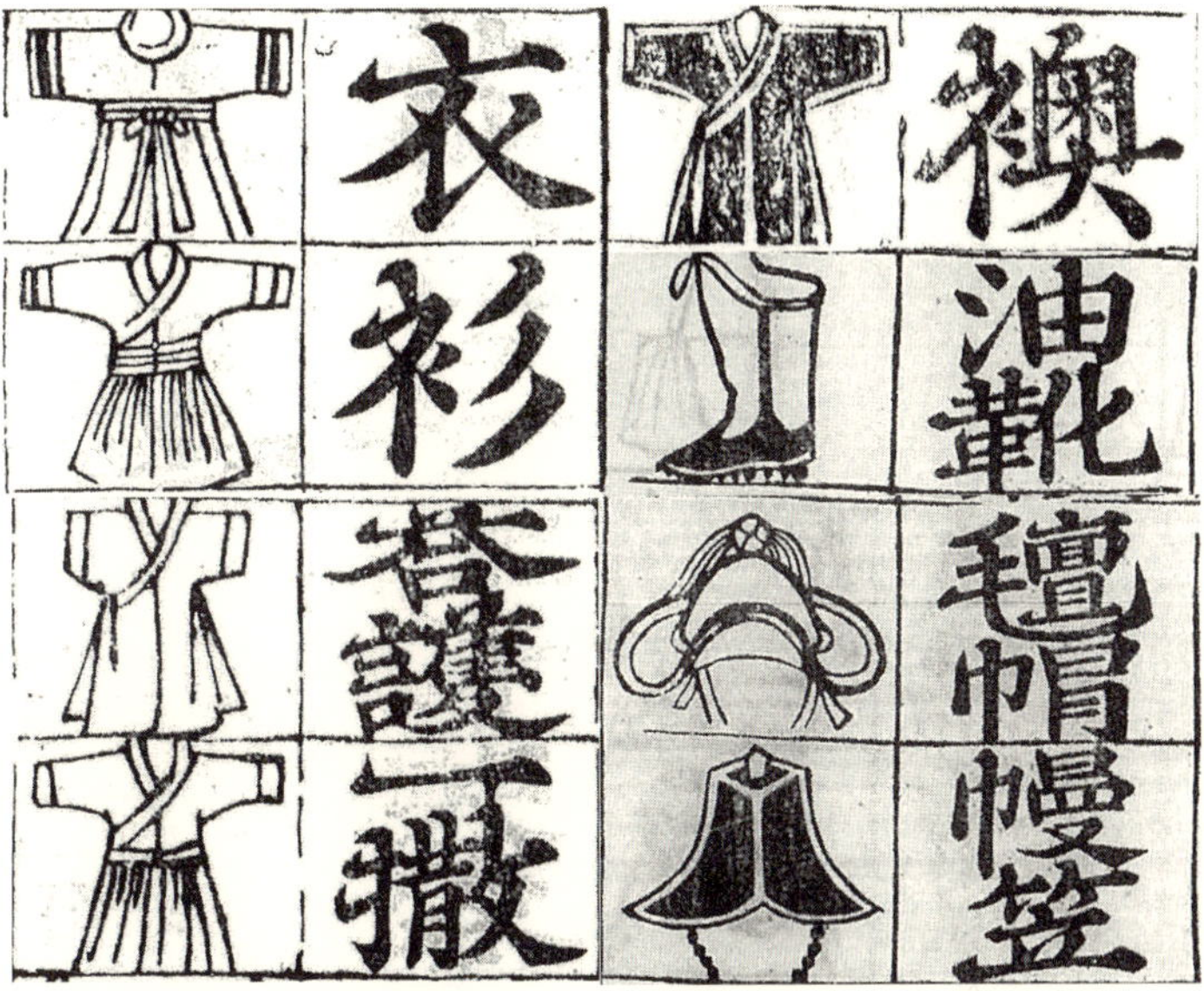

図 30　『魁本対相四言雑字』（1371 年刊）のモンゴル服
一撒《イサル》（略衣？）は曳撒・倚撒とも書くので，荅護《ダク》と同様モンゴル語の音訳だろう。高麗で編まれた通訳の教科書『（旧本）老乞大』に見える搭搭五児《タタルウル》と同じものかもしれない。

いた。アターマリク・ジュヴァイニーの『世界を開く者の歴史』によれば、第二代君主を決める大聚会・大宴会の時点ですでに、「四十日に亙って、全員が毎日別の色の新衣に着替えていた」。その新君主オゴデイは、大金女真国《ダイキムジュシエングルン》を滅ぼした一二三四年に、大聚会・大宴会に関する条令《ジャサク》を定め、「ジスン宴用の服を（華美を競い）体例どおりに縫製しなかったり、（夫とほかの女に）嫉妬し（周囲を興醒めさせ）たりした婦人は、裸馬か牛に乗せて部落《アイマク》中曳き廻しのうえ、その財産を纏め離婚せしめよ」と宣諭しており、とうしょは各自の家で縫製させていたようだ。

ラシードゥッディーンは『集史』第一部『ガザンの吉祥なる歴史』のモンゴル歴代君主の本紀にそれぞれ即位式の大宴会の絵を附しており、参加者の席順や服装等、とうじの輪郭を知るのに役立つ。ただ、どの写本においても美麗さを追求した「塗り絵」と化しており、「ジスン」の意義は無視ないし忘れ去られてしまっている（全日程を一枚に集約して表現したとも解釈できるが）。

漢文資料に見えるジスン宴の衣服

じつはこのジスン服、『経世大典』（一三三一年）にもとづく『元史』の「輿服志」によれば、十三種類どころではなかった。

カアンの場合、**冬**は①納石失《ナスィーチュ》（織金：細く切った金箔糸で模様を織り込んだもの）、②怯綿里《ケメルリク》（ペルシア語のhaml 翦絨《ヴェルヴェット》に由来する錦）の服なら金錦の暖帽、③大紅（緋）、④桃紅、⑤紫、⑥藍、⑦緑色の地の宝里《パオリク》（ペルシア語のpūl金銭紋に由来？丸紋錦）の服なら金銀以下七種の宝石で頂《てっぺん》を飾った冠、⑧紅、⑨黄の粉皮《なめし》の襖なら紅地に金絲紋の答子《にしき》の暖帽、⑩白の粉皮《なめし》の襖なら白地に金絲紋の答子の暖帽、⑪銀《オコ》鼠《ジョ》の毛皮の襖なら銀鼠の暖帽（一揃いに三百匹必要）を合わせる。①〜⑩のいずれの場合にも銀鼠の比肩掛（裏地と前紐つきの答忽《ダク》）を羽織る。**夏**は①答納《タナ》（アラビア海の大粒真珠）を（肩から胸背にかけて）縫いつけたナスィーチュの服なら頂に宝石・金鳳を飾った鈸笠、②速不《スブト》（アラビア海の小粒真珠）を縫いつけたナスィーチュの服なら（東方）真珠を鏤めた捲雲冠、③ナスィーチュの服ならナスィーチュの帽子、④（東方）真珠を縫いつけた大紅のパオリク、⑤タナを縫いつけた紅の毛織の服なら（東方）真珠で縁取りした鈸笠、⑥白地に金絲の毛織のパオリクの服なら白藤に宝石を通して房にした白い帽子、⑦駝褐色の毛織のパオリクの服なら前項と色違いの帽子、⑧大紅、⑨緑、⑩藍、⑪銀褐、⑫棗褐の五

図31　カアンたちの肖像画から類推されるジスン服

左から冬服①か②を着用するトクテムル，五爪双角纏身龍の冬服②と⑪の組み合わせに7種の宝石を鏤めた帯のクビライ，五爪双角纏身龍か五爪双角雲袖襴の夏服⑭に藍色の羅の答忽《ダク》を重ねるコシラ，夏服①に白地の答忽を重ねる某君（『集史』の写本から切り取られた挿絵のため，どの君主か不明）。『元代帝后図冊』の半身像と『ディーツ画帖』収録の挿絵は原画を“模写”したもので金彩紋様が省略されている。クビライの被る暖帽の頂には孔雀の羽ないし金鳳の飾りが見える。なお全員がタナや紫のヤークートの耳環をつけている（『公主的雅集——蒙元皇室与書画鑑蔵文化特展』台湾国立故宮博物院，2016 年，p. 56, p. 160／*When silk was gold: Central Asian and Chinese Textiles*, The Metropolitan Museum of Art, 1997, p. 95／*Dschingis Khan und seine Erben: Das Weltreich der Mongolen*, Hirmer Verlag, 2005, p. 258）。

色の羅に龍の金繍を施した服なら頂に鳳の金細工を飾った同じ色の笠、⑬龍の金繍を施した青の羅の服なら頂に鳳の金細工を飾った漆黒の紗冠、⑭珠子褐の地色に宝珠を持つ七匹の龍紋を織り込んだ答子《にしき》の服なら黄色の牙忽《ヤークート》（ジルコン）・各種宝石・（東方）真珠の顎紐を附した後簷帽、⑮金絲で飾った青の速夫《スーフ》（西域の精緻な毛織物）の服なら七種の宝石の顎紐・漆黒の紗を附した後簷帽（図31）を合わせる。

百官のジスン服の場合、**冬**は①大紅のナスィーチュ、②

大紅のケメルリク、③大紅の官素《ゴンス》（ペルシア語のgūn諸色に由来する緞子?）、④桃紅、⑤藍、⑥緑の官素、⑦紫、⑧黄、⑨鴉青。**夏**は①素《す》のナスィーチュ、②刺繍パオリクのナスィーチュ、③蛤珠（渤海産の真珠）を縫いつけた棗褐色の地の渾金《ナク》間絲、④パオリク紋の大紅の官素、⑤大紅の地色に明珠紋の答子《にしき》、⑥桃紅、⑦藍、⑧緑、⑨銀褐、⑩雲肩・通袖（肩周りと袖全体）に紋様を配する鴉青色の高麗産の羅、⑪駝褐、⑫茜紅、⑬白色の毛織、⑭パオリク紋の鴉青色の官素。多様な宗教・部族に配慮してか、笠・帽子は任意だったようで、『集史』の挿絵とも合致する。

なお、ジスン服とは別に、大元ウルスの朝廷では、朝服、官服、祭服が設定されており、帳幕《オルドゲル》、車輿、馬具、食器等についても位階ごとに規定が定められていた。

一点ものにこだわるカアン、真似したがる臣下

これらの衣服の各「色」や紋様についてはさらに細かい規定があり、柳芳緑、鶏冠紫、迎霜合（白?）、梔紅、紅白の閃色、臙脂紅は、カアン以外は身につけることを禁止されていた。『大元通制』や『大元聖政国朝典章』には、服装規定に関する議論、聖旨がいくつか収録されている。

大徳元年三月（一二九七年六月）、不花帖木児《ブカテムル》の奏に「街市で売る的の《ところの》段子には、上位《うえさま》が穿《き》る的《ところ》の御用の大龍に似る、則ち一箇の爪児《つめ》を少なくした四箇の爪児《つめ》の的《もの》を織っ着《て》売って有《い》る」と奏した呵《ら》、（中書省の）暗都剌《アブドゥッラー》右丞、道興《ダウヒン?》尚書の両箇《ふたり》が欽奉セル（テムルの）聖旨《ジャルリク》に「胸背の龍児的《たつの》段子を織る呵《なら》、事に礙《さわら》ず（大事ない）。織ら教《し》め者《よ》。咱毎《われら》の穿《き》る的《ところ》の段子に似る纏身の大龍を織る的《もの》は、完沢《オルジェイ》

根底《に》説《い》っ了《て》、各処に遍《あまね》く文書を行《くだ》して禁約し休《な》織り者《そ》」と。此レヲ欽シメ。

カアンと臣下の会話は当然ながらモンゴル語で行われており、その金言は一言一句違わず忠実に翻訳すべきという考えから、モンゴル語の語順どおりに口語の漢語語彙で直訳されていた。中国人にとっては奇妙な文体だが、同じ言語体系に属する日本人はそのまま頭から訓読してゆけば理解できるようになっている。禁止の「〜するな」は、古文の「な〜そ」と同じ構造である。

じつは前年、「上位《うえさま》が穿《き》る的《ところ》の一般《ような》段疋は、那裏《いずこ》を揀《えら》ばず休《な》織り造り者《そ》。衆人根底《に》都《みな》省諭せ者《よ》」と通達を出していたのだが、街中での違反例が報告されたのである。「大龍」は五つの爪と二つの角を持つ龍を指し、カアンのみが着用できた。「纏身の龍」は、全身——胸背、雲肩（肩周り）、通袖（腕）、膝に纏わりつく龍の紋様を指す（現代中国語では「帯状疱疹」！）。五爪の蟒龍《おろち》（角が無い）や四爪の（小）龍の「纏身龍」「雲袖（帯）襴」（胸背・雲肩・通袖に紋様）、全身に丸紋を配する宝里《パオリク》、答子《にしき》等は、王族・重臣たちのジスン服として、朝廷直轄の工房で製作・管理されていた。背中と胸のみの四爪の龍紋なら、〝偽ブランド〟なのは誰の眼にも明白だから、市販して構わぬという判断だったのだろう（商税はしっかり徴収しただろうが）。同時に、ジスン宴に招待してもらえない官僚たちや、ジスン宴を見聞した外交使節団が、せめて似たものを着てみたい、お土産として本国に持ち帰りたいと買い求めていた様子が窺える。

いっぽうでこの同じ年に、朝廷工房の王某《なにがし》がテムルのために新型の黒い細かな紋様の入った「斜皮帽」を献上したのだが、テムルはこの帽子がとんでもなくお気に召したらしく、「今後、這《こ》の皮帽の様子《ようなの》は休做《なつく》り人に与え者《そ》。人に与えた呵《ら》、你《おまえ》は死ぬ也《ぞ》。如今《いま》、街下で休做《なつく》り者《そ》。做《つく》る的《もの》、帯びる的《もの》は扎撒《ジャサク》裏《に》入去せ交《し》め者《よ》」と宣うたのだった。「俺以外が被っていたら殺ス」という脅しである（それまでは、クビライが被っていた愛妻チャブイのお手製の前簷帽が流行）。次のカイシャンも帽子の頂の飾り等で御洒落を楽しんでいた。あるとき、モンゴル帝室最大の姻族コンギラト部のジョアバラ駙馬（カイシャンの同腹妹サンガラギ公主の夫）が唯一無二のはずの新型皮帽子を得意気に被っているのを見て、さてはとお抱え職人を詰問した揚げ句、側近に「今後、我が帯びる的《ところの》皮帽の様子《ようなの》を街下で休《な》縫わ交《し》め者《そ》。這《こ》の皮帽を縫った底《ところの》人は、留守司の官人毎《ノヤンたち》に分付《もうしつ》け与え、好生《よくよく》街下に号令を下し了《おわったら》呵、罪過を要《もと》め者《よ》」と申しつけている。さすがに死罪までは宣告しなかったようだが、一点物にこだわるあたり、ディズニー映画『一〇一匹わんちゃん』のクルエラさながらだ。ジョアバラもジョアバラで、義兄の帽子が羨ましくて抑制が利かず、職人を探し出して札束を積んだと見える。同じコンギラト家出身のダギ太后とサンガラギが庇ってくれると踏んでいたのだろう。

3　消化・継承されるファッション

平話・雑劇のなかのモンゴル服

カアンが主催するジスン宴への参加を認められ、衣服を下賜されることは、大変な栄誉と看做されていた。それでなくとも、中央・地方を問わず、モンゴル、ウイグル、ムスリム官僚等との交流は、就職・出世の足がかりとなるため、かれらへの挨拶、酒席での乾杯・食事などの礼儀作法、さまざまな料理のレシピが挿絵入りの百科事典『事林広記』『居家必用』に収録された。モンゴルの風俗は、駙馬《グレゲン》（婿殿）の国となった高麗はもとより、旧南宋領でも急速に浸透していった。

一三二〇年代に福建で刊行され、高麗の官僚および日本の僧侶も読んだ『全相秦併六国平話《ぜんそうしんへいりっこくへいわ》』や『全相三国志平話』（国立公文書館内閣文庫蔵）は、口語混じりの文体の歴史小説で、全頁の上三分の一に挿絵を配する。挿絵に厳密な時代考証はなされておらず、版元の虞《ぐ》氏務本堂《むほんどう》と関係者（呉俊甫《ごしゅんほ》、黄《こう》叔安《しゅくあん》等）がじっさいに目にしていた建物、調度品、衣服、古画等が反映されている。佐々木道誉等のバサラ振りを先取りするかのごとく、登場する武将たちはしばしば曲彔《きょくろく》の上に豹の皮を布《し》く。しかし、一目でモンゴル式とわかる辮線・袴褶《ひだ》の衣服は、匈奴《フンヌ》の単于《シャング》とその配下、諸葛亮の「七縦七擒」で有名な雲南の酋長孟獲《もうかく》の使者にしか着せていない（図32）。

図 32　錦繍の宮帳で宝里《パオリク》（金銭紋・丸紋錦）を纏う匈奴《フンヌ》の単于《シャング》と辮線・袴褶の部下たち

国立公文書館内閣文庫蔵（『全相秦併六国平話』より）。

いっぽう同じ口語体の文芸に、大《イェケ》モンゴル国《ウルス》の興隆と歩みを同じくして、旧大金女真国《ダイキムジュシェングルン》領の官僚や全真教教団の道士たちの関与のもと急速に発展した「雑劇」と呼ばれる四幕構成の歌劇《オペラ》がある。アターマリク・ジュヴァイニーの『世界を開く者の歴史』にはオゴデイが漢児《キタイ》の俳優たちの寸劇（院本）を鑑賞した逸話が記されており、大元ウルスの宮中にも「教坊司《きょうぼうし》」という歌舞音曲や雑伎を提供する部局があった。この「雑劇」も、各種接待の場ではカアン、王族、官僚、外交使節団たちの、道観などで実施される神霊への奉納の際にはより多くの階層の見物客の耳目を娯しませたことだろう。

残念ながら大元時代に刊行された三十種の台本は、歌曲の部分しか載せていないものが多く、舞台で登場人物がどのような衣装を纏っていたかは知り得ない。しかし、大明朝廷に受け継がれ随時改変されていった数十点の台本は、台詞とト書を完備し、役者たちの衣装の指示書を付すものもある。

たとえば山東東平府の官学の学生だった高文秀《こうぶんしゅう》の作品「劉玄徳独り赴く襄陽《じょうよう》の会」、出版業が盛んだった山西平陽の出身で杭州路の書吏を務めた鄭光祖《ていこうそ》の「虎牢関三たび戦う呂布」では、漢王室の末裔のはずの劉備や劉表が奓簷《しゃえん》帽（裾広がりの日除け帽）を被り、胸背に蟒龍《おろち》の紋様がある「蟒衣曳撒《イサル》（一撒）」を纏い、「褡膊《ダク》（答護）」を羽織る。関羽、張飛は色違いのほぼ同じ衣服に頭巾姿、趙雲も膝周りに刺繍をぐるりと施した「膝襴曳撒」、袁術や公孫瓚《こうそんさん》は鳳凰が翅《つばさ》を広げた形の盔《かぶと》、呂布《りょふ》は雉雞《きじ》の翎《はね》飾りの三叉冠だが、やはり曳撒を纏う。蔡瑁《さいぼう》に至っては膝襴貼裏《デエル》（モンゴル語の衣）の着用に及ぶ。曹操のみ兎児《うさぎ》の耳型の「角《つの》幞頭（折上巾《づきん》）」を被り、「補子（文武の官僚が胸背に付ける品級別紋様のゼッケン）円領《まるえり》」の衣装を纏うが、「角幞頭」や「鳳翅《おおとりつばさ》の兜《かぶと》」は、モンゴル朝廷の祭礼・儀式の場で儀仗・音楽隊が着用する制服として採用されたものである。ようするに道士の出で立ちの司馬徽《しばき》と龐徳公《ほうとくこう》以外、明らかにみなモンゴル時代の衣冠なのだ。ほかの演目においても状況は変わらない。これらの台本は大明万暦年間の整理を経ているが、「曳撒」や「貼裏」がいかなる形式のものか、説明不要だったのである。

大明時代に継承されたモンゴル服

洪武帝は即位当初、一般人に向けて「辮髪椎髻《おろしがみ》」「胡服」「胡語」「胡姓」を禁じ「中国の旧に復する」詔を発令した。それを承け、『対相四言雑字』の「人」の絵は「幔笠」と「答護」の出で立ちから儒者風に描き直される（図33）。しかし永楽年間に朝廷内で改訂・出版された字書『（草字）砕金《さいきん》』（台湾国立故宮博物院蔵）は、地名や官職を最新情報に改訂したにもかかわらず、布帛や衣服の項から「納失失《ナスィーチュ》（織金）」「渾金搭子《ナクにしき》」「通袖膝襴」「煖帽」「褡護《ダク》」「曳《イ》

図33　大明時代における一般「人」の衣服の変化
『魁本対相四言雑字』（右）から『新刊対相四言』（左）へ。

撒《サル》」「腰線《ブチ》」「辮線」「繋腰《けいよう》（卝印籠）」等の語を削除していない。宦官・衛士の制服や北のモンゴル朝廷への贈物として製造され続けたからである（「ジスン服」の原義は歳月の経過とともに忘れられたが）。

大明《ダイミン》末期の政治家の王世貞《おうせいてい》（一五二六～九〇）は、永楽、正統、景泰の三帝が「北虜」（モンゴルに対する侮蔑語）の宮廷に貢いだ莫大な量の金品を『弇山堂別集《えんさんどうべっしゅう》』に列挙している。「金絲で膝襴に四爪の蟒龍《おろち》、全身に八宝紋様を織り込んだ衣」「青地に透かし紋様の入った對襟の曳撒」「雲肩（肩周り）・通袖（腕）・膝襴に宝相花《ほうそうげ》（西域由来の花唐草）の金箔丸紋の衣」「五色の綾絹に紵絲《あさいときぬいと》で蟒龍を縫い取った直領（交叉・右衽）の褡護・曳撒・比甲（クビライの正后チャブイが創製したとされる男女共用の袖無し陣羽織）・貼裏のセット」「黄金の台座に宝石を嵌めこんだ絨氈帽」「帽子の頂につける大鵬の飾り」「犀皮に金粉で麒麟の絵を施した繋腰」「皂《くろ》の麂皮に藍色の銅線の飾りのある（油）靴」といった衣服のほか、「塔納《タナ》（アラビア海産の大粒真珠）一千六百顆」「帳房《チャチル》」、モンゴルの宴会で用いられる各種楽器、モンゴル語訳『孝経』なども見える。しかも、王世貞は別の著作で、

袴褶は「戎服」（遊牧民が着る戦闘服）だ。短袖か袖無しで、衣の中央部分で横褶の切りかえがあり、

その下から縦褶を入れる。袖が長ければ「曳撒」と看做し、腰の切り替え部分が横に一本線なら「程子衣」といい、切りかえ線が無ければ「道袍」とか「直掇《じきとつ》」という。この三つは娯楽時に常用されてきた。しかし近年、「程子衣」と「道袍」はどちらも簡略に過ぎるとして、士大夫の宴会では必ず「曳撒」を着用するようになった。「戎服」をもてはやし「雅服」を軽視するもので、自分は従っていない。

との皮肉な趨勢も書き遺している。

錦繍の禽獣の西遊と繁殖

ところで、大元ウルス治下の『全相秦併六国平話』と同様の現象は、フレグ・ウルスにおいても確認される。

『世界を開く者の歴史』がしばしば引用するアブー・カースィム・フィルダウスィーの『王書《シャー・ナーマ》』（一〇一〇年）は、「イスラーム到来以前のペルシアの歴史」を詠った叙事詩で、ペルシア文学の古典として名高い。フレグ・ウルス治下にあっても愛読され、のみならず『王書』の続編たることを目指した韻文のモンゴル史も数種、編まれている。

一三三〇年代に製作された『王書』の写本の挿絵《ミニアチュール》は、いにしえの英雄たちにフレグ・ウルスの王族たちの姿を投影する（その挿絵の美しさの故に、一葉一葉が佐竹本「三十六歌仙」のように離散した）。トプカプ宮殿の『宮廷画帖《サライ・アルバム》』にのこる〝人類最初の王〟カユーマルスは、劉貫道《りゅうかんどう》「世祖出猟図」（台湾国立故宮博物院蔵）のクビライの外套に似た銀鼠《オコジョ》の答護《ダク》（半袖の皮襖で襟と袖口は黒貂）を羽織る。スミソニ

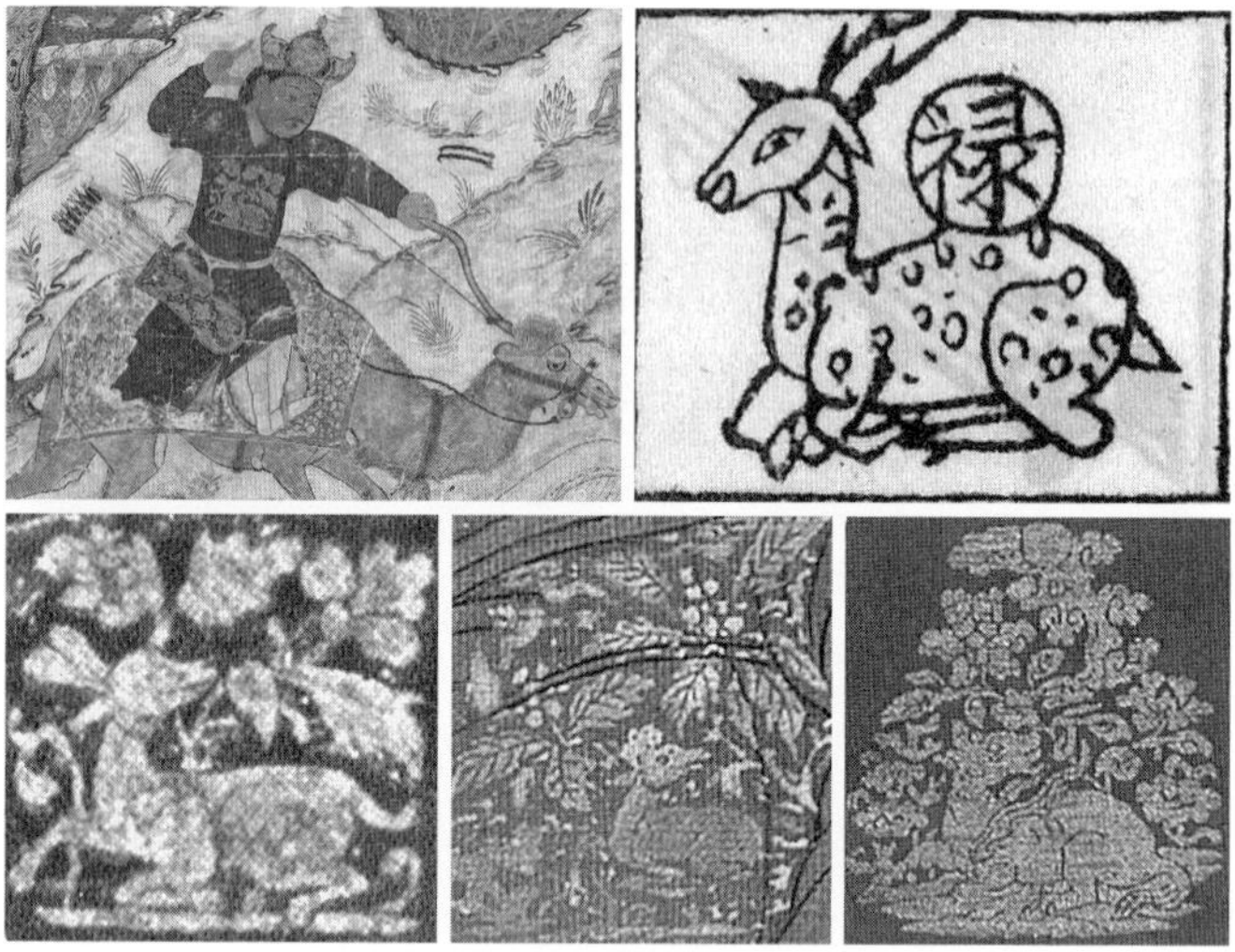

図 34　『王書』に描かれた伏鹿紋様の起源

（『魁本対相四言雑字』「鹿」／Komaroff, L. & Carboni, S.（ed.）, *The Legacy of Genghis Khan: Courtly Art and Culture in Western Asia, 1256–1353*, The Metropolitan Museum of Art, 2003, p. 68, p. 98／『公主的雅集――蒙元皇室与書画鑑蔵文化特展』台湾国立故宮博物院，2016 年，p. 16）

アン博物館の一葉「バラモンを訪問するイスカンダル大王、およびイスカンダル大王への復讐の機を窺うタイヌーシュ王子」のそれぞれの答護の胸背・雲肩の金絲紋様は、「世祖出猟図」の鷹匠《シバウチ》――カンクリ王族の末裔ナリク、ジルガク、ジルガスン三兄弟のそれと似通う。ハーヴァード大学の一葉「駱駝に騎乗して野生の驢馬を射るサーサーン朝ペルシアのバフラームグール（ヤズダギルド一世の子）」（図34左上）は、胸背の部分に金絲で「伏鹿」を織り込んだ臙脂紅ないし鶏冠紫に近い色の衣（図34左下）を纏う。これも「世祖出猟図」のカンクリ族のバヤンの大紅（緋色）の衣（図34中央下）と合致する。

「福禄」に通じる「伏鹿」（図34右上）

図 35　（左）『集史』に描かれたモンケ・カアンの衣（右），モンゴル高原の王侯貴族墓から出土したナスィーチュの衣

『集史』写本の挿絵では君主は褡護《ダク》を着用することが多い。帯は黄金に宝石を鏤めたものであったはずだが省略？したか塗り忘れている。しかし胸から肩にかけて金糸で施される刺繍は，出土・伝来する実物の意匠ときわめてよく似ている（フランス国家図書館蔵。*Ǧāmiʿal-Tawārīḫ*, MS: Paris, suppl, persan 1113, f. 172a／モンゴル国立博物館蔵。https://a24now.com/2021/04/ancient-deel-clothing-dating-back-to-the-mongol-empire/ 2024 年 3 月 31 日閲覧）。

は、後漢の時代から吉祥の意匠として好まれ、皇太子の車等に用いられていたらしい。大金《ダイキム》国《グルン》のものとされる「伏鹿」の織金の現物（図34右下）がクリーヴランド美術館に蔵されている。バフラーム王に着せられた衣は、大元ウルスのカアンからフレグ・ウルスへの下賜品と見てよいだろう（「伏鹿」の紋様は、龍、鳳凰などとともに、フレグ・ウルスの夏の王宮――タブリーズ市南郊「ソロモンの台座《タフティ・スレイマーン》」のタイルにも用いられた）。

ましてラシードゥッディーンが編纂した『ガザンの吉祥なる歴史』（のち『集史』第一部に収録）の献呈本なら、画匠が宮廷内で見たとおり忠実に描かれていたはずである（図35）。じっさい、ティムール朝の写本（フランス国家図書館蔵）に見える龍、鳳凰、宝相花紋様の織金・渾金・繍金、青花磁器などの衣服・調

図 36　イタリア半島のファッション・デザインに変革をもたらしたモンゴルの高級織物

上段：（左）帳幕の装飾に使用された龍・鳳凰紋の布地。中央アジアないしフレグ・ウルス製。デイヴィッド・コレクション蔵。

（右）ローマ教皇ボニファティウス 8 世（在位 1295-1303）の法衣。アナーニ大聖堂宝物館蔵。

下段：（左）フレグ・ウルスで織られた蓮華宝珠紋の布地。ベルリン州立博物館蔵。

（右）“タタル（モンゴル）やテュルク等の地紋・意匠を織りなした絢爛たる綾布”を『神曲』で比喩に用いたダンテ・アリギエーリ（1265-1321），ルネサンス絵画の祖とされるジョット（1266-1336）等の庇護者だったヴェローナの君主スカーラ家のカングランデ 1 世（1291-1329）——“大型犬”の謂いとされるが“大カン”も意識しているだろう——の墓から発見されたヴェネツィア製の蓮華宝珠紋の衣。ヴェローナ美術館蔵。

（*The Legacy of Genghis Khan*, p. 45, p. 172／Santangelo, A., *The Development of Italian Textile Design From the 12th to the 18th Century*, Zwemmer, 1964, Colorplate19, 23）

度品は、モンゴル時代の遺物・記録とよく対応する。イエメンのラスール朝アフザル国王（在位一三六三～七七）の六カ国語辞書にも、金襴・龍の衣、褡護《ダク》、貼裏《デエル》等が収録されている。ジョチ・ウルスやフレグ・ウルスの宮廷を訪れたフランク諸国の外交使節・商人たちは、これらの高額商品を本国に持ち帰り、紋様をヨーロッパ好みの意匠に替えた模倣品の国内生産も盛んとなる（図36）。結果、十四世紀のヨーロッパ絵画はキンキラキンに輝き始めるのだ。

【附記】
トスカーナ地方のコッレ・ディ・ヴァル・デルサ出身のチェンニーノが十四世紀末～十五世紀初に著した『（絵画）技法の書』は、ジョットを模範とする人体・衣服等の彩色について詳細に語り、とりわけ金箔の扱いに多くの紙面を割く。

VI　飲めや歌えやの大宴会

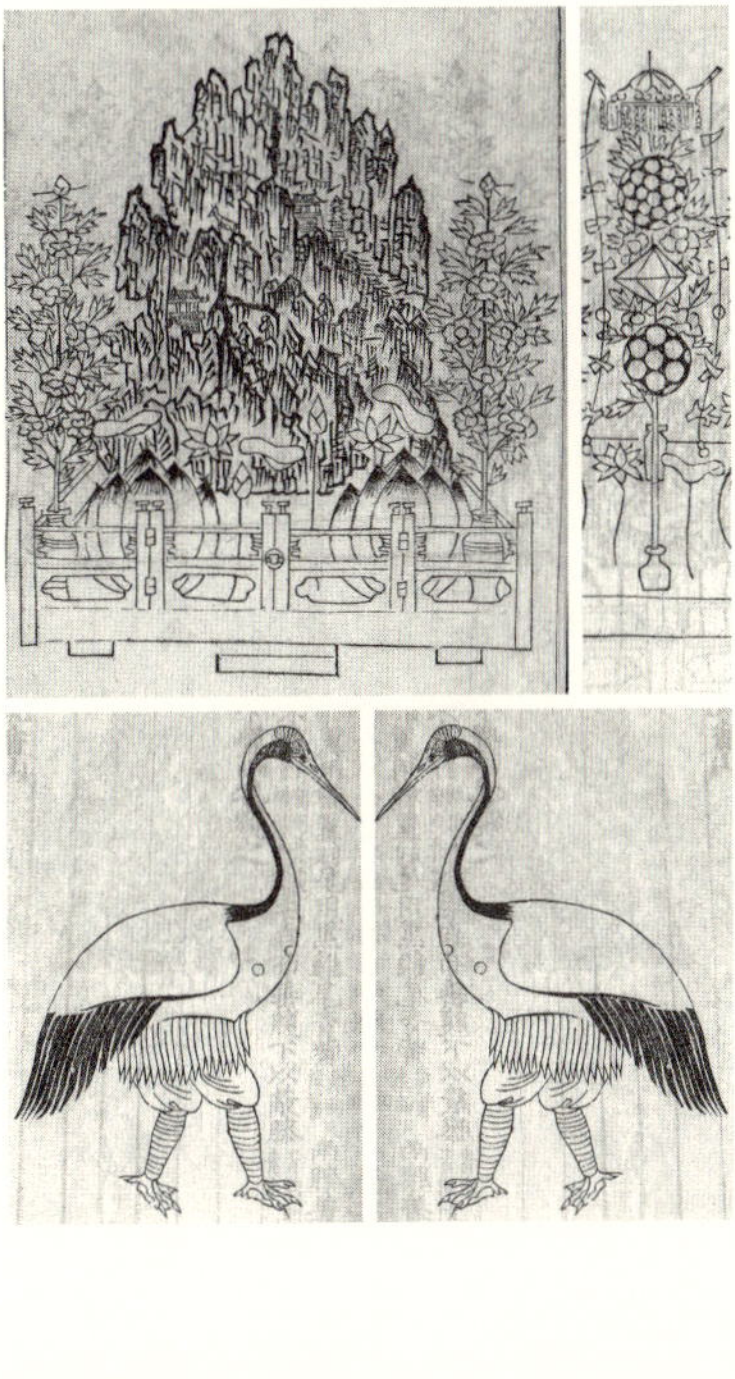

【Ⅵ　扉図】

（上・左）「沈香山」「池塘板」の簡易舞台セット（七宝灯籠の設置前の状態）：中国式寝台型の「沈香山」（背もたれ部分は寺塔・僧仏・麋鹿等の像を嵌めこんだ木刻の山峰）の前方に「池塘板」（七宝灯籠・造花を挿した７つの花瓶・２つの大蓮華型の鉢を置き，蓮華の花と葉を植え付けたもの）を設置。

（上・右）七宝灯籠：マムルーク朝・ビザンツ帝国等から将来されたエナメルガラス（七宝水晶）のランプ？　欄干中央部・蓮華鉢のあいだに置く。

（下）着ぐるみの鶴：竹の枠組みに布・紙・白い唐雁・鸛《コウノトリ》の羽毛・黒い鶏の尾を使用。

大元ウルス朝廷では，モンゴルの王侯貴族や百官が参内する元旦，天寿節（カアンの誕生日），各種朝会の儀礼が終了すると，宴会に突入した。それぞれ定型の舞楽が提供されることになっており，その概容――楽曲・衣装・面具等が『元史』の「礼楽志」に整理されている。天寿節には，「十長生」（Ⅶ章４節参照）金字の福禄牌・梅・竹・松・椿・石等の小道具，烏鴉や亀・鶴の着ぐるみを着用した者が登場したらしい。各路・府・州・県の官庁でもこの祝日のために舞楽や百戯を用意し，国を挙げて楽しんだ。1493年編纂の朝鮮王朝の成俔《せいけん》『楽学軌範』（京城帝国大学旧蔵，古典刊行会，1933年影印）には，そうした舞楽の小道具の材料・製造法が図とともに詳しく解説されており，参考になる。ちなみに，ティムール朝のシャールフ一家が大明《ダイミン》の永楽帝のもとに派遣した外交使節団の一員，ギヤースゥッディーン・ナッカーシュは，1420年，大明の西の玄関口たる粛州（甘粛省）の官庁で受けた接待の場で，laglag老鸛《コウノトリ》の着ぐるみの舞楽を見ている。

1　オルガンの調べに乗せて

大宴会を盛り上げる諸楽器

新君主の選出や軍事遠征など大事案を議論する大聚会《イエケクリルタ》開催後の大宴会《イエケクリム》の場では、参加者がモンゴル諸王、駙馬《グレゲン》、貴族、重臣およびかれらの妻子等、内輪《うちわ》に限定されることもあり、主にモンゴルの伝統的な歌舞音曲が提供されていた。陶宗儀《とうそうぎ》の随筆『南村輟耕録《なんそんてっこうろく》』（一三六六年）は、

カアンの開催する大宴会ではふつう、ひとりが酒觴《さかずき》を手に階《きざはし》の右側に立ち、ひとりが拍板《びんざさら》を手に階の左側に立つ。後者が声に抑揚をつけて「斡脱《オトク》（進酒）」と告げ、前者がその声に唱和するように「打弼《タビク》（献杯）」と応じる。後者が合図に一拍するのに随って、諸王、駙馬、貴族・大臣が座るべき者は坐り、立つべき者は立つ。この段階で諸楽器の合奏が始まり、それから御酒を奉じてカアンの御前へ参上、カアンが飲み終わり、觴を返し授けると、諸楽器の演奏は一斉に止む。別の楽曲を奏でて、陪席の官人《ノヤン》たちに飲ませるのを（含め「賜杯の儀礼」全体を）「喝盞《オトク》」という。

と伝える。音楽を伴った酒席の儀礼は、カラコルムのグユク、モンケの宮廷を訪れたプラーノ・カル

図 37　墓室に描かれたコプズ
陝西省蒲城県の大朝国至元六年（1269）張按答不花《アンダブカ》夫妻合葬墓（『中国出土壁画全集⑦』科学出版社，2012 年，p. 464）。

図 38　『集史』に描かれた鳳首箜篌，琵琶，拍板
（*Diez Album*, Fol.70-S.23, *Dschingis Khan und seine Erben: Das Weltreich der Mongolen*, München, 2005, p. 263）

ピニのジョヴァンニ、ルブルクのギヨームの報告書とも符合する。

使用楽器は「興隆笙」のほか、弦楽器 箏《ヤトゥガン》（十三絃）、箏《そう》（軋箏。七絃）、琵琶《ピパ》（四絃）、火不思《コブズ》（木製《モドゥン》シュトルグ。四絃、図37）、胡琴《キキリ》（奚琴。二絃）、鳳首箜篌《こうこう》（二十四絃、図38）。打楽器 拍板《チャルギ》（図38）、鼓《キョルゲ》、杖鼓、札鼓、和鼓、水《すい》盞《さん》（卓に並べた十二の水入り銅椀と鉄箸）、方響（十六枚の鉄牌と二本の槌）、雲璈《うんごう》（雲鑼《デュダルマ》。十三面の小鑼と小槌）。管楽器 龍笛（七孔）、簫管（五孔）、羌笛《きょうてき》（三孔）、頭管（篳篥。七竅）、笙（十三管）。

これらの楽器の概容は、『経世大典』（一三三一年）で解説され、『元史』（一三七〇年）の「礼楽志」に踏襲された。朝鮮王朝において編纂された『楽学軌範』（一四九三年）、日本の『唐舞図』（通称『信西入道古楽図』）や安倍季尚『楽家録』（一六九〇年）、北宋の陳暘《ちんよう》『楽書』の「楽図論」（胡・俗両部、一三四七年重刊）、大明《ダイミン》末期に王圻《おうき》が編纂した『三才図会《さんさいずえ》』、大清満洲国《ダイチンマンジュグルン》乾隆年間に編まれた『御製律呂正義後編《ぎょせいりつりょせいぎこうへん》』や『皇朝礼器図式』などに絵図が載る。大清グルンの実態は、大元ウルスの末裔たちとの連合政権であり、『御製律呂正義後編』収録のリンダン・カアンの宮廷楽曲——「笳吹楽章」六十七章、「番部合奏楽章」三十一章のモンゴル語・マンジュ語・漢語三体の譜面（工尺譜）のうちいくらかは、十三世紀まで遡り得るともいわれている。じっさい、『元史』の諸楽器は、一九〇六年に鳥居龍蔵・きみ子夫妻がカラチン王府で撮影した楽隊のそれと概ね一致する。さらにフレグ・ウルスの後継勢力たるジャライル朝、ティムール朝に仕えたマラーガ出身のアブドゥル・カーディル（一三五七～一四三五）が、『音楽集成《ジャーミウルアルハーン》』『音楽の目的《マカーシドゥルアルハーン》』において列挙・解説した楽器ともよく呼応する。

興隆笙の正体

もっとも、合奏においてコンサートマスターの役割を担っていた「興隆笙」（興龍笙）だけは、現物が大明、大清朝廷に伝来しなかったのか、図示されていない。

この楽器は、クビライが即位して間もない中統年間（一二六〇～六三）に、〝回回《サルタウル》（西域の商賈）の国〟から、おそらくはフレグ・ウルスを介して献上されたもので、大都《ダイドゥ》（いまの北京）の宮城内の各種大式典を執り行う会場——大明殿《だいめいでん》に設置された。陶宗儀と『元史』の編纂を主導した王褘《おうい》もこの楽器について言及しており、それらの情報を総合すると、パイプオルガンらしい。

全体は折り畳み式屏風——鳳凰が翅を広げたような形状を持つ。正面の背板の上部は三角形で、カラクリ仕掛けの二羽の孔雀（木製。羽はほんもの）が陣取る。背板の三分の一の高さの左右の側板ともども楠材を使用、花唐草や孔雀の彫刻・金彩が施されている。三枚の板が取り囲む幅〇・九メートル

図39　14世紀イタリアの書物に描かれた2種類のオルガン
（左）『交唱聖歌集』スペッツィア市立図書館蔵，（右）『音楽書』ナポリ国立図書館蔵（*La Vita Medioevale Italiana nella Miniatura*, Roma, 1960, p. 82, p. 87）。

余りの空櫃の上部には瓢笙のように横十五行×縦六列の紫竹の管が挿してあり、各管の先端は木製の蓮の蕾で塞いである（櫃の底から管の先端まで約一・五メートル）。櫃の上部向こう側に小さな棒杭（鍵盤）が十五個出ていて、その上に小管が立ち並び、管の先端は銅製の杏の葉で塞いである。台座には獅子・象があしらわれ、櫃の手前にも背板と同様の飾り板があって、櫃と板のあいだにふたつの皮製の風入れ口が出ている。使用時には、台座の前に朱漆の小架を設置し、風入れ口に風嚢（鞴《ふいご》）を繋ぐ。この鞴の表面には琵琶のように朱漆で紋様が施されており、柄がついている。楽工《コルチ》のひとりがこの鞴を動かし、もうひとりが十五の小管を押すと、竹製の簧《した》（空気弁）が自動で音色を調整して鳴る（図39左）。三人目がカラクリを動かし孔雀を音楽に合わせ舞い踊らせる（のちに大元ウルス朝廷の楽団を統括する玉宸楽院《ぎょくしんがくいん》の判官鄭秀《ていしゅう》は、このオルガンをもとに音律等の改良を試み、アユルバルワダのために十台製造したが、孔雀の仕掛けは罷めた）。

オルガン本体は、フランク諸国——フランチェスコ修道会やドミニコ修道会、黒海周辺のビザンツやグルジアから持ちこまれ、そのご大元ウルス朝廷の工房で宮殿の内装に調和するように漆や螺鈿を施した可能性が高い。一三三〇〜四〇年頃にジェノヴァで編まれた『コカレッリ家の雑纂書』は、フレグ・ウルスあるいはジョチ・ウルスの朝廷での見聞や『集史』の細密画等を取り込んでいるが、その一葉にモンゴルの君主が酒碗を手にパイプオルガンとモンゴルの伝統楽器の合奏に耳を傾ける場面が描かれる（図40）。

ルブルクのギヨームによれば、モンケの宮廷にも、ローマ教皇およびフランク某国の使節を名乗るテオドロスが、アルメニアで購入したオルガンを齎《もたら》していた。そもそも、パリ出身の職匠ギヨーム・ブーシェがモンケのために製作した大型給酒器の当初の設計は、鞴を使って銀細工の大天使ガブリエルにラッパを吹かせるというもので、明らかにオルガンの構造を応用していた。すでにオゴデイやグユクの治世に献上されていた可能性もある。

いっぽう、アブドゥル・カーディルが解説するオルガンは、「二列に響鳴管が配置された笙（低音は長く高音は短い）」「左手で鞴を動かし、右手の指で音を選ぶ」というから、ひとりで演奏する携帯型（図39右）である。これが大元ウルスに将来されていた記録も、いずれ見つかるかもしれない。

奏でられた楽曲

陶宗儀によれば、演奏曲は大きく三種に分類される。かれはモンゴル語の曲名を漢字で音写し、時に簡単な註（傍線部）を附す。

《大曲》哈八児図《カバルトウ》（黒龍江？）、口温（ホラズムシャー朝の都市カーブル／大王《コウン》）、也葛倘兀《イエケタングト》（大なる西夏）、畏兀児《ウイグル》、閔古里《モンゴル》、起土苦里（鬼蛮《チトコル》＝雲南の部族／皆殺《キドグル》し＝阿剌来《アラライ》）、跋四土魯海《ボストルカイ》（布帛の頭＝ムスリム）、舎 舎弼《シャブシャビル》（五月雨、ヒソヒソ囁き）、揺落四《ヨロス》（イヌワシ）、蒙古《モンゴル》揺落四、閃弾《スルタン》揺落四、阿耶児虎《アヤルグ》（吟詠）、桑《センゲ》哥児苦不丁《ゲルグブチン》（意気揚揚。揚子江以南の「孔雀」が該当。連弾）、答剌《ダウラク》（頌歌。「白翎雀」が該当。連弾）、阿 厮《ア[ル]ス》蘭扯弼《ランチェビル》（獅子凛冽。「盞《さかずき》を返す曲」。連弾）、苦只《グジル》把失《バクシ》（頑固な学僧。陰律の呂の弦で）

《小曲》哈児火失哈赤《カラコシュカチ》（黒雀＝鶪鳩《くろもず》の叫声）、阿林捺《ウリルナ》（花紅＝林檎）、曲律買《クルクマイ》（駿馬の嘶《いなな》き）、者帰（寝言《ジェゲル》／繁栄《ジェグイ》）、洞洞伯《ドンドンベイ》（お喋り伯父さん）、牝嚋兀児《ビルチグル》（告天雀《ひばり》）、把擔葛失《バタンゲシ》（アーモンドの枝）、削浪 沙《ソランガシャル》（鼬の貪り喰い）、[馬哈《マガト》（誠実）／馬哈《マカ》[敦《ドム》]（大巫術）]、相公、仙鶴、阿丁水花《アルチンソユルガル》（赤金の恩賜）

《回回曲《サルタウル》》伉里《カンクリ》（部族名）、馬黒某當當《ムハンマドタンタン》、清泉當當《ジンジャンタンタン》（擬音語）

このうち「也葛倘兀《イエケタングト》（也可唐兀）」「畏兀児《ウイグル》」は『大明集礼』（一三七〇年）に工尺譜が収録されており、旋律を復元できる。接収した地域の名が連なるのは、『モンゴル秘史《トブチャン》』と同様に、歴史を辿ることで参加者に「混一」を実感させるためだろう。「白翎雀」（「白翎鵲」。忠義・貞節の象徴）は、クビライが楽工のシディルクに製作させた曲で、冒頭こそ緩やかに始まるものの、終盤は忙《せわ》しく激しい旋律を展開、憤怒・怨嗟・悲哀に満ちていた。『国史《トブチャン》』（『世祖聖訓』）によれば、クビライが柳林で巻狩りをしていた際、宮帳《オルド》の上に止まった白翎鵲の鳴き声が、前日耳にした一婦人の夫を弔う慟哭を想起させたからだという。いっぽうで、ほんらいクビライは雌雄の囀り——太平の世の表現を指示しており、修正させたかったのだが、譜面が人口に膾炙してしまったとの説ものこる。

　アブドゥル・カーディルは、『音楽の目的』の「シュトルグ」の項で、漢児《キタイ》（大元ウルス）の人々が複数の旋律（小令）の纏まりを「曲」と呼び三百六十曲に個別の名前を付けていること、うち十曲を紹介して最上は「阿厮闌扯弼《アルスランチェビ〔ル〕》」だと伝える。『音楽集成』の「モンゴルの宮調・曲牌・度曲協律」では、テュルク・モンゴルの特徴たる意気高揚のための軍楽として、笳吹曲および喉を使った転調・震え声の ayir 阿耶児虎《アヤルグ》と daulah 答剌《ダウラク》があること、一年分三百六十六の楽曲が用意され、カアンたる君主の宴会に毎日奏されること、根幹・最重要たるものを「Yīsūn kūk 九曲《イスンキョク》」と呼ぶことを述べる。両書で多少の異同はあるが、アラビア文字表記で① Ūlūq kūk 大曲《ウルク・キョク》、② Arslān-čīp 阿厮闌扯弼、③ Maḥadūm 馬哈敦《マカドム》、④ Yūrus 揺落四、⑤ Qūtāt-quwā 諸城美女《コタトゴア》、⑥ Būstārugāī 跋四土魯海、⑦ Qūlādū

図 40　ヨーロッパに伝わったモンゴル君主の宴会図

キリスト教の「七つの罪源」のひとつ「貪食」の例として取り上げられる。大英図書館蔵。Add.ms.27695. f.13r.（『3か月でマスターする世界史　5月号：モンゴルが変えた世界』NHK 出版，2024 年，p. 63）

白超《クラド》（鷹の一種）、⑧ Čïntāï 秦風《チン》、⑨ Ḫïnsāï 行在《ヒンサイ》（杭州）そして šāndāq 商調（中国の音階のひとつ）となっている。陶宗儀が漢字音訳した資料とほぼ同じものを目にしていたとしか思えない。

これらの楽曲は、「元曲」（小唄・歌劇）にも影響を与えたようで、モンゴル語らしき曲牌も散見されるが、解読には至っていない。さらなるペルシア語資料の発掘が必要だろう。

2　奏で称えよ、われらが黄金の歴史を

クビライと雅楽

モンゴルの伝統に則った一族郎党の大宴会《イェケクリム》とは異なり、元旦、カアンの誕生日、『国史《トブチャン》』（『実録』）や尊号の献上などは、接収した地域の代表者たちにそれぞれの伝統や慣習への配慮と包容力を示し、諸国の使節団には富や統率力を見せつける重要な機会でもあった。典礼・儀式の意味が強いのである。そのため、早くから西夏《タングト》や大金女真国《ダイキムジュシェングルン》の朝廷・民間の楽器・工尺譜・演奏者たち（楽隊）は徴集・保護の対象となっていた。各種式典における歌舞音曲の効果を特に重視し、一糸乱れぬ進行のために、色鮮やかな揃いの衣装や小道具を用意し、予行演習までさせるようになったのが、クビライである。愛妻チャブイの実家コンギラト駙馬家が、儒教の総本山たる山東の曲阜を「投下領《アイマク》（分地）」として有しており、当地の楽師・工匠の集団を囲い込んでいたこと、大理・南宋遠征の際に深まった華北軍閥との関係も要因に数えられるが、何より「脛に傷持つ」カアンだったことが大きい。

一二五九年、モンケ陣歿の極秘情報を得たクビライは、南宋征伐のために借りていた大軍を以てクーデタを起こし、同腹弟アリクブケと数年に亙って争った。しかし、兵力と財力で優っても、チャガタイ家傍流のアルグや同腹弟フレグとの裏取引に成功しても、カアンとしての正当性は得られなかっ

た。チンギス・カンの四つの大《イエケ》オルド、チンギス・カンの墓所たる大禁区《イエケコリク》、歴代の君主と亡父トルイの墓所は全て、モンケから留守を預かっていたアリクブケの保護下にあり、祖宗の見守るモンゴル本土で大聚会《イエケクリルタ》を開催・即位したのはアリクブケだったからである。

そこで戦局が明確になってきた一二六二年末頃から、クビライは自らの正当性を具現化する一対の事業に乗り出す。歴代君主および亡父トルイの『国史』の編纂と宮帳《オルドゲル》形式の壮麗な太廟の建設である。

歴代君主に捧げる顕彰歌

太廟の祭祀は、クビライを支持する諸王のうち、オゴデイ家のカダアン大王を右翼の代表として、チンギス・カンの弟［テムゲ］オッチギン家の当主タガチャル大王を左翼の代表として、モンゴルの習俗に従い行われた。歴代君主の各祭室には正妻との遺影が掲げられ、功臣たちも従祀されたらしい。そこで流れた君主たちそれぞれへの讃歌《キャラクターソング》——奉納用楽曲の歌詞が、『元史』の「礼楽志」に記録されている。『大元太常集礼稿』（一三二九年）、『経世大典』（一三三一年）等から抽出したもので、音階《メロディ》や宮調についての言及はないが、モンゴル語のもとの歌詞から、『尚書』等の経書に倣い四言八句（偶数句末で押韻）に漢訳している。傍線部は祭文、それ以外が各君主の事蹟を述べた部分で、クビライ自身の見解とみていい。

1 太祖チンギス・カン 《ボルテ后（コンギラト部）》天は霊顧（福蔭・恩寵）を垂れ、地は中方（中原《ちゅうげん》＝世界）を献ず。帝の力の拓《ひら》く所、神武にして当《あた》る莫《な》し。暘谷（日出る処）昧谷（日没する処）、要荒（遠方の地）を咸服《みな》せしむ。孝を昭《あきら》かに明禋《きよ》（潔らかに敬祀）するに、神祖（偉大な御先祖様＝チンギス・カン）は皇皇（煌々）たり。

2 太宗オゴデイ《ドレゲネ后（ナイマン部）》和林《（カラ）コルム》の勝域（好《よ》き地）は、天の邑《くに》・地の宮《みやこ》なり。四方より賓貢（貢物を持って入朝）し、南北は来同（一所《ひとところ》に集合／同盟を締結）す。百司（諸官庁）の分ち置かれて、冑教（貴族の子弟の教育・国子学）は肇《はじ》めて崇《あが》めらる。祖業を潤色し、徳は神宗（伝説上の堯帝）を仰ぐ。

3 睿宗トルイ《ソルコクタニ公主《ベキ》（ケレイト部オン・カンの姪）》珍しき符（瑞兆）を黙して授かるは、疇昔《ちゅうせき》（往年）天自《よ》りのこと。爰《ここ》に聖武（智徳全き英雄）を生み、宝祚（帝位）は開先（開示）さる。霓旌（儀仗の掲げる虹色の旗）は迴狩（大金との戦闘から帰還）するも、龍駕（君主の車）は遊仙す（あの世へと旅立った）。追遠（追想・敬祀）すれば生くるが如く、皇慕（クビライの慕念）は顒然《ぎょうぜん》（敬順なさま）たり。

4 伯父ジョチ《ベクトゥトミシュ妃（ケレイト部オン・カンの姪。ソルコクタニの姉）》威武の鷹揚《おうよう》たりて（武勇は鷹の飛翔のように猛威を振るい）、冢位《ちょうい》（嫡長子の立場）に克《よ》く当る（相応しい働きをした）。龍（チンギス・カン）に従い遠く拓《ひら》くは、千万里の彊。誕《おお》いに虎旅《ケシクテン》（近衛）を総《す》べ、西方を駐圧すれば、海を航《わた》り山に梯《はしご》して、東西より来王す（諸国の王侯が拝謁・帰順を誓った）。

5 伯父チャガタイ《イェスルン妃（コンギラト部）》雄武なる軍威は、滋《ますます》多く年を歴す。深謀遠略もて、協賛（オゴデイへの援助）に惟《ただ》専らなり。流沙の西域より、餞日（太陽を見送る）の東辺（東の辺境）まで、百国の畏《おそ》れ服して、英声（英名）は赫《かく》然たり（赤々と燃え輝く）。

6 定宗グユク《オグルガイミシュ后（メルキト部）》三朝（三代目の帝）は休《さいわい》を承《うけたまわ》るに、己を恭《つつ》しみ優游たり（優柔不断、運任せ／傀儡に甘んじる）。欽《つつ》しみて祖の武（功績・衣鉢）を縄《つ》ぎ、其の徳を聿《の》べ修む。帝は賜寿に憖《か》（欠）け（短命）、徳沢は周《めぐ》りを期《かぎ》る。蠲饎《けんき》（お供えの酒・食事）の惟《こ》れ薌《かおり》たつれば、幽に于《お》いて饗《う》けられんことを祈す。

7 憲宗モンケ《クタイ后（コンギラト部）》龍は潜居より躍して、風雲に会し通ず（名君が即位し時運に乗じて改革を断行）。民の病苦を知り、軫念宸衷す（憂い御心を痛めた）。虁門之《の》旅（南宋の四川への出陣）もて、志を継ぎ功を図る。俎豆（お供えを載せる俎板と高杯）もて敬しみ祭り、華やかなる儀は孔《はなは》だ隆《さか》んなり。

オゴデイ、グユク、モンケに「武」の文字による形容（網かけ箇所参照）を与えないこと、オゴデイの徳政を認めつつ、グユクに対する露骨な貶し、モンケの事蹟に対する抑えた筆致が注目される。いっぽうでジョチとチャガタイには最大級の讃辞を贈っている。

大聚会《イエケクリルタ》開催のために

唯一無二のカアンとなったクビライは、ジョチ家、チャガタイ家、フレグ家等、ユーラシアに散らばった各ウルスの代表・重臣を一堂に会せしめる大聚会の開催を図り、それぞれに招待状を送付した。会場はカラコルムではなく、新首都たる中都《カンバリク》・大都《ダイドゥ》（いまの北京）周辺。かれらがその際に必ず太廟を参拝することを見越して、じゅうらいの七つの祭室にチンギス・カンの父イェスゲイ・バアトルを加えて全八室となし、トルイの祭室を長幼に従ってチャガタイの次に移した。この順序は、のちにフレグ・ウルスの正史、ラシードゥッディーンの『ガザンの吉祥なる歴史』の「本紀」に踏襲される。祭器や位牌は金メッキを施したものに換えられた。

また、来るべき大聚会と各種式典での演奏曲（宮廷用は各月と五声十二律の宮調を対応させ、一年分の数を用意したという）の製作を契機に、太廟用の楽曲と歌詞（各祭室に奉納する讃歌と廟全体に流す主題曲《テーマソング》）を全て新たに作り直させた。これらはみな、大金朝廷の雅楽を参考に作られた（大金時代の各曲は「〇寧」の名がつく。それと区別するため、大元時代の雅楽は「〇成」と命名されるのが後々までの通例となった）。

1　烈祖イェスゲイ《ホエルン妃（コンギラト・オルクヌウト部）》【開成】於皇（ああ君なる哉《かな》）烈祖よ、積《たくわ》えは厚く流れは長し。大勲は未《いま》だ集まらざるも、燮伐（ほかの部族と協和して征伐の事を実施）し張（陣幕）を用ゆ。聖嗣を篤生し（天から敦厚な性質を受けてチンギス・カンが生まれ）、多方を奄有す（四方八方の国々を尽く有した）。我に錫わる景福（大いなる幸い）は、万世無疆ならん。

2　太祖チンギス・カン【武成】天は昌運（隆盛を齎す「時の巡り合わせ」）を扶（巻起）し、中華を混一せしめんとす。爰《ここ》に真の人有り、龍沙（西域）へと奮い起つ。天に際して宇を開き（天地の境目の空間を切り拓き）、海を亘《また》いで家と為す。肇《はじめ》て修めし禋祀（潔斎）は、万世無涯ならん。

3　太宗オゴデイ【文成】前烈（先人たちの勲功）を纂成（集め総仕上げ）し、丕図（大いなるはかりごと）を底定（足固め）せしむ。礼文（礼制・儀文等）は簡省（無駄なく単純）にして、禁網（法令・刑罰）

は寛疏（緩やかで大まか）なり。風を太古に還《かえ》し、世を華胥（伝説の黄帝が夢にみた太平の国の境地）に躋《のぼ》らしむ。三霊（天・地・人）は順《すなお》に協し、四海に虞《うれ》い無し。

4 伯父ジョチ【弼成】神の支《えだわかれ》は梃秀（真っ直ぐ強靭で優秀）にして、右の壌（国土）に疏封（分封）さる。創業の艱難に、我が祖宗を相《たす》く。親《よしみ》（親戚関係）を叙《の》ぶれば伊《こ》れ邇《ちか》く、功を論ずれば亦た崇《たか》し。春秋の祭祀は、万世に同じき攸《ところ》ならん。

5 伯父チャガタイ【協成】玉牒（帝室の系譜）の朞親（近しい親戚）にして、神の支《えだわかれ》の懿《うるわ》しき属《みうち》。徳を論じて疏封し、親《よしみ》を展《まこと》にして玉を分かつ。我が祖宗を相《たす》け、風に櫛《くしけず》り雨に沐《かみあら》う（遠征に明け暮れた）。昔は其の労を同じくし、今は茲《こ》の福を共にせん。

6 睿宗トルイ（大官人《イエケノヤン》）【明成】神祖の創業すれば、爰《たす》けて戎衣（軍服）を著《き》る。聖考（父トルイ）は軍を撫し、天威を代わりに行う。河南は底定され、江北は来帰（帰順）す。謀《はかりごと》を貽《のこ》せし翼子（子孫）は、奕葉《えきよう》（代々）輝きを重ねん。

7 定宗グユク【熙成】丕祚（大いなる宝座・帝位）を嗣承するに、累洽重熙《るいこうちょうき》す（歴代の帝の賢明さによって泰平の世が続いていた）。堂構（父の設計）の既に定れば、垂拱無為たり（衣を垂れ手を拱《こまね》いて何もしなかった）。辺庭（国境の官庁）は閒暇、田里（むらざと）は安綏（やすらか）。茲《こ》の禋祀を歆《う》くれば、万世に宜《よろ》しき攸《ところ》ならん。

8 憲宗モンケ【威成】羲馭《ききょ》（日輪）未だ出ざれば、蛍爝（蛍の明かりとたいまつの篝火。微かな光明）より光を騰《のぼ》す。大明（太陽）の天に麗《かか》り、羣陰（粛殺の気）をして披《ひら》き攘《はら》わしむ。百神は職を受け、四海は寧康たり。愔愔《いんいん》たる（安んじ和らぐ）霊韶（伝説上の舜帝が造ったとされる霊妙な音楽）に、徳音（帝の恩徳・世訓）は忘れず。

各君主の祭室に奉納された曲の名には、諡号と同様、それぞれのイメージに合った漢字（網かけの文字）が選ばれている。全て中国古代の音階でいうところの「無射宮《ぶえききゅう》」の荘厳な調べで、曲に合わせた群舞の振りつけも残っている。また、ケレイト王国、西夏、大金、ホラズム王国《シャー》、大理を滅ぼし、高麗、ヴェトナムを帰順させてゆくさまを象《かたど》った舞踊も準備された。こちらは太廟のみならず大宴会の場でも鑑賞された可能性が高い。

3　まずは跪いて拝め

クビライと「叩頭」の礼

冬の首都大都《ダイドゥ》に中国式の宮殿を建設させ、自身の権威の具象化を推し進めていたクビライは、一二六九～七一年、劉秉忠《りゅうへいちゅう》、許衡《きょこう》、のちにフレグ・ウルスの丞相となるボロト等に命じて、即位後の朝賀、元旦、カアンの誕生日、モンゴル諸王や外国の使節団の来朝時等の儀式を整備させた。大金《ダイキム》（女真《ジュシェン》）朝廷の儀礼を多く採り入れたものだった。担当官のひとり周《しゅう》鐸《たく》の息子で職を世襲した周之翰《しゅうしかん》が図と註解付きの『朝儀備録』（一三〇一年）を著したが、現存しない。

『元史』の「礼楽志」によれば「鞠躬《きくきゅう》（お辞儀）」「平身（直れ）」「拝《おが》め」「興《おこ》せ」「復位（戻れ）」「笏を（帯に）搢《さしはさ》め」「三たび舞踏（カアンにお目見えできた喜びの表現。手を袖のなかに入れ肘を揺らして膝の辺りを払い足を踏み鳴らす）」「左膝より跪き、三たび叩頭（頭を地面に打ち付ける展拝《てんぱい》）」「山呼（「万歳」と叫ぶ）」「再び山呼（「万万歳」と叫ぶ）」「笏を出せ」「拝に就《つ》け」「平立（直れ）」などの号令に従って、全員が整然と動かねばならなかった。この式次第について、マルコ・ポーロの『百万の書』は、

> 全員が然るべき位置につくと、大司教とでもいうべき貴人一名が声高らかに「鞠躬」「拝め」と号令する。すると即時に、全員がお辞儀をして額を地面に向けて下げる。それから司教が「上天よ、わ

　れらが君主を長久に洪福・福蔭を以て祝し護りたまえ」と祝賛し、全員が「上天よ、祝す所の如きに」と応ずる。再度、司教が「上天よ、カアンの版図をより一層増幅・拡大せしめ、服属したる百《じん》姓《みん》全てを平安・善意の裡に保たしめ、その疆理全域において万物に繁栄をもたらしめんことを」と祝賛し、全員が「上天よ、祝す所の如きに」と応ずる。それからこの方式で四たび拝む。

云々と描写する。ここの「拝む」は、立礼とも『元史』にいうところの「叩頭」とも解釈し得る。のち一三三〇年にポルデノーネのオドリーコがフランチェスコ修道会の指示を受けて編んだ報告書では、「前頭骨を地面に三回叩きつける」と明確に記す。ちなみに「舞踏」は「指を両耳に当て、離し、小麦粉を篩《ふるい》にかける仕草」に見えたようだ。いずれにしても「叩頭」はカアンに対してのみ為され、皇太子や皇后には用いられない。そもそも『モンゴル秘史』の用例やラシードゥッディーンの『集史』の挿絵からすれば、上天や君主への「叩頭《ムルグ》」はモンゴルほんらいの習慣ではなかった可能性がある。

上天よ、わが願いと誓いを聞き届けたまえ

『モンゴル秘史』によれば、新婚まもないテムジン（のちのチンギス・カン）の帳幕がメルキト部の襲撃に遭い、ボルテ夫人が連れ去られた折、かれはブルカン岳《カルドゥン》を祀り「太陽に向けて、帯を項《うなじ》に掛け、帽子を手に掛け、胸を推して、太陽に対し九たびsögöt- 跪いて、馬乳酒を灑《そそ》ぎ奠した」。

　また、フレグ・ウルスで編纂されたペルシア語の歴史書『世界を開く者の歴史』および『集史』（『ガザンの吉祥なる歴史』）の「チンギス・カン紀」にも同じような場面が記される。ホラズムシャー国

に派遣した外交兼通商使節団がオトラルの太守によって惨殺され、莫大な商品も強奪されたときのことである。復讐心に燃えるチンギス・カンは独り丘陵の頂に登り、「（帯を項《うなじ》に投げ掛け）、頭を剝きだしにして面《おもて》を地に向け、三日三晩（上天に）嘆願した」。「チンギス・カン紀」末尾の『聖訓』によれば、この行為はかれの習慣になっていたらしく、大金征伐の前にも独り丘陵の頂に登り、「帯を解いて項に投げ掛け、上衣の留め紐をほどき跪き祈告した」という。

一連の作法は、同じ『世界を開く者の歴史』『集史』のオゴデイ、グユク、モンケの即位時にも確認される。大聚会《イエケクリルタ》の参加者——宮帳《オルド》の内・外を問わず同一時刻に、全員が旧例に依って「帽子を頭から取り、帯を（解き）肩に投げ掛け」、「三たび跪き祝賛を告し」、新君主への忠誠を誓うべく「宮帳の外で三たび太陽に向って跪き、それから中に戻って歓喜・娯楽の宴会を開催する」。『集史』は「三」を「九」に改める。もとは字形の類似 سه と نه に起因するものだろうが、「チンギス・カン時代への回帰」から意図的に改めた可能性もある。

なお、これらの史料では、しばしばテュルク語の「tägiš-」なる語を名詞化したうえでペルシア語の「する」に接続して用いており、この語が「叩頭」に対応すると考えられてきた。しかし、原義は「出廷（して判決を待つ）」である。アリクブケがクビライに投降した場面で当該語が使用される。「裁判やお白州の場では、帳幕の入り口を（外側に）捲きあげ、そのまま被告に纏わせる」という慣習が、アリクブケにも適用された。一定時間待たされてから入場を許されたが、裁きを受ける立場を弁えさせるべく下座に置かれた。のちに、この一部始終を使節団の報告書で知ったフレグは、クビライに対し

「われらの一族がかようにtägiš-させられ、われらの兄《アカ》・弟《イニ》を責め苛まれるのを許されたとは、（チンギス・カンの）法令《ジャサク》の根拠についてどうされるのか」と抗議をことづけたという。

モンゴル君主の御前にて

では、モンゴル以外の眼差しで見た場合はどうか。

一二二二年、全真教（大金《ダイキム》末期から北中国で勢力を拡大した道教教団）の丘処機《きゅうしょき》は、征西中のチンギス・カンの陣営を訪れた際に、拝謁の手順を前もって指示された。しかし、招聘された「師」であるとの建前からだろうか、宮帳《オルドゲル》の前での「拝跪」の礼をしぶり、チンギス・カンに対しても立ったまま身を屈めて「叉手《さしゅ》」すなわち「祗揖《しゆう》」するだけにしたいと主張したという（「許可された」とは書いていない）。

インノケンティウス四世が派遣した二つの使節団のうち、モンゴル高原に向ったフランチェスコ会修道士プラーノ・カルピニのジョヴァンニは、ジョチ・ウルスの君主《カン》たちのもとに赴いた際、宮帳の入口前で左膝を三回下へ曲げてから敷居を跨ぐよう指示されたこと、跪いたまま上奏させられたこと、グユクの御前では宿衛《ケシク》の長が上奏ならびにそれに対する聖旨《ジャルリク》を取り次ぎ全て代弁することになっており、その間は誰であってもやはり両膝をついた姿勢を取り続ける決まりだったこと、グユクの即位式後の大宴会では、まず参加者全員がグユクに対して跪き、それから飲み始めたことを伝える（ルイ九世が派遣したルブルクのギヨームの報告とも一致する）。

いっぽう、モンゴル軍が駐屯するアルメニアに赴いたドミニコ会修道士サン・カンタンのシモンは、軍の元帥バイジュ官人《ノヤン》やジョチ家当主のバトゥが全ての使節に対し三回の「拝跪」と「叩頭」を強要していたと述べる。そして教皇からの使命を果たせなかった一因を、この「叩頭」の拒否に帰した。じっさいには、シモンはバトゥの宮帳には行っておらず、当のバイジュへの拒否の場面でも、三回の「拝跪」を求められているだけで、「叩頭」に該当するラテン語は見当たらない。シモンは、自身が高圧的態度でバイジュたちを怒らせたのに、報告書にモンゴルへの罵詈雑言を詰め込んだ。また、両会修道士たちの報告書を自らの百科全書『大鑑《スペクルムマーユス》』に取り込んだブーヴェのヴァンサンによる加筆の可能性もあるだろう。

正しいモンゴル式挨拶とは

モンゴル式の「拝跪」については、挿絵入りの百科全書『事林広記』のなかで紹介されている。南宋末期の『博聞録』（『博文録』）をもとに最新情報を加えて編集しなおしたものだが、書名を改めたばかりの初版では「幼学類」の冒頭――朱子学教育を受ける子供たちの必修事項たる「叉手」「祇揖」「展拝」の図解の前に、「相跪を習う（ための）図」と「対坐接談（曲彔《きょくろく》に座り対談する）図」一葉を補足した。両図ともにモンゴルの衣服を纏う官僚を二人ずつ描き、前者には「［相跪］の儀は無《な》みす可《べ》からず（軽視してはいけない）、頭《こうべ》を低くし膝を下ろして双つ手を扶《よ》す。君の未《いま》だ其のなかの旨を識らざるを恐れ、編次條陳（整理・箇条書き）して画図に入らしむ」なる七言絶句が掲げられる。しかし、これでは一瞬の映像を切り取っているだけで、連続した動きを会得するには不充分だった。そのため、増補改訂版では「儀礼類」に「拝見新礼」という項目を立て、そこで詳しく解説が加えられている。

《「相跪」の作法》（図41）右手を左手の上に置き（＝両手を重ね）、揃えて右膝を押さえながら、まず左足を曲げ（地に着け）、次に右足を同様にする。それから指を交叉させた両手を［胸の前まで持ち上げ／頚の下のところで構え］、「揖」の礼みたいに上下させる。［礼が終わったらまず右足を地面から起こし、さらに右手を左手に重ね揃えて／礼が終わっても依然両手を重ねたまま一緒に］右膝を押さえながら立ちあがる。［この挨拶は古代から続く作法に則っているが、南方（黄河以南）でこれを行う者は少なかった。現在はこの挨拶が一般に通行しているので、習熟したほうがよろしい。礼儀に粗相を致すなかれ／官員、身分・年齢が上の者、同輩の友人のなかでも尊敬している者に対しては、この礼儀作法を用いる］。

図41　正しいモンゴル式挨拶
（『新編纂図増類群書類要事林広記』国立公文書館内閣文庫蔵）

《「相跪」の礼儀》一般に初対面や久しくご無沙汰していた場合、会ったら必ず礼儀作法どおり「拝跪」をなすように。〇年齢・身分が上の者に会ったらまず跪いた後で拝む（胸元の叉手近くまで首を垂れる）。拝み終わったら再度跪き、それから合掌して「お変わりございませんか」「息災ですか」と尋ねたり、心を込めたことばを申し上げる。〇身分・年齢が自分と同格・同等の者に会ったら跪くだけで拝みはしない。相手が跪き返して、跪礼が終わった後は、「では」「さようなら」と告げるか合掌する。〇身分・年齢が下の者に会い、その人が下座で拝もうとしたら辞退し、辞退しても従わないならその人に拝ましてあげるが、こちらも軽く膝を曲げてかれの礼に応答する必要がある。その人が跪くだけで拝まなくても、軽く膝を曲げて応答する。

この後には、「大茶飯《イエケイデエン》の礼儀」「官員の盞《さかずき》を把《と》る」「平交《どうはい》で盞を把《と》る」「官員より酒を賜う」「盞を換え酒を飲む」が続く。「拝跪」が終われば、宴会突入が既定の流れだったのだ。

4　酒宴におけるエチケット

粗相なきオモテナシのために　各種書翰・書類の範例を集めた『啓箚青銭《けいさつせいせん》』（一三二四年重刊）、挿絵入りの百科全書『事林広記』のいくつかの増補改訂版（一三三〇〜三三年刊）には、モンゴルの貴人・官僚を招いての「大筵席《イエケクリム》の茶飯《イデエン》（食事）」に関し、さまざまな注意事項が収録されている。何よりも肝心と考えられたのは、右を尊ぶモンゴル式の席順で、参加者が偶数・奇数の場合に分けて示される（図42）。両書には差異がかなり存在するが、内容を相互に補完しあい理解を助けてくれる。整理・統合のうえ、二節に分けて日本語訳を呈示することにしよう。

大茶飯の体例《トロ》（礼儀作法・きまりごと）　一般に大筵席《イエケクリム》の茶飯《イデエン》には卓（檯）を出して使う。各卓上には氷水で冷やした果物《くだもの》の小さな盆《はち》を置き、果物や栗・胡桃・蓮の実などを加工した菓子《おつまみ》数種は手前に並べ、蔬菜《おとおし》の楪《こざら》数品は奥に並べ、長い筋《はし》を一膳。表座敷の下座には、大きな香炉と一対の花瓶を中央部に設置し、給仕・楽士を左右に分けて配置する。官僚が全員集まったら、主人は前に進み出て盞《さかずき》を手に取る（具体的な作法は後の項目を参照）。客人に下っ端の職位の者がいたとしても、自由に席から出て盞を手に取る。たいていは数十廻《めぐ》りの後ようやく食事をさしあげることができる。《**最初の皿（前菜）**》には穀物の粉を捏ねて作った麵を煮た羹《あつもの》をお出しする。官員各位にたっぷり装った大きな椀をひとつずつ。主人は両手で椀を高々と捧げもち、各位の面前まで進み出て卓上に安置してから、再び盞を手に取る。**《第二の皿》**魚の羹か鶏・鵝鳥・羊等肉類の羹（主人のお好み次第で決める）で、前述の作法どおり行う。**《第三の皿》**灌漿饅頭《しるいりマントウ》（小籠包）か、稍売《シャオマイ》（焼売）の甘酢餡かけか、群仙羹《ぐだくさん》（いずれも前述の作法どおりに）。**《真打ちの皿（主菜）》**大茶飯の場合は牛・馬を用い、通常の茶飯の場合は羊・豚・鶏・鵝鳥等を用い、いずれも加熱調理し終わってから巨卓に盛り付け、ふたりがかりで表座敷に運び込む。お抱えの者（厨子《バウルチ》）がいるなら出して肉を切り分けさせる（「挈設《ケセグ》」）。一般に丸ごと一頭の動物料理は各客の面前で分け、頭・尾・胸部の肉は年齢・身分が上の者に、腿・翼の清浄な肉は年

図 42　モンゴルの座席順位
国立公文書館内閣文庫蔵。

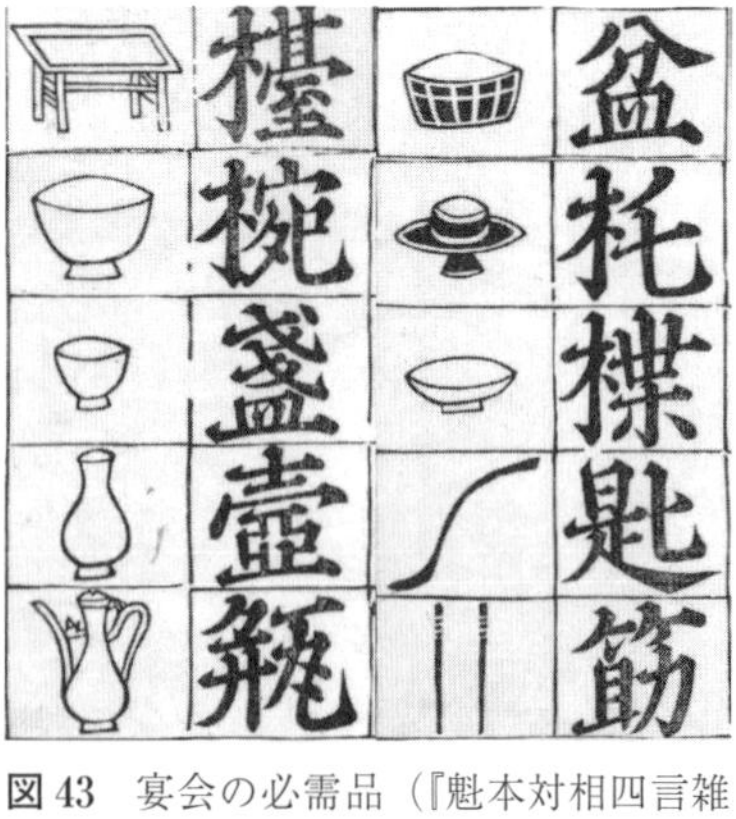

図 43　宴会の必需品（『魁本対相四言雑字』）

図 44　モンゴル王族が用いた金銀製の酒器

（上）*Diez Album*, Fol. 70-S. 22,（左）金の盞・盤,（中）銀盞,（右）金の盞・托
ベルリン国家図書館／エルミタージュ美術館／内モンゴル博物院蔵（*Dschingis Khan und seine Erben: Das Weltreich der Mongolen*, München, 2005, p. 257, 233／『成吉思汗：中国古代北方草原遊牧文化』北京出版社，2004 年，p. 274)。

齢・身分が同格・同等の者にさしあげ、余剰部位は悉く給仕等にばら撒き与える。上座から再び勧酒を行い熟酔せしめる。宴会の**締め**には粟粥をお出しする。［大勢の客は徐々に解散してゆく／終わると客は辞去し、主人は門の外まで出て見送る］（図43・44）。

把盞の体例（乾杯についてのきまりごと）

《官員用／官員への盞》給仕等に酒果《おつまみ》や肴饌《アテ》を運ばせる（これは通常の飲食の招待の場合。宴会の場合は前項の礼儀で）。酒を壺・瓶に満たすが、熱燗にする必要がある。［主人が盞（と盤《うけざら》＝托）を載せた台《ぼん》を手にして中央に、従者のうち胡瓶を手にする者が右に、おつまみを手にする者が左に／ひとりが酒瓶を持って左に、ひとりがおつまみの盤を持って右に、いずれも主人の後方に控えて立つ］。主人は［盞を取りあげ／前に盞を載せる台を捧げもち］先ず酒を少し注《つ》がせて、自身でその温度を嘗めて確認し、それから盞を戻すが、戻す際に盤《うけざら》に飲み残しを傾け、再度なみなみと注がせて前項のとおりに跪いて献上する。瓶、おつまみの担当も共に跪く。主人が、「官人《ノヤン》さまには常々お世話になり偏《ひとえ》に御礼申し上げます。小人《やつがれ》は何の充分なご奉仕もできませぬが、［どうか素酒でも一杯、召し上がれ／官人《ノヤン》さまに素酒を一献おもちしましたので、官人《ノヤン》さま、お咎めなされますな］」と申し上げる。口上を終えたら片膝をつき、官人にさしあげる。官員に酒を受け取ってもらえるのを俟ってから、主人は盤を載せた台を捧げもって三歩退き、再度両膝で跪いて飲み終わるのを待って身を起こし、再び盤を載せた台を捧げもって前に進み出て再度片膝をつき、盤で空の盞を受け取る。飲み残しを見たなら、再度跪いてその旨申し上げ、飲み乾させて初めて盞を受け取ってよい。盞を受け取った後、酒を注がせたもとの位置まで戻る。菓子《おつまみ》（肴饌）の担当が前に進み出る。按酒《つきだし》の給仕は身を屈め恭しく行わねばならないが、「跪」礼はとらなくてよい。胡瓶の担当は前に進み出ずに酒を注ぎ、同じく「跪」礼はとらない。以下、前菜、主菜の配膳時もこれに倣う。

《同輩・同格・昔からの友人への盞》年長者の場合：酒を捧げもち前に進み出て片膝をつきさしあげる。酒を受け取るのを俟って、盤《うけざら》を載せた台を捧げもち三歩退いて両膝で跪く。飲み終わるのを俟ってまた台を捧げもち前に進み出て跪きまた前に進み出て盞を授かる（他は前項の作法に倣う）。**年少者の場合**：酒を捧げもち前に進み出て、主人が跪くと客人も跪き酒を受け取るか盞を遮り押し留める。主人が飲み乾して盞を呈示し、再度酒を注いで客人に勧める。**同年齢の場合**：主人が盞を載せた台を持ち、左右が壺・瓶を手にし、菓子《おつまみ》を持つ。酒を注ぎ終わると主人が前に進み出て跪き「哥毎《あにうえ》、ようこそ。小弟《せっしゃ》は何のお構いもできませぬが、哥毎《あにうえ》に素酒を一献お持ちしました」という。客も跪き返し「哥《あにじゃ》にご迷惑をおかけし、どうしましょう」と答え、ぎゃくに盞を押し戻して主人が先に飲むよう勧める。主人も押し戻して「小弟《せっしゃ》、全く何のお構いもできませぬ。ただ素酒を一献お持ちしただけですから、どうして先に飲めますものか」といい、客は「哥毎《あにうえ》、酒が良いか悪いか、哥《あにじゃ》が味見なされよ」という。主人が飲み乾して呈示する。盞を戻して再びなみなみと注いで客人に勧める。客人が盞を受け取り飲む。客人が飲み乾していなければ主人が盤《うけざら》を斜めに傾け「千歳、千歳」と囃し、飲み乾すのを俟って盞を受け取り、主客同時に身を起こす。客人が盞を借りて逆に主人に勧める（前述の作法どおり）か勧めないかはご自由に。盞を手に取るか廻し飲みするかもご自由に。

《官員からの賜わり酒》〔官員が自分より目下の人ないし後輩・年少者に賜与する際には、左右の者に酒をなみなみと注がせ、自分自身で台を迎え整えて付与する。その賜わり酒を拝領する者はただちに」跪いてから前に進み出て再び片膝をつき、盤を載せた台を迎え受け取り、酒を授かったら三歩退いて（両膝で）跪いて飲む。飲み乾したら盞を載せた台を捧げもって前に進み出て片膝をついて呈示し、謹んで盞を返上たてまつったうえで、再度片膝をついて退く。

《**盞の廻し飲み**》席に数人いて、主人が酒を手に面前まで来て勧めた場合に、盞を手渡しで移動させて同席の客たちに勧めることである。「好《よ》き処《ところ》より来て好《よ》き処《ところ》へ去《ゆ》かん」と囃す。同席の客は受け取って飲み終わり、盞を呈示して戻す際に、再度酒をなみなみと注ぎ、勧めた客に戻す。その客は同じ方式でひとりずつ席の全員に廻し飲みさせると、酒を携え持ち、主人に向って「小人《やつがれ》は哥毎《あにうえ》よりお酒を賜わり、一通り全員、盞の廻し飲みに与りました。これが小人のための正盞ということで」と呈示してから飲み、戻す際に酒を注いで主人に勧める。勧めないのなら空の盞を返上たてまつってもよい。

《**盞の廻し飲みの新しい作法**》主人が盞を手に客に勧め、客は同席の客に勧め、同席の客も盞を受け取りまた別の客人に廻して勧めるという場合もある。前項と同じことなのだが、同席の人が多いと交換の流れがぐちゃぐちゃに混乱しかねないので、盞を手に取る者はしっかとその廻し飲みの源流を覚えておく必要がある。くれぐれも差別を生じさせないように。

《**附記**》編者の管見の限り、じっさいの官民の乾杯では酒罇《さかだる》から酌み盤《うけざら》をのせる台を用いないことが多い（図43・44）。

呼応するユーラシア 東西の資料

宴会用のレシピは、同じ『事林広記』や『居家必用《きょかひつよう》』（一三三九年刊）に収録される。羊、牛、タルバガンの炙肉、女真《ジュシェン》、回回《サルタウル》（西域）の料理と点心――禿禿麻失《トゥトゥマージュ》（パスタ）、設克児疋剌《シェクルビーラ》や古剌赤《クラージュ》（ケーキ）、則你必鴉《ザリービャ》（揚げパン）、海螺斯《ハーヤルーズ》（湯煎オムレツ→ひろうす／飛龍頭《ひりょうず》？）、それに摂里白《シャルバト》（シャーベット。渇水＝清涼飲料水）など、じつに多様だ。『啓劄青銭』ともども朝鮮半島や日本の貴族・僧侶に長く読み継がれ、室内装飾や食文化に影響を及ぼした。

なお、モンゴル帝室と濃い血縁の高麗王家が一三五二年頃に編ませたモンゴル語・漢語学習用の教材『老乞大《ろうキタイ》』、『朴通事《パクつうじ》』にも、宴会の場面が設定される。前菜を七回出し、音楽隊のほかに劇団・雑技団も呼ぶので、最高官庁の中書省よりも格の高い〝内府（カアン）の大鍋子《イェケトゴン》（台所予算）の裏《うち》に準備した的《ところの》（諸王・公主《ひめぎみ》・駙馬《むこどの》の）茶飯・酒醴〟が念頭にあったらしい。トゴンテムルの第二皇后オルジェイクドゥは高麗の奇氏の出で、皇太子アユルシリダラの生母だった。

一三三三年頃に、ジョチ・ウルスの朝廷を訪れたイブン・バットゥータは、ウズベク・カン、その正妃たち、官人たちがそれぞれ主催する宴会に出席したが、そこでの献立や作法は、上述の漢文の記録やマルコ・ポーロの『百万の書』、フレグ・ウルスの正史たる『集史』の挿絵、出土品と乖離しない（図44）。さらにかれはモンゴルやテュルクの貴婦人の社会的地位の高さに驚きながら、かのじょたちが夫や客人にお酌をしたり、盞を受けたりする作法についても伝えてくれる。

Ⅶ　時には雑学・小細工も必要で？

【VII　扉図】

絹地に織り込まれたチベット仏教の宇宙曼荼羅。世界の中心には須弥山が聳え立ち，四方を山脈が七重に囲繞する。その外側には大海が広がり，属性の白銀，青金石，紅玉，黄金の色を海面に反射させながら，四大部洲——半円形の東勝神洲，台形の南贍部洲，円形の西午賀洲，正方形の北倶盧洲の大大陸がそれぞれ小大陸を両脇に従えて浮かぶ。須弥山の麓，東の太陽には三足の烏，西の月には樹下に臼を搗く兎を描き，四大部洲の山々の描出法ともども中国の伝統文化との融合を示している。須弥山の頂上には八弁の大輪の蓮が咲く。大元ウルス朝廷の工房——将作院の指揮下に製作された物だろう。ちなみに江戸時代末期，これを立体化して天体時計に仕立てた「須弥山儀」が，「からくり儀右衛門」こと田中久重（東芝の創業者）によって制作されている。メトロポリタン美術館蔵（Watt, J. C. Y. & Wardwell, A. E., *When Silk Was Gold: Central Asian and Chinese Textiles*, The Metropolitan Museum of Art, 1998, p. 101）。

1　追風《おいて》に帆かけて大都へと

百花繚乱のマニュアル本

大元大《イェケ》モンゴル国《ウルス》治下にあっては、多言語世界への対応のため、平易な漢文で絵図を付した書物が数多く出版された。なかでも病気の診断法と処方箋、薬剤図鑑、算数の練習問題集、判例六法、書翰などの各種文例集など、中央・地方の官僚たち（とその予備軍）が参照すべき技術書やマニュアルの類が目立つ。王禎《おうてい》の『農書』や製塩について解説した陳椿《ちんちゅん》『熬波図《ごうはず》』のように、政府の助成金で刊行されたものも少なくない。大司農司（≒農林水産省）が編纂した『農桑輯要《のうそうしゅうよう》』と『栽桑図説《さいそうずせつ》』は、一二七三〜一三四二年までの七十年間に、公費でそれぞれ約二万部、二千部を刊行、全国各地の官庁に栽培・養蚕の指導要領として頒布された（フレグ・ウルスにも伝来し、宰相ラシードゥッディーンが『踪跡と生物《アーサール・ヴァ・アフヤー》』を著す際に参照）。そして、これらの膨大な書物の知識を広く浅く一書に集約した百科事典が『事林広記《じりんこうき》』や『居家必用《きょかひつよう》』だった。

また、臨江（江西省静江市）出身の宋魯珍《そうろちん》（字《あざな》は輝山《きざん》）が一三二四年以降に編んだ『新刊陰陽宝鑑尅択《いんようほうかんこくたく》通書《つうしょ》』（中国国家図書館蔵）は、太陰太陽暦の『授時暦』（一二八一年〜）を前提として、冠婚葬祭をはじめ、引越し、旅行、土木工事、衣服の新調、買物等、さまざまな行動を起こす際に、日時や方角の吉凶を調べるための参考書なのだが、そこにもなんと揚子江流域での帆船航行に関するマニュアル「行船法」が掲載されている。クビライの南宋接収と前後して纏められたものらしい。毎年、揚子江以南の地域から三百万石に上る米、各種特産品（金・銀・茶・塩・砂糖・錦・工芸品等）、海外からの輸入品――高額貨物を大都《ダイドゥ》、モンゴル高原へ迅速かつ安全に輸送するために、海路の開拓と大運河の連結、駅伝《ジャムチ》と造船・修理所の整備、関所・警備システムの構築が急ぎ進められた。揚子江下流域ではしばしば大型の海船が溯上し、運河では官営船のみならず物資を買い付けに行く商船や旅行客を運ぶ民営の小型船も往来しており、何処もかなり混雑していた（時には役人がわざと検査を長々実施して袖の下を要求、渋滞が生じたらしい。こうした行為は時代・地域を問わない）。

「行船法」は『海道経《かいどうきょう》』（散逸）にも採録されていたようで、大明洪武年間に再編集された同名書に、ごくわずかながら抜粋がのこっている。なお、とうじの各種船舶については、山西省高平市の開化寺壁画のほか、「雪霽江行図」（図45）、無名氏「江帆山市図」「清明上河図」（Ⅰ章3節二二頁参照）、王蒙《おうもう》の「長江万里図」「蒙古襲来絵詞」などの絵画、近年盛んな水中考古学による大元時代の沈船の報告書等が参考になる。また大明《ダイミン》末期の著述だが、南宋・大元時代の造船所（いまの南京郊外、江寧県龍江関。軍事拠点のひとつ）の技術・知識を基盤として、さまざまな形態の官船の構造・必要な板材の枚数・寸法等を挿絵入りで解説し、鄭和の大艦隊（Ⅲ章4節八七頁参照）に関する通説がいかに荒唐無稽かも示してくれる沈啓《しんさい》『南船紀《なんせんき》』や李昭祥《りしょうしょう》『（嘉靖）龍江船廠志《りゅうこうせんしょうし》』、さらには宋応星《そうおうせい》『天工開物《てんこうかいぶつ》』の「漕舫（貨物船・運送船）」等もある。

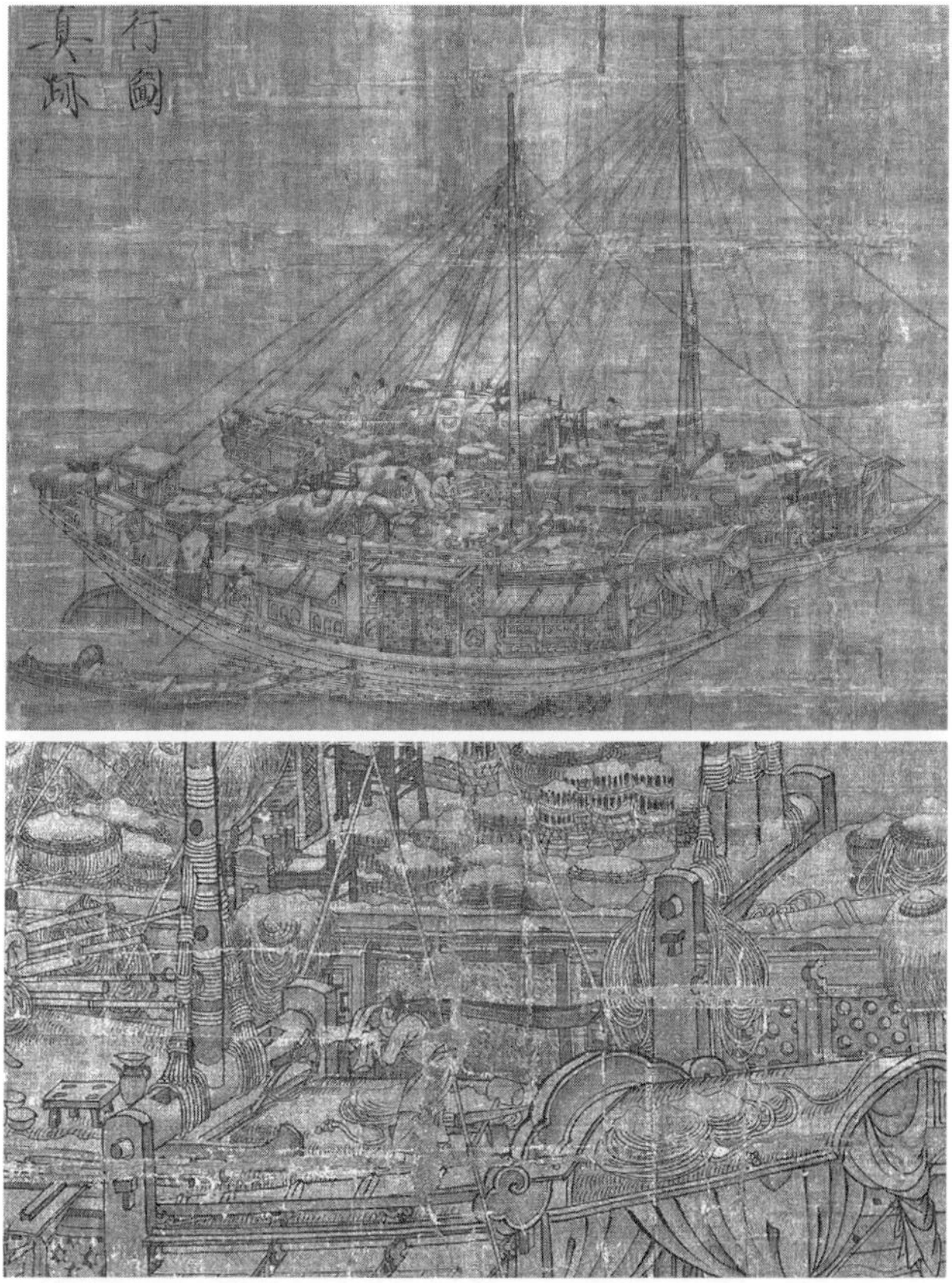

図 45　船の構造，各種装備，積荷など細部まで描かれる帆船

「雪霽江行図」より。郭忠恕（？-977）の作と伝えられるが，大明中期の書画蒐集家の都穆が疑念を呈し，またネルソン・アトキンス美術館に周密や趙孟頫の跋文を付す類似の作品が存在するように，（伝）胡瓌の「蕃騎図」【Ⅰ章扉図】と同様，大元時代の成立だろう。『宮室楼閣之美――界画特展』（台湾国立故宮博物院，2000 年，pp. 22-23）。

船出のための天候予測

春・夏には、必ず急に風が吹く。空気が高温に熱せられると、その日の午後には、雲が湧いたり、雷鳴が轟いたりする方角から必ず嵐になるので、急いで避難したほうがよい。

秋・冬は、急に風が吹くことはないが、毎日出航前に、まず四方を観察して空気が明るく澄みわたっているのを確認し、午前四時頃に纜《ともづな》を解き、午前八時以降になっても空模様に変化がなければ、微風が吹いていていても追風・逆風にかかわらず航行に差し障りはない。

雲の先端が東から湧いていれば必ず東風が、西から湧いていれば必ず西風が吹き、南北も同様である。前方の雲の先端はすでに通過していても、後方の雲の裾が途切れていなければ、風はまだ止まないということだ。雲の裾の空気が明るくはっきりしてきて、その後ろに雲が全く無ければ風は次第に止んでくるはずだ。雲が切れ切れに流れゆき、聚散に規則性が無く、その色が清らかに白くて、日光をぐるりと取り囲んでいれば、大抵は風が吹く。禽鳥《とり》が翻り飛び、空模様が薄暗く暗くぼんやりしていれば、大抵は風。鳶が天高く飛んだり、雲の裾が黄色く太陽の色が赤かったり、雲の流れが速かったり、星が揺らぎ動いていたり、太陽・月の光が薄暗くぼやけていたり、金星が昼間に見えたり、参宿（オリオン座の南の三つ星附近の星）が揺らめいていたり、人の頭や頰が火照ったり、灯火の炎が明るく燃え音を立てたりすると、大抵強風となる。

緊急時に向けた心構えと揃えておくべき物品

追風が吹き、帆をかけ航行している際に、風が狂ったように猛々しく荒れてきたら、すぐ（竹製の）帆幔《ほまく》を減らし畳んで、入江・川股江に逃げ込

図 46　停泊中・航行中の帆船
「江帆山市図」より（『故宮書画図録（十七)』台湾国立故宮博物院，1998 年，pp. 23-24)。

み、暫時停泊する必要がある。旅程を無理に消化しようとしてはならない。風向きが尋常でなく空模様が真っ暗になってくると、ふらふらと揺れ進むばかりで碇泊すべきところが判らないということになりかねず、失策を犯すことが多いから、しかと弁えておかねばならない。

追風が吹き、帆をかけ航行している真っ最中に、突如「打頭風《むかい》」に変わったら、すぐ風を避けつつ入江・川股江を探すのが妥当である。そのまま河に対峙し岸壁に横付けして風が止むのを願うようなことはするな。害を被りかねない（図46)。

嵐の吹き荒れる危急が差し迫ってきたら、入江・川股江に逃げる。間に合わないときには、斜めに帆走して風上に回り込み、鉄の錨《いかり》をいくつも投擲し、縄《なわ》・纜《ともづな》をしっかりと繋ぎ留める。重荷量を積載した船なら、頻繁に船底を点検する。水が浸入し、随処で上昇してくる恐れがあるからだ。小船なら、風の吹き具合を見分け、それ次第で適切な停泊地を探す。

春・夏のあいだは、入江・川股江の内に船を停泊するが、頑丈な纜《ともづな》を多く用い、椿橛《とうけつ》（大小の杭）を深く打ち込んでおく必要がある。いつ何時と限らず、山から鉄砲水が襲撃してくる危険性があるからだ。

秋・冬のあいだは、航行する船は河に対峙して暫時停泊するが、心力を尽くし徹夜で、風模様を監視する。縄・纜を懸けてしまうと、睡眠を貪り風の発生を察知できず、不意を突かれてお手上げ、為す術なしということになりかねない。

船上で使用すべき物品のうち、帆幔・篙舵《さおかじ》の類《たぐい》は、完備しておく必要がある。わずかでも損壊箇所があれば、前もって補修・整備しておく。縄纜《なわともづな》・椿橛・鉄錨・竹篙等の物品は、数量が不足してはならず、むしろ予備分があってしかるべきで、土壇場で必要になったときに、都合よく販売店はないのだ。

どの船であれ、大斧《おおおの》・打鑽《きり》・鋸《のこ》・鑿《のみ》・戽斗《あかくみ》（船底の浸水を汲みだす道具）・大小の釘・油灰（石灰の一種。パテ）・旧《ふる》い麻布・破れ絮《わた》の類は準備しておく。なお火把《たいまつ》を百五十本、檻褸等を棒に縛りつけ造っておく。夜分は有難い灯燭《ともしび》となる。

船員は、晩になっても酔いつぶれてはいけない。思いがけず要人から（用達に）呼び出されるかもしれないからだ。

河沿いの大きな廟がある場所では、香を焚いて参拝するが、しみったれのドケチになってはいけない。このせいで人々の心が緩み怠けて全力を尽くそうとしなくなり、前途で危険に遭遇すると鬼神の罰《ばち》だといい出しかねないからだ。

船員のなかに既往症を抱える者がいると、厄介なことを招く可能性がある。疾病がなくとも、快膈・消食の薬（胸やけ・消化促進用の胃腸剤）を買い置く必要がある。家族に子供がいる場合、驚風《ひきつけ》（髄膜炎）・痰熱（喉頭炎）の薬は特に欠いてはならない。米を買い入れ、薪・魚・肉・野菜を買うといったことは日常の必需品なので、いうまでもない。

到着した州府の関所・渡し場・港では、ご婦人方におめかしや容貌を露わにさせてはいけない。人眼を惹きかねない。

船内で用いる食器に金銀は用いるな。当然、衣服も派手・華美にする必要はない。

到着した地で、貨物を売り終わって代金として受け取った銭鈔（銅銭・紙幣）は、こっそり仕舞い込んで上船し、大っぴらにしてはいけない。

晩になって船を停泊する際には、多くの同業者たちにくっついて、後方にあれば前向きに、前方にあれば後ろ向きに連ね、単独になってはいけない。

到着した地で見知らぬ人間がひとりふたり、船に乗り込もうとしたら（簡単に）乗せてはいけない。「外脚」（ならずもの？　かっぱらい？）かもしれないからだ。

船を停泊するのに、州城を離れて遠く人家の竈の煙の見えない場所に向う際、兵器を携えているなら、夜には操舵櫓《やぐら》の内に取り揃え、船内の各倉は通交往来を遮断するな。まず二名を船首に配備し、そのごは交替で夜警をつとめさせる。夜に不測の緊急事態が発生したら、一斉に船の舳へ向かって突進・死守し、操舵櫓の入り口を開いて、弓箭《ゆみや》を放ったり、長鎗《ながやり》等の武器を駆使できるようにする。兵

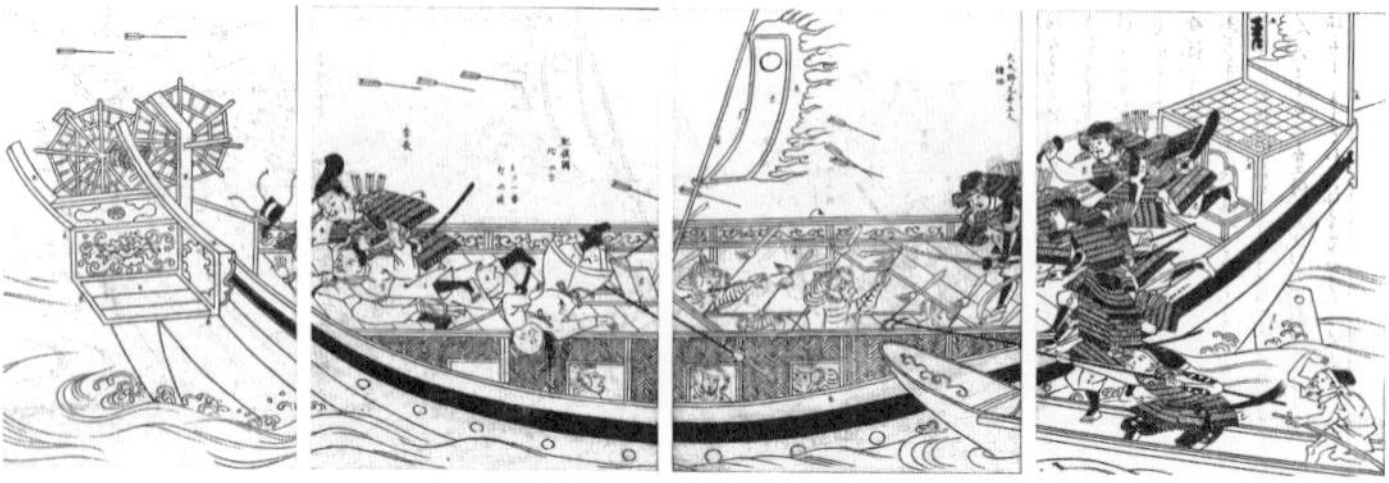

図47　攻撃を受ける帆船
国立公文書館内閣文庫蔵（『蒙古襲来絵詞』の模刻本より）。

器が無いなら竹槍五～七本でも暗がりでは役に立つし、（敵を）近寄らせにくい。絶対に弓箭《ゆみや》・環刀等を携帯したまま船内で横になってはいけない。夜分に賊が現れ甲板を制圧して船倉の入り口を押さえてしまったら、船内は彎曲しているから（反撃を）展開できず、出たくとも出られず、兵器があっても坐して斃れ死ぬのを待つことになる。イの一番に心に刻みつけたほうがよい（図47）。

南北を繋ぐ運河で注意すべきこと

おおよそ航行中の上水船（流れを遡る船）が、後方に遥か遠くより尾行してくる小船を発見したら、おそらく「異乍《いさく》の人」（追剝）なので、さっさと入江・川股江に逃げ込んで停泊したほうがよい。日が落ちなんとするときに、まず西岸の入江・川股江に停泊するとみせ、黄昏の人が見えなくなる頃を俟ち、そこを引き払い船を移動して東岸に渡り、東岸から流れに順じ水路を四キロメートル前後戻って停泊すれば、盗賊による患禍を避けられる。もしくは、たくさんの船の間に割り込んで、帆を降ろし帆柱を倒して船上を移動させ、下水船（流れをくだる船）の外観に仕立てあげれば、夜中の盗賊にもしばらく経とうが判別できず、回避できるだろう。

おおよそ航行中の下水船が、「異乍の人」の船を発見し、遥か後方から追いかけてくるのを確認したら、日が落ちなんとするときに、まず東岸に停泊するとみせ、黄昏の人が見えなくなる頃を俟ち、そこを引き払い船を移動して西岸に渡り、流れに順じ水路を四キロメートル前後進んで停泊すれば、その夜の盗賊の災難を回避できるだろう。そのうえで当事者たちが臨機応変に対策をたてること。

想定された読者層

以上で要求されているとおり、暦の吉凶、お天気予報から操舵の的確な指示、盗賊対策まで全てをこなせるなら、もはや『三国志平話』の諸葛亮、りっぱな軍師といえる。経験豊かな船頭、水夫に任せておけばよい気もするが、あらゆることを弁《わきま》えておかねばならないのが、官僚と官僚を目指す者たちである。将来どの官庁・部署に配属されるかわからないし、身に付けた雑学・対応能力が出世の契機となることもあるからだ。官僚はもとより、船主たり得る豪商（自身では兵器の保有を許されない）の顧問にもなれる。そもそも豪商の子息たち自体、宋魯珍の読者対象に入っていたのだろうが。

2　カアンの絡繰時計――東への影響

天空・大地を測りて技をなす

珍貴な舶来品および揚子江以南からの米・各種特産物、建築資材等の多くは、直《ちょく》沽《こ》（いまの天津《てんしん》）を窓口とする海路か南北を縦断する大運河を利用して大都《ダイドゥ》城内の積水潭《せきすいたん》（いまの北京《ペキン》北海公園附近）に運び込まれた。その輸送を可能にしたのが、技術官僚《テクノクラート》の郭守敬《かくしゅけい》（一二三一〜一三二一）だった。かれは、既存の運河を補修・延長して〝網〟を編むいっぽう、要《かなめ》となる通《つう》州（通県）から真西に約五〇キロメートルの大都までの区間の傾斜三七メートルについては、二十四カ所の水門で流量を調整して船舶を遡らせる設計書をクビライに呈示し、新たな運河――通恵河《つうけいが》の開削を敢行した。水源は大都の西北の昌平《しょうへい》の諸泉から引かれ、いったん瓮山泊《おうざんはく》（いまの昆明湖《こんめいこ》）に蓄えられたが、これは大都およびその南端に接する中都《チョンドゥ》（旧大金女真国《ダイキムジュシェングルン》の首都カンバリク）両城内の生活用水、郊外の田畑の灌漑、石炭等の物資運搬にも利用された。

しかし、郭守敬の名をより高めたのは、かれと抜群の数学能力をもつ王恂《おうじゅん》（一二三五〜八一）の協働成果、一二八一年施行の太陰太陽暦の『授時暦《じゅじれき》』である。郭守敬は自身が設計した新型のさまざまな天文機器を大都の司天台など五カ所に配備、さらに大元ウルスの版図の四方八方（中国歴代王朝では観測不可能だった地域を含む）計二十七カ所に部下を派遣し、天象の全てに正確な数値を求め、星図も描き直した。そのうえで、王恂が中心になって最新の天元術（高次方程式を含む代数幾何学）と招差法（高階等差数列＝ニュートンの補間法）、割円術（＝球面三角法）を駆使した。こうして完成した画期的な暦は、大明《ダイミン》王朝滅亡まで『大統暦《だいとうれき》』と名を改め使用され続けた。北京五輪開催の二〇〇八年、宇宙にも食指を伸ばす中国政府は、新開発の大口径の広視野多天体光ファイバー分光望遠鏡LAMOSTに郭守敬の名を冠した。中国の科学技術史上、最大の貢献を果たした者と認識すればこそだろう。

西域の科学と郭守敬

郭守敬の水利工学や天文学を支えていた高度な数学は、中国歴代王朝の司天台で研究・蓄積されてきた知識体系が、チンギス・カンの西征以降に活発化したユーラシアの人・モノ・情報の交流によって新たな刺激を受け、急速に展開・向上したものだった。郭守敬や王恂と公私において接点をもった元好問《げんこうもん》、李治《りち》、劉沢《りゅうたく》、朱世傑《しゅせいけつ》等はみな、プトレマイオスの『アルマゲスト』、エウクレイデスの『（幾何学）原論』、フワーリズミーの『ジャブルとムカーバラ（代数学）の書』等のアラビア文字で記された書籍の図表、移刺楚才《いらそさい》（耶律楚材《やりつそざい》）が翻訳したセルジューク朝スルタン・サンジャルの太陽暦『麻答把暦《ムタバル》』等を目にする機会があった。そして（多元）高次方程式や幾何の世界に魅せられ、専門書・問題集を著している。

郭守敬のいくつかの天文機器は、『元史』の「天文志」に、外観・素材・寸法・用途等が記録されており、南京《ナンキン》の紫金山に行けば一四四〇年代の複製を見ることができる。また、河南登封《とうほう》県の東南の告《こく》成《せい》鎮（中岳嵩山少林寺《ちゅうがくすうざんしょうりんじ》の近隣）に建設された観星台は、いまも大元時代の威容を伝える。簡儀、仰儀（日時計）、圭表《ノーモン》をはじめ天文機器の多くは、フレグ・ウルスのマラーガ司天台での研修を終えてクビライのもとに来到したジャマールゥッディーンやネストリウス派キリスト教徒のイーサーの知識、かれらの使用機器に啓発されたものだった。具体的な例でいえば、古代から高さ八尺とするのが慣例の圭表を、精密な測定値を得るために五倍の四十尺（約一二・六四メートル）に巨大化させた。十四世紀後半、張昱《ちょういく》が七言絶句一〇二首で大都での見聞を表現した「輦下《れんか》の曲」にも、〝儀臺の鉄表の龍を冠する尺、上に横文《よこもじ》を刻し晷度《きど》（影の目もり）は真（正確）。中国は伝を失し遠裔に求むれば、猶《なお》回紇（西域）において斯文を見ゆ〟とある。郭守敬が製作し、両側に纏身龍の装飾を施した銅・鉄の表《ノーモン》に、アラビア文字ないしシリア文字が刻まれていたことは疑いない。また、かれが造った玲瓏儀《プラネタリウム》も、葉子《しょうし》奇《き》の『草木子《そうぼくし》』（一三七八年）によれば、〝色目人（非回紇／回回）〟の発明品だった。

郭守敬の初期の時計

郭守敬が最初にクビライに拝謁したのは、遅くとも一二六二年の初め、開平府（上都《シャンドゥ》）においてで、水利事業の建策のためだった。三月一日には、特別注文を受けて仕上げた「宝山漏」を献上し、燕京（大都）に運んだ。一二九七年に、テムルの即位記念の一環で、後輩の斉履謙《せいりけん》と協力して「蓮花漏」と併せ改良を試みている。「漏」は水時計が本義で、転じて時計全般も表すが、宝山漏の具体像はわかっていない。

まず、「星丸漏」「碑漏」と同一の可能性がある。星丸漏は、かつて大金女真国《ダイキムジュシエングルン》の司天台の管理官の張行簡《ちょうこうかん》が製作し、「蓮花漏」（蓮華漏／蓮漏。複数の櫃・壺を渇烏《サイフォン》で繋ぐ水時計）と一対で章宗に献上しているからだ。唐・宋以来の歴史を有する宮中設置用の蓮花漏に対し、星丸漏は御幸時に用いられた行漏（携帯時計）だが、両方とも戦乱で損壊してしまっていた。郭守敬は十五、六歳のときに蓮花漏の図面拓本（図48）を入手し、原理を研究し尽くしていた。かたや星丸漏は高さ数尋《ひろ》（幅はその半分）から一・五八メートル程度。管・板・釘等で屈折・螺旋の回路を設定、上から小さな銅球を転がし、ゴールの鐃《どら》を鳴らして時刻を区切る構造を持つ。パチンコ式時計と考えればよい。回路を木製の細長い箱や折り畳み屏風型の間に納めるものが「碑漏」、それを金・銀・瑠璃等七宝で飾り立てたものか、須弥山・ピラミッドのような方錐斜面に回路を作ったものが「宝山漏」ということになろう。「屏風香漏」「櫃香漏」とも呼ばれたらしいので、香盤（燃焼時計）も兼備していた可能性があるが、「香漏」も単に時計の意味で使われることがあった。いずれにせよ、六十、百の小球を規則正しく送り出し、循環させるには工夫が要る。一二七三年以降、王惲《おううん》や趙寓《ちょうぐう》は自身の試作品を赴任先の地方官庁に置き、これにもとづいて鐘鼓楼から城下に時を知らせた。

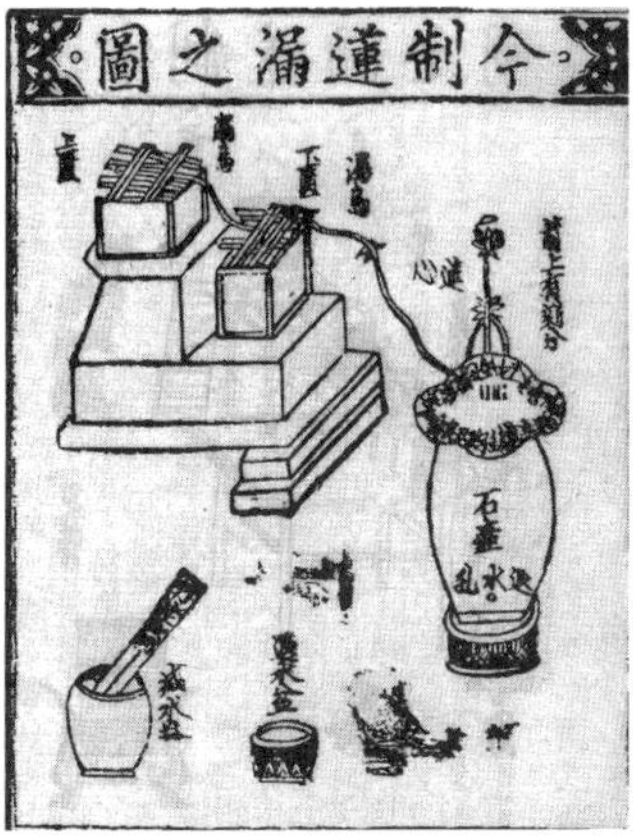

図48　1304年以降に『事林広記』に追加収録された「蓮花漏図」
北京大学図書館蔵（『中華再造善本』所収）。

「宝山漏」のもうひとつの可能性は、北宋の蘇頌《そしょう》・韓公廉《かんこうれん》等の水運儀象台（国立天文時計台）を参考に、「蓮花漏」を動力とした絡繰人形付きの水時計（図49）。唐の梁令瓚《りょうれいさん》以来改良を重ねてきたものである。蘇頌自ら図解した『新儀象法要《しんぎしょうほうよう》』が出版されており、郭守敬がこれを入手するのは難しくなかった（中の巻が百科事典の『事林広記』の初期の版に収

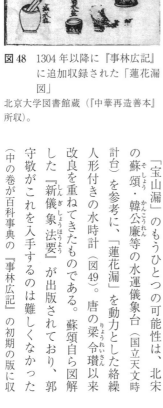

録される）。郭守敬自身、蓮花漏、宝山漏の改良の翌年に水運儀象台を建造した。日本では、山田慶児、土屋榮夫等が当該書を解読して、一九九七年に長野県諏訪郡に水運儀象台の原寸大（高さ約十一メートル）の模型を建造し、稼動に成功した。

朝鮮半島に伝わった郭守敬の「知」と「技」

高麗王室は、はやくから諸策を弄し『授時暦』の秘奥を探ろうとした。君臣ともども、観光名所となっていた太史院・司天台を何度も訪れた。次の朝鮮王室でも、大元ウルスに仕えた経歴を持つ官僚たちが全て鬼籍に入る世宗の頃まで、熱心に『授時暦』と『回回暦』の研究がなされた。『世宗荘憲大王実録』によれば、一四三三年から宮城の西

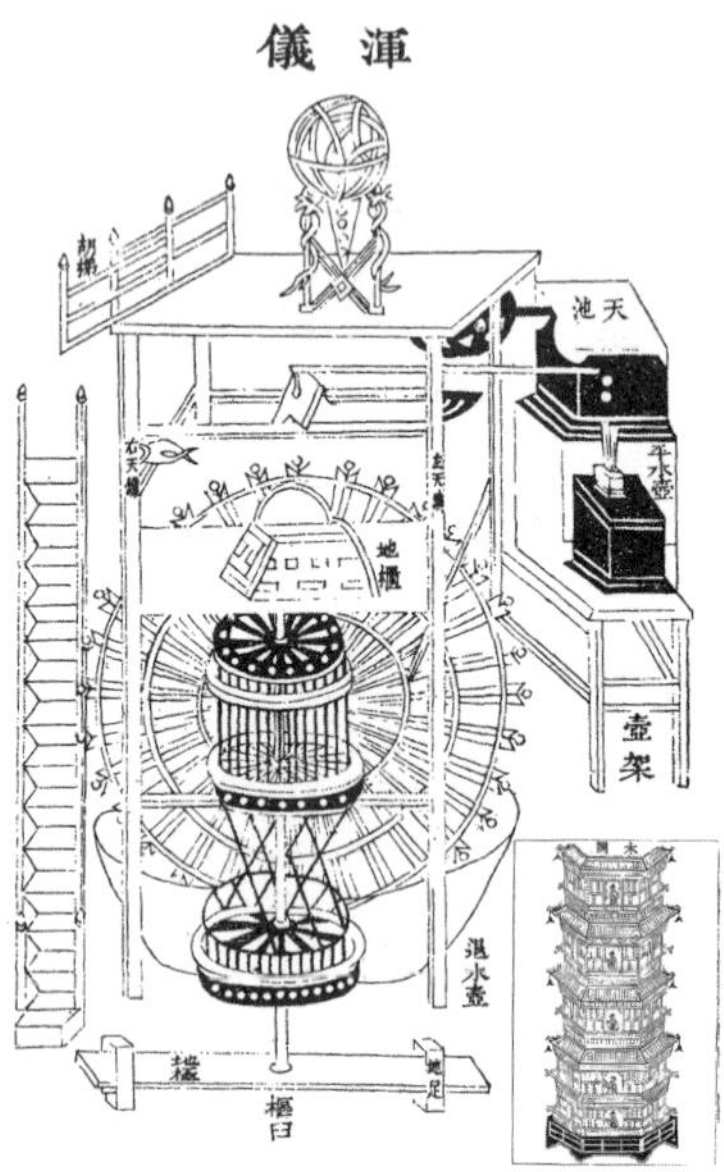

図49　北宋の絡繰時計と内部構造
『新儀象法要』巻下（『守山閣叢書』所収）より。右下隅の五層の木閣の骨組みが水車手前の“メリーゴーランド”部分にあたる。蓮花漏の水が石壺ではなく水車の各スポークにとりつけられた受水箱（脱進機）に落ちて水車を制御運転し，それに伴いメリーゴーランドが回転，各層に仕込まれた木偶が動き時刻を知らせる。

北隅、慶会楼の北に簡儀台を建設し、原寸大で復元した郭守敬の天文機器を据え付けた。慶会楼の南側の報漏閣（自動時報塔）は、東の間に絡繰人形を、中央の間にそれと連結する蓮花漏、鉄製の鶏卵大の球と銅製の（鳥捕獲用の）弾丸《はじきだま》大の小球、銅筒等を利用した制御装置を置いた。担当官の蔣英実が独自の工夫を加えたとされるが、星丸漏等にヒントを得たものかもしれない。さらに世宗は、常々の占いのためだけに、康寧殿の西に欽敬閣という名の小閣を建て、水力の絡繰時計を置いた。これが「宝山漏」の姿を伝えるものだった可能性がある。

曰く――高さ約二・一七メートルの張子《はりこ》の山の内に蓮花漏・雁木車等の機械を隠す。弾丸大の金球を五片の彩雲で包む太陽が、山の中腹を一日一周、斜めの軌道で朝夕に出没、季節の移ろいによって角度等を変えてゆく（山の斜面には、東の春から四季の情景を絵筆と木製の人物・花鳥・禽獣で再現）。太陽の下、東西南北にそれぞれ金鐸を手にして雲に乗る天女一名が立ち、十二時辰のうち寅・卯・辰は東といったように分担して、「初正」に金鐸を鳴らす。各天女の下側には、四神（青龍・朱雀・白虎・玄武四星の精）が山に面して立ち、寅・卯・辰は青龍が北・東・南へと回転、巳で一周、同時に次の朱雀が東に向く（以下同じ）。山の南麓の高台に絳《あか》い公服を着た司辰が一名、山に背を向けて立ち、甲冑を着けた武士三名のうち、東に立つ一名は鐘・鎚を手に西を向き、西北の鼓と撥を手にした一名および西南の鉦と鞭を手にした一名は東を向く。「時」「更」「点」ごとに司辰がそれぞれ鐘、鼓、鉦担当に対し指示を出し、自分に向って鳴らさせる。かれらの下の大地では十二神各自が該当の方位に埋伏、山裾に専用の門があり、子の時には当該の門が開いて天女が時牌を手に現れ、鼠がその前方にせり上がってくる。丑の時が来れば天女、鼠ともに元の位置に還り、牛と別の天女が現れる（以下同じ）。午の位置の前にもうひとつ台《うてな》があり、水が満杯になると覆る欹器《きき》が載っており、その奥で金瓶を手にした官人が（循環し続ける）蓮華漏の残り水を注いでいる――と。

細部の仕組みは書かれていないが、水運儀象台の技術を改良、小型化したものだったように見える。ところが郭守敬は宝山漏に満足せず、さらに高度な絡繰時計に挑戦する。

3　カアンの絡繰時計――西からの影響

郭守敬はクビライのために、「宝山漏」とよく似た名の「七宝灯漏」も製作した。即位、誕生日の式典、元旦の接見、朝会等を行う大都大明殿《ダイドゥだいめいでん》（一二七三年頃完成）内、カアンの宝座前面に設置された。『元史』は以下のように説明する。

七宝灯漏の製作――郭守敬の新たな挑戦

灯漏の体裁は、高さが約五・三七メートル、屋架（桁）は黄金づくりで、「曲梁」の上部には、中央に渦巻く雲の意匠、左に太陽、右に月を配し、雲紋の中心の付け根から球をひとつ吊るす。梁の両端は阿吽形で眼《まなこ》を廻らす龍の頭部で飾られ、水流を均一にするための速度がわかる。真ん中の梁（に対して垂直に組まれた架）に、珠に戯れんとして仰臥する龍二匹の身体が纏わり付き、水量を一定にするための調節も知り得る。これらはみな無駄な装飾ではないのだ。灯毬（丸灯籠＝球）は黄金・色鮮やかな宝石・真珠で細工が施されている。内側を四段に分かち、最上段は天上の四神（青龍・白虎・朱雀・玄武四星の精）を環状に配し、日・月・参辰（恒星・惑星）の所在に照らして一日一周左側に旋転させる。二段目は地上における四神の権化の四獣（龍・虎・鳥・亀）の像を作って各方角に置き、一刻ごとに鐃《どら》等の音に呼応して跳ね踊らせる。三段目は百刻に分かち、上に各自の「時牌」

を手にした十二辰（十二支）の神々を並べ、当該の時が来ると、四つの門を順に出て報ずる。さらに人が一名、当該門の内側にいて常に指でその刻数を指し示す。最下段は（櫃の）四隅に鐘・鼓・鉦《かね》・鐃に各一人、一刻は鐘、二刻は鼓、三刻は鉦、四刻は鐃を鳴らし、十二辰の各「時初」・「時正」にはみな同じようにする。機械の仕掛けは櫃の中に隠されており、水力で動かす。

トクテムルの寵臣柯九思《かきゅうし》は〝玉漏は機《しかけ》を蔵して水暗《ひそ》かに流れ、真珠は日を射て（闇に）灯毬を動かす。偶人《でく》は自《みずか》ら解《よ》く青瑣（鎖の透かし紋様の門扉）を開き、高きより龍牀《りゅうしょう》（カアンの宝座）に拱《こまね》き（両手の指を胸前で交叉・敬礼）暁《あかつき》の籌《かずさし》を報ず〟なる七言絶句を詠んでおり、註に〝偶人が交々《こもごも》小さな門を開き灯の外側の板の上に出てきて御牀の真正面に立ち〟云々とある。元旦の大朝会に参加したカルルク出身のナヤン（馬易之《ばえきし》）の詩の割註も、〝大明殿の幄《とばり》は上に大宝珠を吊るし、内側に郭守敬製作の灯漏が設置されている〟と明言する。初めて参内した人々が煌々と照らされた木偶の動きに口をあんぐり眼は釘付け、の情景が目に浮かぶ。裸眼で「時牌」の文字を確認できるなら、相当大きな灯籠だったはずだ。しかもミラーボールよろしく旋回したらしい。

いっぽう、周伯琦《しゅうはくき》は「歳乙酉（一三四五年）の元旦早朝の大明宮《だいめいきゅう》」と題する七言律詩に自ら註を付し、〝殿上に毬灯の形状に似た香漏を吊るす。内側の百刻香の押形は篆書のように旋繞し十二辰に対応する。非常に精美な外観。下には銀盆が置かれ、緑毛亀がぬるま湯につかる〟という。お香の押形は目に見えない高所にあるから、時間によって薫りが変化したのだろう。絡繰のことは、故障してしまっていたのか言及しない。緑毛亀云々は、冬季の氷結対策——大明殿の温水暖房《セントラルヒーティング》設備、それを利用した絡繰時計の可能性を示唆する。大明殿の近くには別に暖殿と呼ばれた小ぶりの建物があり、石炭を利用したオンドル式の居室や浴室《サウナ》を備えていたようだ。

郭守敬の発想源

七宝灯漏の外形・内部構造を示す設計図は、残念ながら伝来しない。しかし曲梁と灯毬を貫く機輪軸は、カアンと臣下の視界を遮らないよう、かなり高い位置で受け止めねばならなかったはずだ（図50）。櫃やそれと連動する各種仕掛けは、おそらく架・梁の間、柱の陰、床下に隠した。蘇頌《そしょう》等の水運儀象台や「宝山漏」より難易度は上がる（Ⅷ章2節二〇四～二〇六頁参照）。なお、維持管理のために専任職員が一名配置されていた。

「頭上の時計」といえば、古くは『旧唐書《くとうじょ》』が伝える払菻国（東ローマ＝ビザンツ帝国～シリア方面）の宮殿の門楼に懸かる黄金製の秤・弾《はじき》丸《だま》大の小球・等身大の人形が念頭に浮かぶ。続いてイブン・ジュバイル（一一四五～一二一七）が報告するダマスクスの会衆モスクの東のジャイルーン門外柱廊に設けられた灯漏。リドワーン・ブン・サーアーティーの製作に係り、季節とともに変化する昼夜の割合

図50　南側正面から見た七宝灯漏
筆者作成。床に万年長寿を意味する緑毛亀を置くことで勅建碑と同じ様式になり，「写真の額縁」効果を齎す。参列者にはまさに"長生《とこしえ》の天の気力《ちから》の裏《うち》に"聖旨《ジャルリク》が下されるように見えただろう。

図51　ジャザーリーの水時計

トプカプ宮殿附属図書館蔵（*Olaganüstü mekanik araçlarin bilgisi hakkinda kitap* [*facsimile*], Ankara, 1990, f. 5b, 18b）。

に対応し不定時法を導入していた。アルトゥク朝（アナトリア東部）の王に仕えたバディーアッザマーン・ジャザーリーの『建築学機巧《ヒヤル》の知識に関する書』／『機巧《ヒヤル》に関する科学定理・技芸実践の集成』（一二〇六年）は、自身が製作した水時計や蠟燭時計、自動給酒機《サーバー》、手洗い機等を逐一詳細に図解するが、リドワーンの灯漏に楽人の絡繰を付け加えている（図51）（一九七六年、ロンドン科学博物館の展示のため、ドナルド・ヒル等が復元）。

　これらの設計図に描かれた小球、雁木車、錘《おもり》、滑車等は、十三世紀後半のヨーロッパの修道士たちのみならず郭守敬にも啓示を与えた可能性が高い（マルコ・ポーロの『百万の書』やポルデノーネのオドリーコの報告書が大明殿の灯漏に触れないのは、中東ですでに同様のものを目にしていたからだろう）。そもそも「七宝灯」は、ビザンツ帝国やマムルーク朝のエナメルガラスのランプを模していることを表すのかもしれない。

王士點《おうしてん》・商企翁《しょうきおう》編『秘書監志』に記されたとうじの司天台の基本教材一覧には、時計に関わる回回《アラビア》文字の書物として『撒那的阿速忒《サナティアストゥ》［児剌不《ルラーブ》］／撒那的阿剌忒《サナティアーラート》』八巻と『黒牙里《ヒヤル》』二巻が挙がる。前者はアブー・アルライハーン・ビールーニー（九七三～一〇四八）ないしアブーサイード・スィージュズィー（九四〇～一〇二五）の『渾儀の香漏＝アストロラーベを造るための書』だろう。後者はムーサー・ブン・シャーキルの三人の息子たちによる *Kitāb al-hiyal*『（香漏幷びに）諸般の機巧《ヒヤル》を造るための（書）』（九世紀後半）で、ジャザーリーが大いに参照したものだ。一二五四年、ルブルクのギヨーム修道士がカラコルムのモンケの宮廷で見た給酒機も、パリ出身の職匠がジャザーリー等の書に記載される絵図を見ながら製作、銀細工を施した可能性がある。

カアンお手製？の絡繰時計

『（明）太祖高皇帝実録』によれば、一三六八年十二月五日、洪武帝は、天文観測や暦日《カレンダー》の製作のために、大元ウルスの旧太史院、漢児《キタイ》司天台、回回《サルタウル》司天台の官僚たちを徴集した。かれらはトゴンテムルの「水精宮刻漏」（水晶宮を模した時計／上都《シャンドゥ》の水晶殿に設置の時計／水晶製の宮殿時計）を運んできて献上した。ところが、洪武帝は眺めまわした後、「膨大な公務を放り出してこんな物にうつつを抜かすとは、まさに『尚書』の〝無益ヲ作シ有益ヲ害ス〟というやつじゃ。この心を天下の政治に傾けておれば、何で滅亡になど至るものか」と言って、侍従に粉砕させたらしい。そのご間もなく『元史』の編纂官は、洪武帝の示威的行動《パフォーマンス》に呼応し、「順帝本紀」の一三五四年の末尾に、トゴンテムルのチベット仏教の秘儀への耽溺、かれ自身の設計とされる「目玉・口・爪・尾が動く龍の御苑遊覧船」と「水精宮刻漏」の記事を付した。

曰く――高さは二・五メートル弱、幅はその半分、櫃の内（下部）に蓮華漏がしのばせてあり、水が上下に循環する。櫃の上には西方の三聖（浄土の阿弥陀・文殊・普賢）を祀った宮殿が設えられ、櫃の中腹部には時刻の籌《かずさし》を手にした天女が立ち、時刻になると水に浮かんで上がってくる。天女の左右には金の鎧を被る神将二名が控え、一名は鐘を、一名は鉦を提げている。夜になると神将たちが自動で（郭守敬が計算した）「更」に従い分毫の差もなく正確に敲く。鐘、鉦が鳴る際には、獅子と鳳凰が傍で飛びめぐり舞う。櫃の東には太陽、西には月の両宮があり、飛仙六名が宮殿の前に立つ。子午（夜・昼の十二時）になると、飛仙が自動で対になって進み、仙橋を渡って三聖殿に至ると元の立ち位置に戻ってゆく。精巧を極めたもので、人々は稀代の品だと言いあった。

宮殿の階《きざはし》の下――カアンの宝座から見るとちょうどよい高さに設置され、櫃の中段から上は展示ケースのように木枠にガラスを嵌めてあったのだろう。「宝山漏」の亜種と見られる（大明《ダイミン》末期に周述学《しゅうじゅつがく》が『神道大編暦宗通議《しんとうたいへんれきそうつうぎ》』に呈示した「水晶漏図」は、想像の産物で『元史』と合致しない）。とうじ太史院の官僚だった楊瑀《ようう》によれば、トゴンテムルはかれが献上した携帯用の直径約十センチの日時計で浙江・大都・上都の緯度差を確認させたり、太史院に折り畳み式渾天儀を造らせたり、確かに天文観測や機械工学に興味を持っていた（カンクリ出身の名筆《めいひつ》高官キキの弟子で、宮殿内の調度品の管理に携わった詹希元《せんきげん》が、上都《シャンドゥ》方面での利用に供すべく五個の雁木車で動く「宝山漏」型の砂時計を製作したのも、勅命によるのだろう）。しかし同時に、宮廷の食費や光熱費を見直し、倹約生活を送っていたとも証言する。龍船もアユルバルワダの頃に存在しており、王振鵬《おうしんほう》が絵巻に記録していた（I章3節二五頁）。

かつてクビライは、旧南宋の宮殿で使用していた銀細工の精緻な刻漏を、司天台の有望な若手官僚だった岳鉉《がくげん》に気前よく下賜した。岳鉉のほうも私蔵せずに勤務先に設置することを願い出たという。こちらのほうがよほど美談だろう。

4　もしもし、亀よ、亀さんよ

緑毛亀をめぐる公文書

大都《ダイドゥ》（いまの北京《ペキン》）の大明殿《だいめいでん》の絡繰時計「七宝灯漏」の下、温水を用い大事に飼育されていた緑毛亀（蓑亀）は、皇帝の徳を称賛するための小道具（神亀・霊亀）として、『三国志』をはじめ中国の正史にしばしば登場してきた。皇帝の「本紀」もしくは自然界の超常・怪奇現象を記す「五行志」への収録が普通だが、『元史』では全く触れられない。依拠した大元時代の「実録」編纂の方針（潘昂霄《はんこうしょう》『金石例』に二十七カ条が載る）で「瑞兆」を重視していなかったからだろう。

　しかし、大元時代の緑毛亀の記録が全くのこっていないわけではない。一二六八年初めに中書省の右三部が発給した公文書もそのひとつである。紙の文書を碑石に謄写・刻したもので、日中戦争・文化大革命のあいだに失われたようだが、北京大学図書館に拓本（縦五五×横一〇五センチメートル）が蔵される（『道家金石略』一九八八年）。採拓時にすでに碑石の一部分が摩耗・剥落していたため、欠落文字は文脈から可能な限り復元（網かけ。■は推測不能）したうえで紹介する。

　とうじの習慣として、「皇帝《カアン》」「聖旨《ジャルリク》」を二字抬頭して格段の尊崇を表現するほか、その他の畏敬対象（傍線）の出現時には必ず改行している。改竄を防ぐべく、文書の冒頭（01〜03行に二カ所）、紙の繋ぎ目（07～09行、18～20行の下部に各一カ所）、末尾の日付（27行に五カ所）に八・二センチ四方の「兵刑工部之印」を捺す。中書省の部局の統廃合・再分裂により短期間しか存在しなかった右三部の官印と担当官の書き判（花押）を忠実に伝える点でも貴重な文書である。

01 皇帝《カアン》ノ聖旨裏《ジャルリクニ》ヨッテ、中書右三部は今、唐州城の西北角の
02 玉仙聖母清淵太素元君廟の■興順《こうじゅん》等の状《ちん》
03 告《じょう》有りて【近く准《う》ケタル唐州ノ文字《かきもの》ニ［坐シ奉ジタル南京路総管府ノ指
04 揮ニ〔備シテ准《う》ケタル右三部ノ符文ニ《承奉セル
05 **聖旨《ジャルリク》ニ『唐州城の西北角の廟の前の井の内の緑毛亀■**
06 **陸箇《ろっこ》を取り要《もと》めよ』**と。此レヲ承《ウ》ケヨ》とあった。**取り到る亀児肆箇《かめよんこ》は、興順《こうじゅん》を令《し》て駅逓《えきでんの》**
07 **鋪《かえうま》を馳せ、逓《つた》え送り前《すす》み来たらしめ、已《すで》に**
08 **進献を行い、少府監に分付し収管せしめた外《ほか》、至元四年十二月の**
09 **内に段少監ノ伝奉セル**
10 **聖旨《ジャルリク》ニ『亀児《かめ》で緑の毛衣《けごろも》児を上《かぶ》るのを収拾し将《もっ》て来者《こい》。休《な》性命《いのち》を犯しめ**
11 **者《そ》』と。**此レヲ欽シメ〔一〕と。興順《こうじゅん》の思慮し得たるに∴本廟は経《かっ》て兵革に値《あ》いて焼毀し
12 止《た》だ瓦舎《ほったてごや》一間有り。州郡を方《かたわ》らにて佐《たす》くに縁《よ》り、但《およ》そ
13 天の旱《ひでり》に遇わば本廟の井池の内に於いて

14 聖なる水を祈《いの》り求む。今、前項の
15 聖旨《ジャルリク》を奉じたるも、若《も》し本廟を将《もっ》て禁約せざれば、切に往来する客旅・諸色人《いろんな》
16 等の廟内に於いて宿睡《ねとまり》し、非理に作践《ろうぜき》し、
17 神霊に触れ犯し、井池を毀《こぼ》ち汚すを恐る。乞ウラクハ禁約ヲ行《クダ》サレン事ヲ】とあれば、省部
ノ稟《モウシア》ゲ奉ジタル
18 都堂ノ鈞旨《ウケ》ニ「右三部ニ仰セテ文字ヲ行《クダ》シ禁約スベキ者ナリ。此レヲ奉ゼヨ」と。
19 今榜文《たてぶみ》を出し、本廟に給付して張り掛けしめ、往来・経過する軍
20 馬・客旅・諸色人等に仰せば、並びに
21 玉仙聖母清淵太素元君廟の内に於いて宿睡《ねとまり》、非理なる
22 作践《ろうぜき》、井池を毀《こぼ》ち汚《けが》すを得ず。如《も》し違犯之《の》人有れば即便《ただち》に捉拿して
23 厳しく治罪を行い施行せよ。此レヲ拠《ウ》ケヨ。須ラク議シテ榜文ヲ出スベキ者ナリ。
24 右の榜は本廟に付して、張り掛け、省《さとし》
25 諭《いましめ》たれば、諸人は各《おのおの》通知せ令《し》めよ
26 井池を毀ち汚すを禁約する事の為《ため》に　判
27 至元伍年正月　日　判

「指揮」「符文」は、下位の部局・機関に宛てて出される公文書の書式。官庁間で遣り取りされた複

数の文書が入籠《いれこ》になっていて難解だが、河南一帯を統括する南京路総管府《なんけいろそうかんふ》管内の唐州（唐河県）双鳳山山麓にあった聖母廟の住職興順《こうじゅん》（姓不詳）が、カアンに奉納する緑毛亀の産出、および旱魃時の雨乞いの祭祀における霊験を盾に、駅伝《ジャムチ》の宿泊所の対象からの除外——庇護・不入権を求める陳情書を出した。そして首尾よくクビライの首脳陣から認可を得た。聖母廟は、後世まで証拠として伝えるべく石に寸分違わず刻んだのだった（その想いとは裏腹に、廟は大明《ダイミン》以降廃れゆき、亀井も大清《ダイチン》乾隆年間頃には完全に乾上がって緑毛亀はいなくなり、碑石だけが空しくのこった）。

クビライ一家のゲン担ぎ

ここで注目すべきは、クビライ自身が緑毛亀の産出地を知っていて六匹以上の献上を求めたこと、四匹では満足できず再び聖旨《ジャルリク》を下した事実である。飼育を任された少府監は、新首都開発のほか、宮殿内の調度品や工芸品、国家規格の頒布品の製作を管理する部局だった。とうじその部局の副長官だった段貞《だんてい》は、字《あざな》を天祐《てんゆう》、モンゴル名をノガイ（狗）といい、カアンのお世話をする宿衛《ケシク》では遺失物管理官《ブラルグチ》をつとめていた。

そして、クビライ即位から十周年の一二七〇年初め、記念式典の準備のさなか、大都城《ダイドゥ》の西の高梁河から黒地に金模様の神蛇、緑地に金模様の甲羅の霊亀が立て続けに出現した。折しもクビライの正后チャブイの懿旨を奉じてチベット仏教の西鎮国寺と周辺の土木工事を行っていた太府監のエグデチブカがその話を聞きつけ、クビライとチャブイに報告した。結果、北方より興隆した大元大《イェケ》モンゴル国《ウルス》の守り神——玄武の使者だということになり、エグデチブカと段貞が国費を以て神武廟（昭応宮）を建設、一部始終を絵図にした。出来過ぎの話で、このために聖母廟の緑毛亀が余分に必要だったのだろう（『居家必用《きょかひつよう》』は、「菰《まこも》の泥と馬糞を捏ね合わせ亀の甲羅に塗り擦り付けて日陰の溝で育てれば、緑毛——苔・藻が生えてくる」というが、天然物でなければご利益が無い？）。

ちなみに下級官僚だった王惲《おううん》も、聖母廟から献上された緑毛亀を宮廷内で見たことがあったようだが、それとは別に、南宋を接収した一二七六年、チンキム皇太子の誕生日を祝すべく、中書省左丞の姚枢《ようすう》、国子監祭酒《さいしゅ》（≒帝国大学総長）の許衡《きょこう》、御典医の許国禎《きょこくてい》に付き従い参上した際、東南アジアの交趾国から献上された緑毛亀を観賞している。さらに二年後の同日にもチンキムのところで「大亀」を目睹したらしい。お誕生日には欠かせない贈物《アイテム》だったのだろう。

哀しき運命《さだめ》に身を任せ⁉

いっぽうで、中書省右三部の文書と同じ頃、其処に勤める官吏で元曲（散曲・雑劇）の大家として関漢卿《かんかんけい》と並び称される王和卿《おうわけい》が、この緑毛亀を題材に韻を踏む小令《こうた》を詠んでいた（諧謔が行き過ぎた少々お下劣な作品も二、三点のこる）。

緑毛稠。びっしり生やした緑毛が

繞池遊。戯れ廻《めぐ》る池のなか

口内気吐香烟透。線香を絶やさぬように吐く息や

売卦的先生把你脊骨颩。「下《うらな》いで生計立てる／的屋《てきや》紛いの賢《さか》しらぶった」先生がお前の背骨をかち割れば

十長生裏伴定箇仙鶴走、「十倍の長寿をもって／「十長生」なら」鶴さんのお相手つとめて行くはずが

白大夫的行頭。医者の看板薬が「セキのやま／効かぬまま」

「千年紅頂鶴（鶴は千年）、万歳緑毛亀（亀は万年）」の対句よろしくめでたき存在のはずが、じっさいは亀卜や漢方薬に使われて短命なことを笑った戯《ざ》れ歌である。「十長生」は不老長寿の十個の縁起物で、新年を祝ぐ絵図や芝居に登場した。「（緑毛）亀」は「寝取られ男」を意味する罵語にもなるので、唄

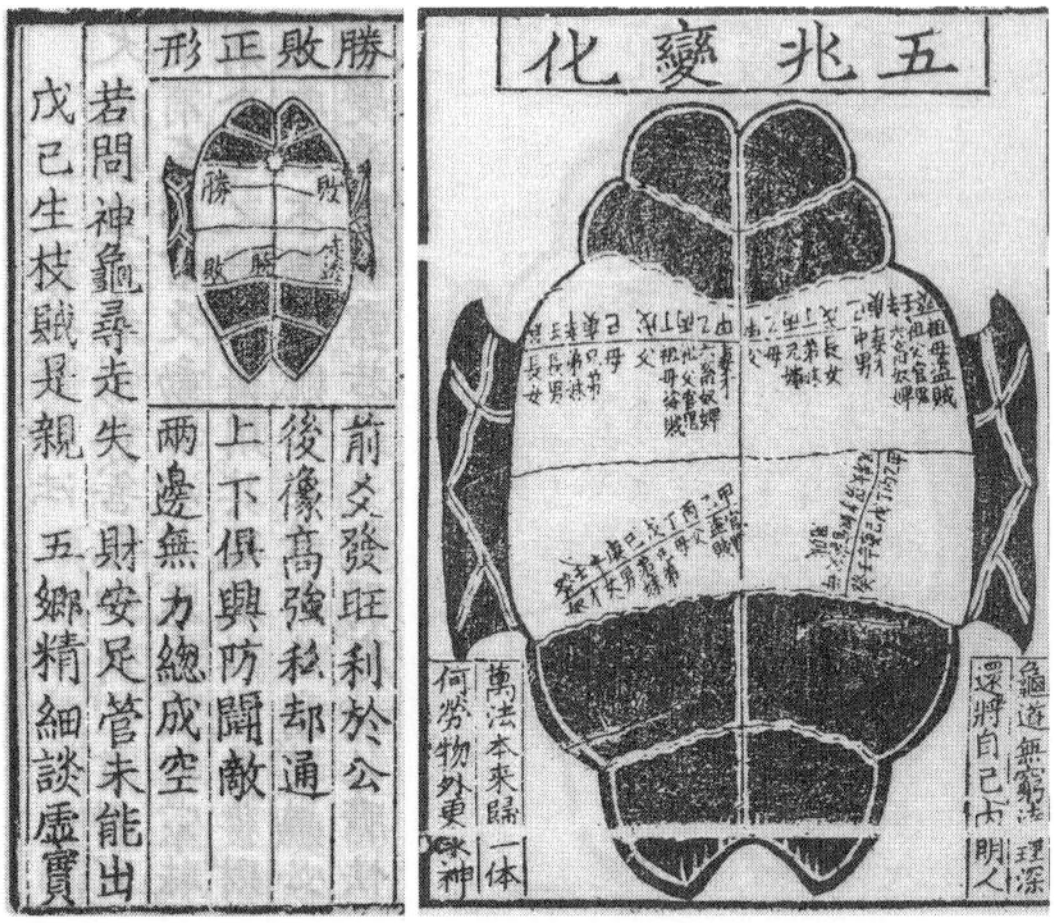

図 52　『玉霊聚義』巻三 12b，巻五 13b より

北京大学図書館蔵（『中華再造善本』収録）。玉霊（神亀）の甲羅の罅《ひび》割れと判断法が逐一，七言の口訣とともに図解される。南宋の邵平軒《しょうへいけん》『玉霊照膽経《ぎょくれいしょうたんきょう》』（1189 年纂，1332 年詹仲脩《せんちゅうしゅう》跋），大《ダイ》清《チン》の胡煦《こく》『卜法詳考《ぼくほうしょうこう》』（1730 年）以外に類似書が伝わらずきわめて貴重。謝応芳『心伝要訣』（1382 年）は本書の抜粋に過ぎない。なお，モンゴルは鼈亀を［yasutu/naq］menegei“甲冑を着た蝦蟇”と呼んだ。

全体に別のダジャレが掛かっている――「売卦的先生～」が「口のうまい間男がお前の神屋（龜甲の別名＝家庭）壊したら」、「白大夫～」が「三枚目（道化の役）でお開きや」――可能性もある。

なお、国家祭祀で香酒《においざけ》に用いる包茅《つばな》（三脊茅）は常徳・澧州・沅州（いずれも湖南省）産が、蓍草《めとぎぐさ》（筮竹）は伝説の皇帝伏羲《ふっき》が使用したという蔡州白亀池（河南省上蔡県）産が、毎年献上されていたが、大都の御苑でもそれらを栽培していた。とすれば、緑毛亀も献上品ないし繁殖させたものを、じっさい亀卜に使用していたのかもしれない。モンゴル自身は、契丹、チベット、西夏《タングト》などと同じく、羊の髀骨や琵琶骨を炙りその割れ方で吉凶を判じた。しかし王族たちは、漢児《キタイ》（旧大金女真国領《ダイキムジュシェングルン》）・蛮子《マンジ》（旧南宋領）出身の陰陽人《ウジェメルチ》（卜者《トレゲチ》）を相当数抱えていて、かれらの断とも照合していたからである。

罅割《ひびわ》れ（日々我）を見よ

亀の甲羅を使った卜《うらな》いは、少なくとも殷王朝からずっと継続していた。『隋《ずい》書』や『旧唐書《くとうじょ》』の「経籍志」、『宋史』の「芸文志」や『通志』の「芸文略」には、亀卜関連の書名が複数挙げられている。教材としては、『白亀経』『五兆経』の二種が定番だったらしい。大元ウルス治下の一三一五年には、平江（蘇州）出身の陸森《りくしん》が先行文献（『史記』の「亀策列伝」、唐の徐堅《じょけん》や北宋の王洙《おうしゅ》が整理した『亀経』等）、陸家で三代に亙り伝授されてきた秘奥を五巻に編集し、同地の陰陽学教授の駱天祐《らくてんゆう》等の伝手《つて》で、公費出版にこぎつけた（図52）。『（新編校正）玉霊聚義』と題するように、刊行前の数年間は、学官たちが内容を審査し、宮中所蔵の書籍とも比較照合、厳密な校勘作業を行っていた。一三二九年以降、陰陽学の教材として使用されるようになっただけでなく、陸森自身もこの業績により駱天祐の後釜として教諭の職を得た。亀様様《さまさま》である。

【附記】

「十長生図」については、呉國聖（台湾清華大学）の教示を得た。高麗末期の李穡《りしょく》の詩に登場することから、朝鮮独自のものと考えられてきたが、王和卿の小令によって、大元初期には存在していたことがわかる。「元曲（雑劇・散曲）」を愛好した大明《ダイミン》洪武帝の孫の周憲王朱有燉《しゅうけんおうしゅゆうとん》は、「東華仙三たび度したる十長生」と題する慶祝雑劇を製作している。

Ⅷ　征服された人々の生き様から

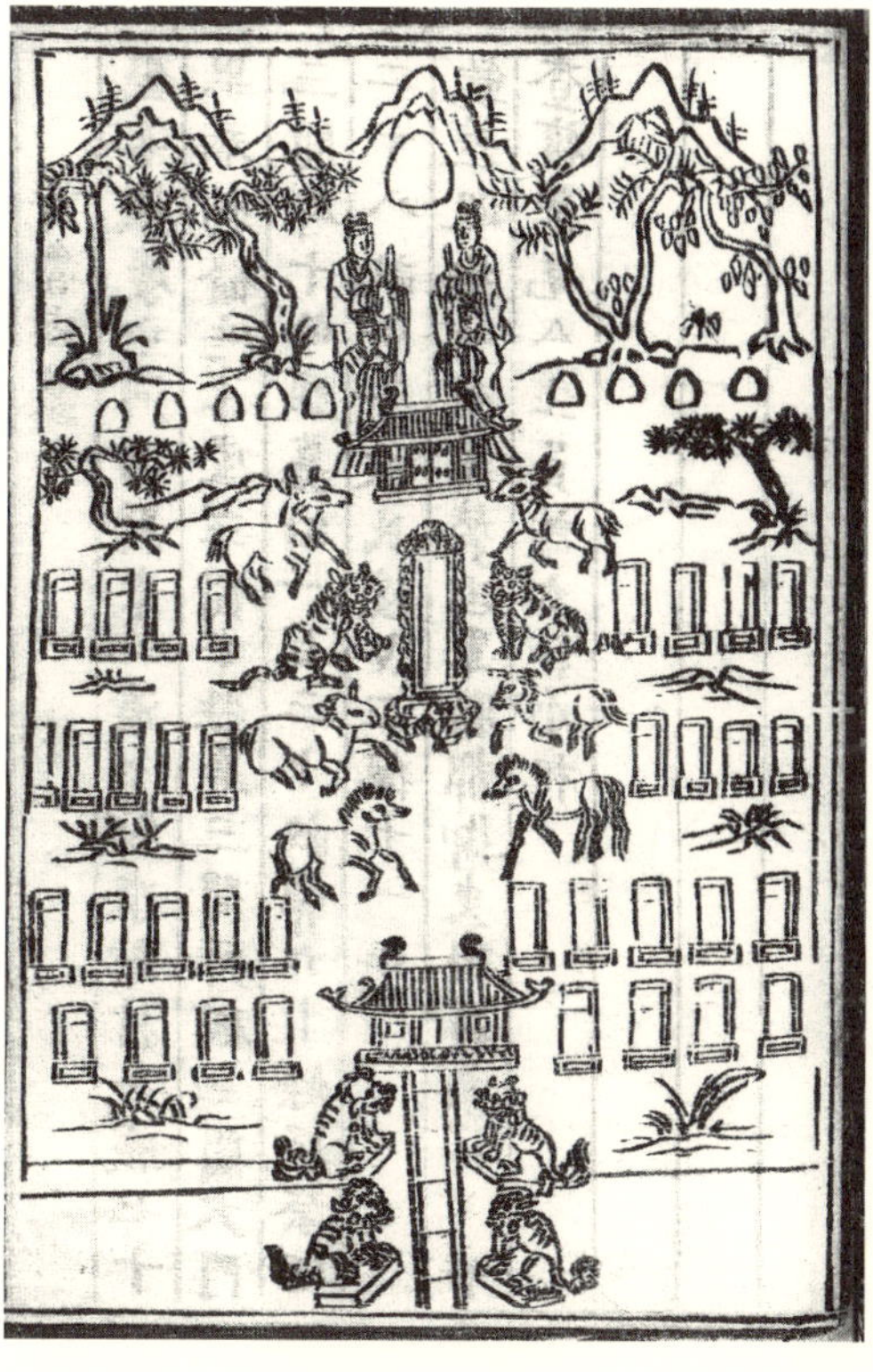

【Ⅷ　扉図】

クビライ家の投下《アイマク》領懐孟路（河南省焦作）に設けられた許衡《きょこう》（1209～81）一家の墓地。許衡は一品の位に昇り詰めたので，墓道の両側に石人――武官・文官の像4，石柱2，石虎2，石羊2の設置を許されていたが，馬と正体不明の獣も各2確認される。大明《ダイミン》以降に追加されたものか（どちらかは石柱の代替？）。稚拙な版刻技術だが，墓道の中心に聳え立つのは勅建の螭首亀趺《ちしゅきふ》の神道碑（高さ4.6 m，幅1.9 m，厚さ0.9 m前後。四面全てに文字を刻む）だろう。墓地内には夥しい数の方趺の碑碣が，石人の奥には許衡を埋葬した塚，脇には小さな塚が並ぶ。この墓地は発掘調査がなされて，弟の許《きょ》衎《かん》の墓誌銘等が出土しており，各種典籍の記述を補足するに至っている。許衡は幼少の頃から，滅びゆく大金女真国《ダイキムジュシェングルン》の混乱と荒廃を目の当たりにし，各地の復興・繁栄のためには，医療・農業・商業などの振興，水利・土木工事などの事業，したがって官僚予備軍への実学教育が必要だと痛感していた。そして姚枢《ようすう》等とともに，自分たちの経世済民への志と実践を支える新たなイデオロギーとして南宋の朱子学に着目，その普及に邁進する。漢児《キタイ》の地の経営に乗り出したクビライ・チンキム父子には重宝な人材であり，許衡等は大元ウルスのさまざまな制度設計に携わることとなった（『魯斎全書』1518年刊，国立公文書館内閣文庫蔵）。

1　趙良弼と儒学校

孔子廟に発給された榜文

クビライの治世、石に刻まれた榜文《たてぶみ》は、複数伝わる。なかでも至元十四年十二月某日（一二七八年一月）に、軍事関連一切の最高指令部枢密院が真定路趙州賛皇県（河北省石家荘の南）の宣聖（孔子）廟に発給したものは、注目に値する。民国期以降は県の糧食局院所管となっていたが、二〇一二年にオルドスのモンゴル源流博物館に寄託された。拓本も北京大学図書館、台湾歴史語言研究所等数カ所に伝わる（図53）。『光緒続修賛皇県志』（一八七六年）によると、廟にはこれと一緒に中書省が発給した榜文も届いており、別の石に刻まれた。文化大革命の際にいくつかの碑石ともども破壊されてしまったが、一二六九年に制定されたパクパ文字の方印「ǰuŋ-šeu/ šiŋ-yin 中書／省印」を捺していたはずである。

01 皇帝《カアン》ノ聖旨裏《ジャルリクニ》ヨッテ、中書省ノ拠《ウ》ケタル枢密院ノ**趙**《ちょう》**同簽**ノ呈ニ「近く真定路趙州
02 　賛皇県に於いて自ら剏建を行いたる
03 宣聖廟一所は、地を計るに九畝三分。正殿・両廊・三門・講堂・凌霄門・
04 　塑と画の像（孔子、孔門十哲、七十二賢）は皆新たにして、今已《すで》に了畢《しまいおわんぬ》。照ラシ得タルニ：中

統二年六月二十五日（一二六一年七月二十三日）ノ
05 聖旨《ジャルリク》ノ節文ニ『燕京《えんけい》等路の達魯花赤《ダルガチ》（鎮守官）・民を管する官・匠人と打捕《まきがり》の諸色《いろんなひと》を管する
06 頭目《かしら》及び諸《すべ》ての軍馬・使臣《エルチ》の人等に道《い》い与える。
07 宣聖廟は、
08 国家が歳時《まいとしきせつごと》に祭りを致せば、恒《つね》に洒掃《みずまきほうきがけ》・修潔《おきよめ》せ令《し》むべし。今後は諸《すべ》ての官員《ノヤン》・使臣《エルチ》・軍
馬を
09 禁約すれば、廟宇の内に於いて安下《ねとまり》或いは聚集、詞訟《そしょう》を理問《しんぎ》、及び褻瀆《ろうぜき》・
10 飲宴《どんちゃんさわぎ》を得る無かれ、工匠を管する官は其の中に於いて営造《ふしん》を得ず。違《たが》う者は治罪《しょばつ》す。此ヲ
欽シメ』ト。乞
11 ウラクハ文榜ヲ給降シ禁約セラレン事ヲ」ト。
12 都省ハ呈ヲ准《ウ》ケ、今、榜ヲ出シ省諭《サトシ》ス。諸《すべ》ての官員《ノヤン》・使臣《エルチ》・軍馬及び不以是何《いかなる》
13 投下《アイマク》の諸色人《いろんな》等も、違犯を得る勿れ。如《も》し違犯之《の》人有れば、痛《きびし》く付《たいしょ》し治罪《しょばつ》す。
14 須ラク榜ヲ出スニ至ルベキ者ナリ。
15 右の榜は賛皇県の
16 宣聖廟に付せば、暁《あきらかに》諭し通知せよ。
17 至元十四年十二月十一日　立石。

図 53　枢密院が発給した榜文の拓本

原石は縦 80 × 横 119 × 厚 15 cm，おそらく側廊等の壁に嵌めこまれていた。冒頭，文書の繋ぎ目，末尾の日付，計 8 カ所に捺された縦 9.9 × 横 9.6 cm の方印――パクパ文字で左から右に縦書きで「č̣eu-muė／ʻu̯en-yin」すなわち「枢密院印」の漢字音を表記――を模刻するいっぽう，日付右側，花押の上あたりにあったはずのアラビア文字ペルシア語，パクパ文字（ウイグル文字）モンゴル語の添え書きは省略している（魏堅主編『元代北方金石碑刻集成　内蒙古，東北巻　鄂爾多斯《オルドス》蒙古《モンゴル》源流博物館蔵専輯（上）』中華書局，2023 年，p. 26）。

末尾の日付と「立石」の文字の間には、本来かなりの空白があり、関係者の名が刻まれていた可能性が高い。通例では原文書の日付は空欄になっており、現地に文書が到着し読みあげられる際に補填される。十一日に立石したとすると、文書の到着後わずか数日の間に碑石を選び突貫工事で刻ませ、式典を開催したことになる。縦長の碑だったなら、上部に文書、下部には廟全体の絵地図を刻んでいたのかもしれない。

　なお趙同簽とは、一二七四年一月から、枢密院において、〝同簽書枢密院事〟の任に就いていた趙良弼《ちょうりょうひつ》（一二一七〜八六。字《あざな》は輔之、号は樊川）のことにほかならない。

趙良弼の激動の半生

趙良弼は女真《ジュシェン》出身で、はんらいの姓は「趙家」に発音の似る「čeu（-yew-）gia 朮（要）甲」。大金女真国《ダイキムジュシェングルン》の太祖完顔阿骨打《ワンヤンアクダ》が大遼（契丹《キタン》）・北宋を滅ぼした際に軍功を立て、代々、賛皇県に駐屯する千人隊の長を務めた家である。父の愨《かく》、兄の良貴《りょうき》とその子讜《とう》、従兄弟の良材《りょうざい》は、大金に忠節を尽くし、モンゴル軍との戦闘のなか、壮絶な死を遂げた。とうじまだ十代だった趙良弼は、大金朝廷と運命を共にすべく、開封（河南省）に身を寄せていた。ところが一二三二年、大モンゴルの進軍の報に、哀宗と首脳部は足手纏いの下級官僚、避難民を見捨てて南の蔡州（河南省汝陽）へ逃げ出した。開封は、モンゴル軍の包囲、崔立《さいりつ》のクーデタと殺戮、疫病の流行によって大混乱に陥った。趙良弼は先祖の家系図・遺影を手荷物に詰め、母を連れて死の危機に瀕しながら黄河を渡り、北の故郷を目指した。このときの体験は、かれに強靱な胆力と冷徹な観察力、素早い情勢把握と異様な上昇志向を齎した。

地元に還ると、〝賛皇の教授〟を名のり、積極的に有名な学者と交流、史書から歴代の典章制度、軍事、地理を重点的に学んだ。その甲斐あって一二三八年、オゴデイが旧大金領で実施した儒・道・仏教の分野別資格認定試験に合格し、晴れて趙州儒学教授の正職を得た。

そのいっぽう、地元で培った人脈――特にブルクカヤ等ウイグル高官との繋がりを駆使して、真定路を投下領《アイマク》（分地）とするトルイ家の実質的当主ソルコクタニ（トルイの正妃）とその長男モンケへの推薦・面会をとりつけた。出身地からすれば四男のアリクブケに仕えるのが通例だったが、一二五一年にモンケがカアン位に坐ると、漢児《キタイ》方面（旧大金領）の鎮守と雲南・南宋征伐を委ねられた三男クビライのもとで働くこととなった。まずクビライの投下領の邢州（河北省邢台）の安撫司に赴任、熱心に財務監査を行って上官の不正を暴いた。その実績により一二五五年、クビライの投下領となったばかりの経済特区――京兆（陝西省西安）の宣撫司に移動、上官の廉希憲《れんきけん》（ブルクカヤの子）、商挺《しょうてい》等と組織ぐるみでカアンの取り分をごまかし、クビライの宮帳《オルド》に貢いだ。本人たちも現地で荘園を購入、その別荘で情報収集やさらなる人脈作りのためか頻繁に宴会を開催していたようだ。とうじ雲南の金銀鉱山や山西解州の製塩事業等、各種利権をめぐって、ウイグルやムスリムのオルトク（〈#〉一族経営の大商社）、その庇護者たる高官・諸王の争いが表面化し始めており、モンケとクビライの間にも亀裂が入ってゆく。そして、モンケの腹心アラムダール等が乗りこんできて苛烈な監査を実施したため、当地の経営からの撤退を余儀なくされる。

一二五九年、モンケへの蟠《わだかま》りを抱えながらクビライがようやく南宋に向けて出陣すると、趙良弼はその先鋒軍に参謀の一人としてかつ〝江淮安撫使〟の肩書を以て参加した。揚子江、鄂州（湖北省武昌）を越え岳州（湖南省岳陽）、潭州（長沙）まで攻め入り全戦全勝、指揮官としての能力も証明した。クビライのもとに「モンケが合州（四川省合川）釣魚山で陣歿」との極秘情報が届くや、帳幕ではカアン位奪取のクーデタが画策され、いくつか布石が打たれた。廉希憲も、高麗、大興安嶺一帯を拠点とする東方三王家（チンギス・カン諸弟の国《ウルス》）、華北軍閥の協力をとりつける交渉を請け負い、陝西・四川方面の情報（モンケから留守を預かっていたアリクブケを正当なカアンとして支持する王族・軍閥の動向）を収集する密偵の大役は、趙良弼に委ねられた。趙良弼はそれを迅速かつ正確に果たした。最終的に大軍と〝埋蔵金〟を握るクビライが勝利、唯一のカアンとなった後、廉希憲等は功労者として因縁の陝西・四川方面の権益――経営・軍事指揮権を認められた。趙良弼も〝宣撫使〟として前途洋々のはずだった。

だが、カネと権力をめぐる争いは、クビライと皇太子チンキムに焦点を変えて継続、アフマド・バナーカティー等の政治工作によって、廉希憲が一時失脚、趙良弼も厳しく尋問された。趙良弼はクビライの信頼を取り戻し、最悪でも後世に名を遺すために、生きて戻れぬ可能性すらある日本国への〝国信使〟の任務を引き受けた。出立前、クビライに①高邑県に吸収合併されていた賛皇県の復活、②賛皇の趙家墓廟前に一族の忠義の歴史と精神を顕彰する勅建碑の設立を請願し、認可されている。「悲壮な覚悟」が伝わったのだろう。

かくして趙良弼は、「文永の役」の直前の一二七一、七三年の二度に亙り、太宰府に上陸した。京都の天皇、鎌倉の征夷大将軍のもとに赴き、クビライの国書を直接手渡ししようとしたが、当地に留め置かれた（京都東福寺に趙良弼の書状の写しが伝来）。かれは日本と南宋の連携を阻むべく情勢を説く一方、自分の眼と足をたよりに作った地図を含む詳細な報告書とともに『日本紀行詩巻』を編む余裕も見せていた（同行の書状官張鐸《ちょうたく》も『実記』を著述）。とはいえ膠着状態は打開できず、守護所と妥協して〝日本国主からの使節団〟を仕立ててあげた。クビライはその詐欺を認識し謁見は許さなかったが、特に処分もしなかった。

帰国した趙良弼は、対南宋戦の総大将バヤンの部下として〝同簽書枢密院事〟に任じられた。日本で罹患した咳疾と高齢により実戦に赴くことはなく、名誉職といってよかった。

孔子廟への寄進

そうした情況のなか、趙良弼が力を注ぎはじめたのが、自身の最初の経歴〝賛皇の教授〟と矛盾する大金末期に〝摧《くだ》け毀《こぼ》ちて存しない〟故郷の孔子廟・附設学校の再建だった。境内の大幅拡張と教員・学生の諸経費に充てる名目で、周辺の土地・田畑を購入、代々清掃させるための奴婢戸も買った。費用は、旧南宋官僚の上納金品（枢密院の南宋接収の功績に対するクビライからの〝分け前〟）、長年の蓄財から賄われた。完成に約四年を要したが、初年度の段階で不入権の申請を行っている。根拠とした一二六一年の聖旨は、オゴデイやモンケの儒学政策を踏襲するもので、華北全域に発布された。

趙良弼は件《くだん》の榜文《たてぶみ》を得た翌年から、趙州と平棘県の廟学にも徐々に田畑を寄進していった。アフマドが暗殺された一二八二年、チンキムの投下領懐孟（河南省沁陽）に居を構えたが、近隣の温県にも広大な荘園を所有、それもまた廟学に寄進した。明らかに節税対策で教官と協定を結んでいたようだ。

一三〇四年、趙良弼の息子のひとり訓《くん》は、真定路の総管となっていたが、賛皇県学の教員と荘園の収益金をめぐって揉めたらしく、かれらの風紀の乱れを中書省に訴え出て、人事への影響力をチラつかせた。そして一三四八年に至ってもなお、孫の淳《じゅん》・浩《こう》が賛皇県学の経営を主導していたのだった。

【附記】

趙良弼は、亡くなる前年の一二八五年十一月十二日に懐孟の王屋山にある道観で開催された「崇寧葆光大師衛公道行之碑」（かつてフレグ大王の庇護を受けた全真教の道士衛志隠《えいしいん》の生前の業績を称える碑）の立石の式典に、〝嘉議大夫（正三品）、同簽枢密院事〟の肩書を以て参加した。同席者には、〝太中大夫（従三品）、同知燕南華北道宣慰使事〟のフサイン（サイイド・アジャッル・シャムスッディーンの三男で、のちにチンキムの遺児テムルの即位に大きく寄与するバヤン平章ことアブーバクルの兄弟。Ⅲ章1節六九頁参照）、〝奉議大夫（正五品）、同知懐孟路総管府〟の笑《セウ》薛《セ》等がいた。ちなみにセウセという名は、フレグ・ウルスで『漢児《キタイ》の諸《もろもろ》の学問技術に関するイル・カンの珍貴の書《タンスーク・ナーマ》』の翻訳事業（Ⅱ章3節四五頁参照）に関わった漢児《キタイ》の賢哲 Seuseh と奇しくも同じ発音である。

2　文天祥の実像

南宋最期の〝忠臣〟文天祥

趙良弼《ちょうりょうひつ》が日本に国使として赴く前に、大金女真《ダイキムジュシェングルン》国に忠節を全うして戦死した父・兄・甥・従兄弟を顕彰するため、クビライに勅建碑の製作を請願した一件は、大金のみならず南宋の忠臣・烈士の祀廟の建設の際にも、しばしば引き合いに出された。一三二〇年代以降に起こった「文天祥《ぶんてんしょう》（一二三六～八三）を、没地のみならず出身地の吉州廬陵県（江西省吉安市）においても、国家認定の定期的行事として祀りたい」という運動は、その代表格だろう。日本でも江戸時代から第二次世界大戦まで、〝忠君愛国〟の代名詞として崇拝された。ところがこの文天祥、かなり胡散臭い人物なのである。

お受験で験担《げんかつ》ぎ？

文天祥は、父文儀《ぶんぎ》（一二一五～五六）と母曽徳慈《そうとくじ》（一二一五～七八）の長男として誕生、与えられた幼名は「雲孫《うんそん》」、字《あざな》は「従龍《じゅうりゅう》」だった。姉妹三人は「懿孫《いそん》」「淑孫《しゅくそん》」「順孫《じゅんそん》」弟三人のうち二番目の幼名は「霆《てい》孫」（一二三九～五五）なので、ほかの弟のそれも「雨」を部首とする「○孫」だろう。すぐ下の弟と末弟は加冠の礼（元服）を迎えると、それぞれ「璧《へき》」（一二三七～九八）、「璋《しょう》」と命名された。文天祥の本名も「玉」を部首とする漢字一文字で、字《あざな》はそれと連動するものだったはずである（天祥と璧の雅号は「文山」と「文渓」で呼応）。しかし科挙受験を契機に、友人たちからの通称「天祥《てんしょう》」を名とし、字を「履善《りぜん》」に改めて届け出たのだという。

縁起の良い名を選んだ甲斐あってか、文天祥は最終段階の論文試験にのこり、（本人の弁では二日前からの下痢で憔悴しきっていたが根性で答案を書き）一二五六年六月十八日、二十歳の若さで首席合格した。ほんらいは第七位だったところを（本人は「第五位」とサバをよむ）、時の皇帝理宗《りそう》（趙昀《ちょういん》）が鶴の一声で「状元」（第一位）に引き上げてくれたのである。大《イエケ》モンゴル国《ウルス》の脅威に悩む理宗が、答案の記名を見て「此れ天の祥、乃《すなわ》ち宋の瑞也」と仰ったというので、文天祥はいご周囲から「履善」ではなく「宋瑞《そうずい》」と呼ばれることを好んだ。なお弟の文璧も、「天祥」との辻褄合わせか「天麟《てんりん》」の名で最終試験に臨む予定だったのだが、首都臨安（杭州）まで受験に付き添ってきてくれていた父が危篤状態となり、看病のため断念した（三年後に「璧」の名に戻して合格している）。

「状元宰相」の実態

同月二十四日、文天祥は朝廷が主催する科挙合格者のための最初の式典に出席し、総代として衆人の注目を浴びた。ところが、（本人の伝によれば）四日後に父が身罷り、葬儀のために帰郷することとなった。三年の服喪期間が明けると、文天祥は状元の既定路線である職と正九品の位階を授かったが、ほんらい状元として受けるはずだった儀礼を踏んでからの赴任を求めた（弟の再受験に同道、その合格式典に特例で参加しようとした可能性もある）。さらに科挙の答案よろしく、現実から乖離した対モンゴル策を長々と陳言する上疏を行ったのだった。しかし理宗からの反応がなかったため、任務に就かず郷里に帰ってしまった。翌年に再度辞令が出たが、やはり就かずに祠禄（欠員待ち・休職中・退官後も俸給をもらうための名誉職）を請求した。かなり厚かましい所行である。

そのご〝三顧の礼〟を受け入れ、状元が踏む職歴を重ねていったが、多くは肩書のみで実体を伴う勤務は少なかった。刑部で半年ほど実務に携わった後、再び理宗に上疏してみたが、また黙殺されてしまった。辞職のそぶりを見せたところ、時の丞相賈似道《かじどう》の計らいで故郷に近い瑞州（江西省高安）に知事として赴任することとなった。俸給以外の収入（賄賂）に味をしめたのか、理宗が崩御して度宗《たくそう》の御世となったためか、いご江西一帯の地方官を歴任して財を蓄え、故郷に広大な庭園付き邸宅「文山」荘を建てるに至った。この間に恩師欧陽《おうよう》守道の親族の女（?～一三〇五）を正妻に迎えたほか、二人の妾を娶り、二男六女を儲けた。文天祥は科挙合格から二十年近く経てもまだ従八品の位階にとどまっていた。

ところが一二七五年初め、大元（大モンゴル《イエケ》国《ウルス》）軍の揚子江突破の知らせを聞くと、張世傑《ちょうせいけつ》や李庭芝《りていし》（参謀は文天祥と同年の科挙で第四八位の陸秀夫《りくしゅうふ》）等歴戦の武将に負けじと、下級文官の身を省みず、江西一帯で〝勤王義士〟と湖南でしばしば山賊行為を働いていた渓峒諸蛮（獠・犵・狑・猫などの部族）を募り、軍隊を結成した（科挙の同年第二十二位の謝枋得《しゃぼうとく》も似た挙に出ている）。その志に対する褒賞として、朝廷から莫大な軍資金や下賜品のほか、〝江西安撫副使兼知贛州〟にはじまり進軍先に呼応する〝浙西江東制置使兼知平江府〟、〝都督府参官知臨安府〟などの肩書が次々与えられた。名ばかりの文官職も大盤ぶるまい、位階は従五品まで跳ね上がり、恩賞は弟たちにも及んだ。とはいえ文天祥が戦功を挙げたことはなく、江南の各城市《まち》が次々陥落してゆく情況に歯嚙みするだけだった。周囲には、むしろかれの義勇軍が制御不能、暴徒化することを危惧して朝廷に注進する者もいた。

翌一二七六年の二月四日、遂にバヤン率いるモンゴル本営が臨安府に迫った。幼帝恭宗《きょうそう》（度宗の嫡子趙㬎《ちょうきん》。一二七一～一三二三）の摂政だった太皇太后謝氏は、王族の趙尹甫《ちょういんほ》、賈餘慶《かよけい》等をバヤンのもとへ遣わし、「投降の表」・「伝国の璽」を奉らんとした。かのじょは、この期に及んで頑なに抗戦を煽動し続ける文天祥への対処に困ったのだろう、急遽かれにあえて〝和平交渉〟の任務と文官の最高位に近い〝右丞相兼枢密使〟の肩書（正一品の位階は授けておらず仮初《かりそめ》とわかる）を与え、それと引き換えにかれから義勇軍を切り離し、左丞相兼枢密使の呉堅《ごけん》率いる使節団に随行させた。

バヤンは打ち合わせどおり、〝状元宰相〟を名乗って意気軒昂の文天祥を拘束、真の左右丞相の呉堅・賈餘慶に対しては、「投降の表」の修正を要求した。太皇太后は文天祥の義勇軍を解散させ、二月二十日、無血開城するに至る。五日後には呉堅等を〝祈請使（恩情請願の使節）〟としてクビライのもとへ出立させた。一行には大元軍が付き添い、文天祥も合流させられたが、かれは鎮江（江蘇省）で船を雇い、三月十六日に逃亡した。〝決死の逃避行〟のはずが、日々記録を付け、行く先々で詩を詠み、書を揮毫している。

文天祥は陳宜中《ちんぎちゅう》、李庭芝、張世傑、陸秀夫等が福建方面に逃れて擁立した幼い端宗（度宗の庶子趙《ちょう》昰《ぜ》）のもとに参じた。件《くだん》の〝右丞相兼枢密使〟を手放さないどころか、新与の正四品に満足せず、翌年以降、肩書と帳尻を合わすべく正一品に引上げてもらう。所詮は残党政府での飯事《ままごと》だった。

そのご故郷に戻り一族郎党と合流、ゲリラ戦を展開するも敗走に敗走を重ねた。一二七七年八月に妻子は大元軍の捕虜となり、かれ自身も一二七九年初め、潮陽（広東省）近くの五坡嶺で食事中、張弘《ちょうこう》範《はん》率いる大元軍に捕獲された。服毒自殺に失敗、匡山《がいざん》に同道させられ、張世傑《ちょうせいけつ》軍の敗走、陸秀夫に抱かれた幼い衛王（度宗の庶子趙昺《へい》）の入水――南宋の終焉をまざまざと認識させられた。大都《ダイドゥ》（いまの北《ペ》京《キン》）への護送中、餓死を試みたが果たせなかったという。もっとも、大元ウルスに仕官せず杭州で気ままに暮らした周密（一二三二〜九八）は、文天祥が河間（河北省）を通過する際、焼餅販売店の主人にまで自作の詩を揮毫していた逸話を書きとめている。

書き換えられた歴史

大元朝廷では、南宋遺臣の王積翁《おうせきおう》や謝昌元《しゃしょうげん》の執り成しもあって、文天祥に官職を与えようとした。しかし当の本人は、汪元量《おうげんりょう》や謝枋得が選んだように道士すなわち隠遁生活を希望した。旧主の恭宗（瀛国公《えいこくこう》）は、助命されチベット仏教僧となっていた。折り合いがつかず処分保留のまま、文天祥は大都で幽閉の日々を送った。かなり呑気な軟禁で、同郷で子分格の張千載《ちょうせんざい》等が身の周りの世話をしていた。王積翁から定期的に銀や生活物資が差し入れられていたし、趙与芮《ちょうよぜい》（理宗の弟、度宗《たくそう》の父）は銀錠約四・二キログラムを贈ったという。汪元量をはじめ知己と詩文のやりとりをしたり、弟の璧（クビライのもとに参内し仕官の道を選んでいた）とも面会していた。文天祥の翰墨は大都《ダイドゥ》周辺に相当数出回っていたが、かれは何よりも自伝――『指南録』『紀年録』『吟嘯稿』『集杜詩』等の推敲と出版の手配に情熱を傾けた（静嘉堂文庫所蔵の『新刊指南録』は南宋末期の版木の特徴を有している）。

しかし一二八二年、大元朝廷は、政権転覆や動乱に利用されかねない大都の瀛国公以下南宋王室の面々や文天祥の処遇につき、見直しを迫られることになった。クビライの寵臣アフマド・バナーカティー暗殺事件に象徴されるように、旧南宋領の金銀・塩・茶・貿易品等の利権をめぐり、クビライ、チンキム父子両派閥の争いが激化、政局が不穏なものとなっていたためである。南宋王室の人々は、水・海路と遮断されている高原の上都《シャンドゥ》へ移動させられた。文天祥の処刑を主張したのは、江西一帯に既得権益を持つチンキム派のマジュドゥッディーン。クビライは初めて文天祥と対面し、仕官を勧めたが、文天祥は〝宋丞相〟にふさわしい死を遂げ歴史に名をとどめることを望んだ。そのための仕掛けは手配済みだった。

かくて翌年の一月九日、文天祥は大都に南接する旧市街中都《カンバリク》（大金《ダイキム》の首都）の柴市口において斬首された（のちに処刑場の近くに祠廟が建てられた）。チンキムの宮帳《オルド》に仕えていた妻の欧陽氏と娘二人が遺体の埋葬許可を取得し、お骨は養子の文陞《しょう》（文璧の次男。一二六八～一三二三）や張千載等の手によって故郷の家廟に祭られた。墓誌銘は、文天祥と同郷同門（欧陽守道の門下生）の〝勤王義士〟で厓山《がいざん》の戦いの生き残り鄧光薦《とうこうせん》（一二三二～一三〇三）が、文天祥の各種自伝に依拠して撰述した。かれはそれとは別に陸秀夫から託されていた『徳祐日記』、関係者からの聞き取り（張弘範の家で一時期、家庭教師をした）も用い、南宋最末期の野史（『続宋書』）や文天祥の詳細な伝記（「督府忠義伝」）を著した（龔開《きょうかい》や劉岳申《りゅうがくしん》の「文天祥伝」、宋无《そうむ》『啽囈集《ごんげいしゅう》』、趙景良《ちょうけいりょう》『忠義集』、劉一清《りゅういっせい》『銭塘遺事《せんとういじ》』もこれらを参照する）。一二九七年には、みなが文天祥の詩文を総覧できるよう、文璧や同郷同門の劉辰翁《りゅうしんおう》（一二三二～九七）等と協力して『（道体堂刊）文山集』前後集三九巻も上梓した。状元証明書たる合格者名簿『宝祐四年登科録』もこのとき重刊されたからこそ、こんにちまで伝来し得たのだ。そしてまさに同じ年、同郷で姻戚の曽先之《そうせんし》が、日本の漢文教育で重宝される『十八史略』を上梓した。

南宋遺臣がほぼ鬼籍に入った一三二〇年代、文天祥の自伝は既成事実と化し、大元朝廷が『宋史』編纂の補完資料として蒐集した野史は文天祥の影響を受けたものが少なくなかった。陶宗儀《とうそうぎ》が『南村《なんそん》輟耕録《てっこうろく》』（一三六六年）で述べるとおり、〝三尺の童子でもその忠義を言える〟情況になったのだった。

3　ある南宋遺臣の物語

文天祥の書蹟

現在、北京の中国国家博物館には、文天祥《ぶんてんしょう》の真筆が蔵される。一二七三年六～七月に、友人のひとり〝敬斎先生〟こと謝昌元《しゃしょうげん》（一二一三～九二）の「座右・自警の辞」（『論語』の「泰伯第八」「微子第十八」の一節と『後漢書』の「蘇章《そしょう》伝」に基づく）およびそれに対する所感を、求めに応じて草書で揮毫したものである。南宋治下のおそらくは福建刊行の『論語』を引用しており、大明《ダイミン》時代の贋作の可能性は低い（ただし文天祥の自筆署名の後の「文氏天祥」の方印は偽造（図54））。すぐ後には、文天祥の科挙合格時の採点官で、受験対策用の百科事典『玉海《ぎょっかい》』の編者として名高い慶元（浙江省寧波《ニンポー》）の王応麟《おうおうりん》（一二二三～九六）の賛が附される。かれの弟王応鳳《おうおうほう》も文天祥と同年に第九位で合格しており（採点官を辞退すべきでは?!）、一時期は家族ぐるみで交際していたのだろう。その関係を踏まえ、慶元に居宅のあった謝昌元一家から一筆依頼されたと考えられる。賛の後ろには文天祥と同年の科挙に五六四位で合格した常州荊渓（江蘇省宜興）の蒋岩《しょうがん》（一三〇一年一月二十六日）のほか、万韞輝《まんおんき》（一四二七年五月十二日）、郕智《ちゅうち》（一四二七年七月二十四日）、謝源《しゃげん》（日付無し）、廖駒《りょうく》（一四二九年九月十一日）、程啓充《ていけいじゅう》（一五三七年二月二十四日）の跋文が連なり、全長三・三五七メートルに及ぶ。

謝源（字《あざな》は孟本）は、謝昌元の子孫（蘇州呉県の分家）で、この書蹟の所有者だった。おりしも順天府

（いまの北京《ペキン》）の文天祥の祠廟が重建され、国家祭祀の対象に決まったこともあり、友人に披露し、跋を寄せてもらったのである。かれは、つとに一三九五年頃からこの書軸の由来を調べはじめ、雲間（浙江省松江）出身の陳良啓《ちんりょうけい》先生なる人物――おそらく『（正徳《せいとく》）松江府志』に伝記がのこる陳禎《ちんてい》（字《あざな》は景祺《けいぎ》）の助言を得た。まず『宋史』『元史』の検索が必要とされたが、とうじ襄陽（湖北省襄樊）の軍営にいた謝源には、閲覧する術《すべ》がなかった。そこで携帯していた陳桱《ちんけい》『通鑑続編《つがんぞくへん》』（『宋通鑑綱目』）に目を通し、初めて文天祥と謝昌元の交友関係（Ⅷ章2節二三九頁参照）を理解した。寧波《ニンポー》の謝氏本家が所蔵する族譜（家系図、行状・墓誌銘・神道碑等の録文等）の調査は、一四〇四年、寧波の南の天台（浙江省）へ里帰りすることになった友人の趙某《ちょうなにがし》（字《あざな》は宗進）に依頼した。かれは謝昌元の「行実」（行状・事蹟）の現物ないし族譜中の録文を閲覧し、筆写して謝源に届けた。かくて、謝源は謝昌元の四男の大栢《だいはく》が自身の五世祖（祖父の祖父）にあたることを知ったのだった。

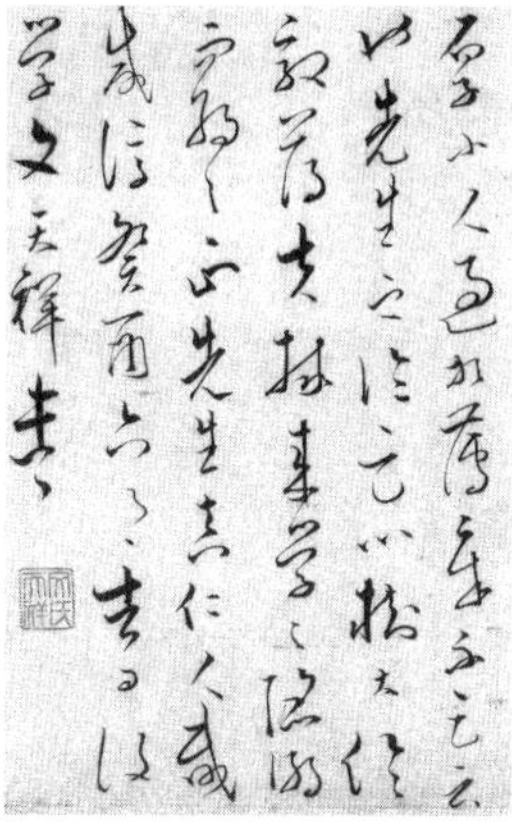

図54　文天祥の自筆サインと偽造印
（海国林編著『文天祥草書謝昌元座右辞巻（墨迹本）』安徽美術出版社，2018年，p. 13）

残念なことに「行実」の撰文者名が記されていない。趙某の粗忽か、謝源の判断かは不明である。いずれにせよ、謝源が楷書体で全文紹介した「行実」（図55）は、『元史』の列伝には採用されなかった。それどころか謝昌元の生涯のまとまった言及は、交流のあった慶元の袁洪《えんこう》（一二四五～九八）の息子袁桷《えんかく》（一二六六～一三二

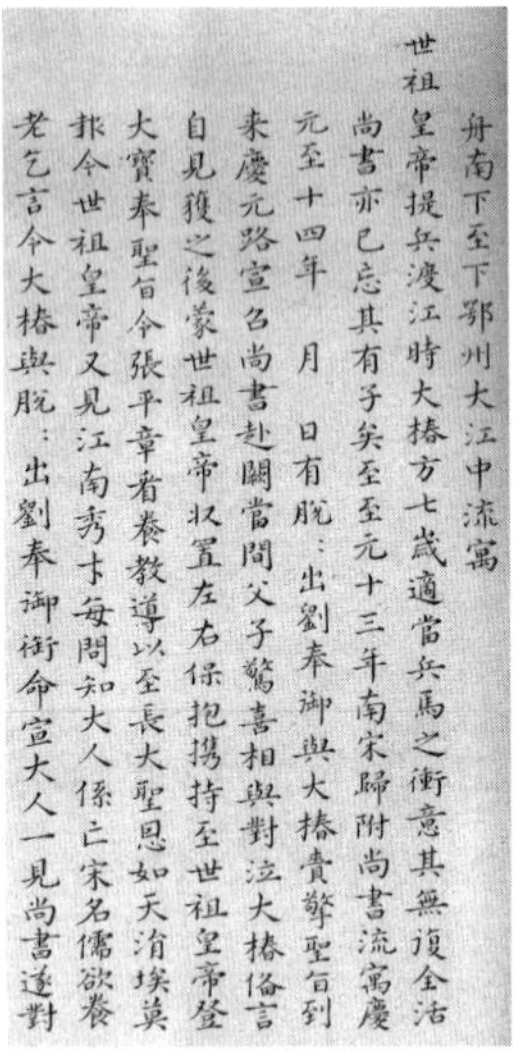
舟南下至下鄂州大江中流寓
世祖皇帝提兵渡江時大椿方七歳適當兵馬之衝意其無復全活
尚書亦已忘其有子矣至至元十三年南宋歸附尚書流寓慶
元至十四年　月　日有脫〻出劉奉御與大椿貴齎聖旨到
來慶元路宣名尚書赴闕當問父子驚喜相與對泣大椿備言
自見獲之後蒙世祖皇帝收置左右保抱攜持至世祖皇帝登
大寶奉聖旨令張平章肴養教導以至長大聖恩如天涓埃莫
報今世祖皇帝又見江南秀才每問知大人係亡宋名儒欲養
老乞言令大椿與脫〻出劉奉御銜命宣大人一見尚書遂對

図55　謝昌元の行実（部分）
（『文天祥草書謝昌元座右辞巻［墨迹本］』p. 39）

七）の「輓詩」と「（先君子）師友淵源録」（『清容居士集《せいようこじしゅう》』収録）、『（延祐《えんゆう》）四明志《しめいし》』の「人物攷」のみで、「行実」と補完しあう。そもそも袁洪父子こそが「行実」や「墓誌銘」の撰者かもしれない。「行実」は漢語口語で翻訳したクビライの聖旨《ジャルリク》を含み、南宋の旧臣に対する態度を知るうえで貴重なのだが、文天祥の草書ばかり重視されていたようだ。

謝昌元父子の数奇な運命

故・嘉議大夫（俸給用の等級で正三品下）礼部尚書の謝昌元（字《あざな》は叔敬《しゅくけい》）は、資州資陽（四川省）の出身。一二四四年、南宋の科挙において、『周易』の科目で蜀の地方の首席となり、進士に及第した。官歴を重ねて（最終的に一二七五年の時点で）秘書監の少監（＝書陵部の次官）にまで至った。

ことのおこりは一二五七年、施州（四川省と湖北省の境界）の知事を務めていた謝昌元が、太常博士に任命・召喚されたため、行在所《あんざい》（杭州臨安府）に赴き、後から長男の大椿《だいちん》に一族郎党、繋累を引き連れて蜀の地を離れさせたことにはじまる。かれらは、舟で南下し鄂州（湖北省武漢）を通過するに至ったのだが、揚子江に流寓漂泊していたそのときこそ、クビライ大王（のちの世祖皇帝）が軍を率いて揚子江を渡ろうと（沿岸に）駐屯中だった。大椿はようやく七歳、軍隊の攻撃に遭遇したのだから全滅したに違いないと思われ、謝昌元自身もすでにその子の存在を忘れ去ってしまっていた（?!）。

一二七六年に南宋が大元大《イェケ》モンゴル国《ウルス》に帰附するに至り、謝昌元は慶元（寧波《ニンポー》）に寄寓した。翌一二七七年某月某日、トクトチュ、奉御（宮帳《オルド》の傘蓋持ち《シュクルチ》＝御衣装係の集団）の劉某が大椿とともに（クビライの）聖旨《ジャルリク》を捧げ持ち慶元にやってきて、朝廷に赴くよう謝昌元を召し出した。再会の場で、父子は驚くやら喜ぶやら互いに顔を見合わせては咽《むせ》び泣いた。大椿の話では、「捕虜になった後、クビライ・カアンのおかげで、お傍の宮帳《オルド》に収容され懇切に扶育していただけました。クビライ・カアンが大《イェケ》宝座《オロ》に登ると、聖旨《ジャルリク》を奉じて、中書省の平章政事の一員張易《ちょうえき》に命じ、（私の）面倒を見て教え導き、一人前に育て上げさせました。聖恩は上天《テングリ》のごとく、微塵も報いられていません。今またクビライ・カアンは、江南の秀才（儒者）を接見するたびに、旧南宋の名儒たる大人《ちちうえ》を知っているかどうか、〝養老乞言（安楽な老後を保証しつつ善き建言・教えも乞う）〟を欲するからと、下問されておりました。大椿にトトクチュ、劉奉御ともども特命を帯びさせ、大人《ちちうえ》に一見すべく召し出させたわけです」とのことだった。

謝昌元はそこで劉奉御に対し感動の余り涙しながら鄭重に拝礼したうえで、詫びて「某《それがし》は亡国の臣であり、年齢はすでに七十です。〝二君に事《つか》えず〟が人臣たるものの義であり、〝薪を采《と》ることもできぬ病身（『孟子』）〟でもあり、参内することはできません。劉奉御どのには戻って詳しく奏上していただき、〝狐めには首《こうべ》を古巣の丘に向け死なせて（『礼記』）〟くださいませ。聖朝（大元ウルス）からの御召喚には真心を以て御礼もうしあげます」と申し上げた。しかし、劉奉御はその請願をだめだといい、大椿も泣いて「大人《ちちうえ》が行かなければ、大椿はカアン様に二度と合わせる顔がありません。大人《ちちうえ》にあられては病をおしてでも車にお乗りになって朝廷へ趨《はし》られますよう（?!）」という。挨拶して帰宅したが、まもなく当地の官庁からも参内を促す圧力が激しくなった。

クビライの数々の御ことば

謝昌元はかくて一二七八年某月某日に旅程に就き大都《ダイドゥ》まで駅伝《ジャムチ》に沿って進み、大安閣にて（クビライに）拝謁した。ひじょうに細やかな慰問の聖旨《ジャルリク》が下され、西平章に「他《かれ》は是《こ》れ直南《なんぽう》の好《よ》き秀才。你《おまえ》は好《よ》く他《かれ》を看覰者《みてやれ》」と申し付けてから、南宋の諸事について下問なされた。謝昌元が聖問に沿い回答を奏すると、玉顔は喜んでおり、途中語気が悲憤慷慨に満ちてきても、雨晴れて雷を鎮めるごとくにその怒りを解かれ過分の称賛を蒙った。そのうえ「謝秀才は何の官を欲するや」との聖問を蒙ったので、謝昌元は「奴婢《やつがれ》は亡国の臣ゆえ、厚かましく陛下の官職を拝領するつもりはございません」との返事を奏した。このとき、衣《デエル》・襖《ダク》・茶飯《イデエン》を賜わって退出した。

そのご「翰林院の勾当《しごと》に就《つ》か俾《し》めよ」との聖旨を奉じてまだ職を統率しないうちに、さらに「上都《シャンドゥ》へ随駕せよ」との聖旨を奉じた。この日以降、幅広くご下問があったので、時事・政治の得失についての見解を忌憚なく披瀝・敷陳することができた。「謝秀才が奏ずる所の各事を将《も》て徧《あまね》く天下に行わしめよ」との聖旨を奉じ、重ねて「何の官を得ることを欲するや」との聖問を蒙ったので、謝昌元も重ねて「陛下はどうしてこの亡国の臣を用いる必要がありましょう」と辞退もうしあげ拝受しなかった。同年七～八月に突如「前職の勾当《こと》を以てより、中書省の裏《うち》の公事を専一に講究せよ」との宣命を承《う》けたので、謝昌元は再度（辞退すべく）拝謁を願い出たが許されなかった。そのごアリー奉御が伝え奉じた聖旨《ジャルリク》で「他《かれ》は是《こ》れ秀才である。居る所を賜い、名を南儒書院と為せ」と仰られた（族譜の註記：厳範泉平章――号は易斎、東平軍閥の厳忠済《げんちゅうさい》、またの名は厳忠翰《げんちゅうかん》――が揮毫した「勅賜南儒書院」の六文字が現存）。

大都にとどまること十（四）［二］年、常に「三閉」を以て己の節操を守ってきた。第一は「閉門」で、好ましい人物でなければ面会しない。第二は「閉口」で、好ましい事柄でなければ話題にしない。第三は「閉眼」で、好ましい書物・書蹟でなければ鑑賞しない。なかには金儲けを説く臣下もおり、江南の屯田の利鞘をもってお上《かみ》を惑わせ認可を得たが、謝昌元は上奏・力説して中止させた。常々「西平章に与《くみ》して伴当《ノコル》（僚友）と作《な》さ令《し》めよ」との聖旨を奉じていたが、謝昌元は必ず失脚すると推測し、固辞して拝受しなかった。のちにサンガ丞相が国の実権を握り手を翳せば火傷するほどの勢いになると、訪問者を謝絶・蟄居した。何度も退官・帰郷を請願したところ、「俺《われ》は直南《なんぽう》従《よ》り伱《なんじ》を喚《よ》び得来《えた》。正に〝養老乞言〟の用を為すことを欲した。伱《なんじ》は回《もど》り去《ゆ》くを休《や》め俺《われ》の根底《もとに》有者《あれ》」との聖旨を奉じた。一二八七年にコルゴスン丞相が「謝尚書は年老い生受《くるしむ》。事有りて回《もど》り去《ゆ》くを要《もと》める呵《なら》、怎生《いかがか》？」と奏したところ、聖旨にて特別に宝鈔（紙幣）で五十錠の額面（銀約二十一キログラムの退職金）を賜わったほか、月々の俸給（〃年金）に一錠を上乗せした。さらに「翰林学士・尚書を授けよ」との聖旨を奉じたが、最後まで拝受しなかった。一二（九〇）［八七／八九］年十一月になって尚書省が「謝尚書は年紀が大で有る。勾当《しごと》せずと也《も》些《いささ》かの盤纏《くるまだい》を与えた呵《ら》、怎生《いかがか》？」と奏したところ、欽奉セル聖旨《ジャルリク》ニ「他《かれ》は是《こ》れ西川の人で有る。他《かれ》を教《し》て本《もと》の地面裏《に》回《もど》り去《ゆ》くか或いは江南に去《ゆ》く的《こと》を識《し》ら教《よ》め者」麼道《という》。此レヲ欽シメ。一二九〇年十月のうちに慶元の寄寓先に帰還した。一二九二年三月二十九日に病《やまい》により逝去した。享年七十九歳。息子は五人〔以下略〕。

西平章の正体は？

年月の複数の錯誤は、〝奸臣〟サンガ（ウイグル出身のチベット仏教徒）が率いた尚書省（≒財務省。一二八七〜九一）からの厚遇と見られかねない箇所をできるだけ誤魔化そうとした結果だろう。クビライの寵臣アフマドと旧南宋領の利権をめぐって争い、その暗殺（一二八二年）にも関与したらしい皇太子チンキム派のコルゴスン丞相は、クビライ派の巻き返しにより一二八五年には失脚していたはずである。西平章も厳範泉も、『元史』の「宰相年表」には見えないが、前者はアフマド、アフマド暗殺事件の直後に責任を問われて処刑された張易、『ガザンの吉祥なる歴史』で暗殺の首謀者とされる高平章のいずれかだろう。平章の定員は最多で四名、最高位を〝首平章〟と呼ぶ。〝西〟は南面した場合の右手、四名のうちの第三位（三名なら第二位）の謂いか出身地域ではないか。改めて探してみると、厳忠済を〝東平章〟と呼ぶ事例が確認される。

4　鮮于枢の直筆原稿

歴史資料としての書蹟

芸術品として珍重される書蹟で、モンゴル時代の歴史資料としても一級品といえば、趙孟頫《ちょうもうふ》（一二五四〜一三二二）と並び称された名筆、鮮于枢《せんうすう》（一二四六〜一三〇二）が一二九五年の暮れから年明けにかけて執筆した「大元の故・嘉議大夫（正三品下）袁州路（江西省宜春）の総管兼管勧農事の張公の行状」――通称「張彦亨《ちょうげんきょう》行状稿」だろう。謝昌元《しゃしょうげん》（Ⅷ章3節参照）と同じ位階に登り、負けず劣らずの人生を送ったが、やはり『元史』の「伝」には取り上げられていない。しかも鮮于枢の推敲の過程を生々しく伝える原稿なのだ（図56）。以下、取消線や加筆も忠実に紹介することにしよう。

この行状稿は林柏寿《りんはくじゅ》の蒐集品（蘭千山館旧蔵）に属し、子孫により台湾国立故宮博物院に寄託されてきた。二〇二二年春に博物院が打ち出した寄託契約の見直しの結果、国外流出が懸念されていたが、世論の高まりもあり、二〇二三年九月に旧来どおりの条件で無事、一括維持されることが決まった。

張　文貞《ちょうぶんてい》の系譜

張公――諱《いみな》は文貞、字《あざな》は彦亨（正しくは彦亨）は、遼東黒山の人。家系図・族譜の類は失われ、出自を詳らかにする資料はない。曽祖父の某《なにがし》は遼に仕え、金紫光禄大夫（正二品上）春州の刺史（＝太守）の肩書にまで上り詰めた。祖父――諱《いみな》は□□（空欄）は金の科挙

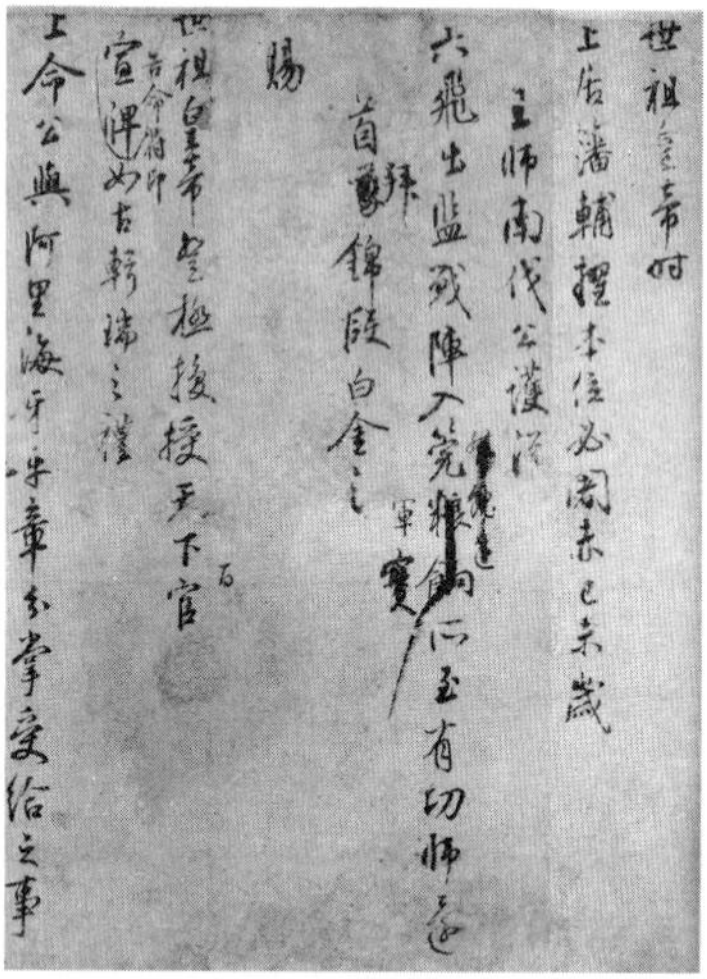

図56　推敲の跡が見える鮮于枢の直筆原稿（部分）

"世祖皇帝"や"上"などの聖なる文字で改行抬頭する。訂正線・塗潰しで本来の文字が読み取りにくい箇所もある（『蘭千山館書画［書蹟］』二玄社，1978年，p.59）。

で進士に及第し、大《イェケ》モンゴル国《ウルス》初期に西京（山西省大同。オゴデイの投下領）の提挙学校官の職を授かったため、最終的に大同の住人となった。〝提（~~挙~~）〔学〕公〟は広く学問を修め事理を究め礼儀を以て習得した事を実践せしめ、良い方向に導き、教育に怠りなかった。中統年間（一二六〇～六四。クビライの治世の初期）の名臣は、その門下から出たものが多い。父──諱《いみな》は謙《けん》、字《あざな》は益之《えきし》は、察しが速い性質《たち》で経世済民の策を蓄えており、シギクトゥク官人《ノヤン》が〝山南（=華北）〟の断事官《ジャルグチ》となった際に、かれの名を聞きつけ、招聘して経歴官に任じた。とうじ中原は落ち着きはじめたばかりで、制度は草創の段階にあり、〝経歴の府君（御尊父）〟は、（~~古今の制度を斟酌し、案件ごとに弥縫したので~~）〔案件ごとに適宜、臨機応変の対応をなしたので裨益するところがひじょうに多く〕、州・郡から頼りにされた。府君には息子が二人おり、長男が張公（文貞）である。

実務能力を発揮した張文貞

〔張公は〕若い時から才気煥発、博学多才で通暁しない分野がなかった。元服後、太保の劉文貞公（劉秉忠）がかれを奇才とみとめ、クビライ・カアンに推薦した。

とうじ上様は藩輔（大王）の座位に居られたが、自身の座位（〃宿衛内《ケシク》）の必闍赤《ビチクチ》（〃書記官）に抜擢なされた。一二五九年のクビライ軍の南宋征伐の際、張公は上様の御車への扈従が適《かな》い、布陣の準備の監督に出たり、~~（糧餉）~~［軍実（武器・兵糧）］の管理に入ったり、至るところで功績を立てた。軍の帰還後、真っ先に錦緞・銀錠の下賜《ソユルガル》を~~（受）~~［拝領］した。

クビライ・カアンは玉座に登られると、いにしえの〝輯瑞の儀礼〟のとおりに、天下の［百］官それぞれに~~（宣牌《ボケウル》）~~［告命・符印（制誥・牌子《バイザ》・官印）］を授けなされた。上様は張公にエリクカヤ平章とともに受給の事を分担して掌るよう命じられた。上様が北方（のアリクブケ）の討伐に赴くにあたっては、張公も沙漠を横断するに至り、事が~~（畢）~~［訖《おわ》］ってから帰還した。時に一二六〇年のことである。同年、劉文貞公の奏上~~（に縁《よ》って）~~［で］、張公に中原の軍需品の運搬の監督を任せられたが、万里を飛ぶが如くに運送して期限通りに処理してのけたので、とうじ人々は容易ではないことだと言いあった。一二六一年、詔によって御前の差使《エルチ》の育成にあたり、一二六二年には選抜によりブルチュグルの副官に任じられ、卜可孫《ボケウルたち》（〃宿衛の稟給・衣糧・馬駞の粟料の支給係）の育成を担当、御前の軍馬の糧料の事務を管領した。

一二六五年、朝廷は揚子江・淮河流域の経営にあたり、悪徳業者が馬を敵方に横流ししていたため、河南の人民に「馬を飼育してはならぬ。三品の官は五匹まで繋養を許し、以下官位の等級順に減らす。［隠匿する者、］規定数以外の馬に騎乗する者は有罪。また潼関（陝西省。黄河が南北から東西に向きを変える場所）の東から亳州の武津関（河南省と安徽省の境界）まで、黄河沿岸に［八カ所］提挙司を設置し、河北の馬を扼《おさ》え止める。南に渡る必要のない者が済《わた》ることは（できない）〔許さない〕。一つの司につき、モンゴル、漢人《キタイ》各一員を採用する。モンゴル人は上様自らが選択、漢人は（有司）〔中書省〕の推薦名簿に従う」との詔を下し、張公は奉政大夫（正六品上）、大〔陽〕津（山西省平陸）の河渡提挙を受けた。

一二七〇年、クビライが南宋の罪を問う軍勢を揚子江・淮水流域に出すにあたり、（尚書省の派出機関たる河南江北の）行省《こうしょう》では汴梁（河南省開封）での大型戦艦建造を討議し、かくて人を遣って西方の山岳で木材を調達し大河を筏で運ばせることとなったが、三門津（河南省三門峡）は天下の至険で、わずかの油断で筏は木端微塵、人は土左衛門、〔前後の死者は〕数えきれないほどだった。行省は〔張公に〕処理能力〔が有るの〕を買い、筏の件を張公に任せることにし、張公を書面を以て召喚、その事業を取り仕切らせた。張公は筏の業者に筏を解体させて一本一本流し、泳ぎの得意な者に下〔流〕で待ち構え受け取らせた。材木は使用の質・量を充足できたうえ、人も顛覆溺死の心配が無くなった。一二七七年、江南が平定されると、功績により、太中大夫（従四品上）南京路（汴梁。路は行政単位）の総管兼開封府の尹、南京路の諸軍奥魯《アウルク》（＝駐屯地）総管に昇進した。汴梁は〔故《ふる》き〕宋・金の（故）都〔会〕で人・モノでごったがえし、「治め難《にく》い」といわれるが、張公は潜伏する奸邪の者や隠蔽されている悪事を摘発・抉り出し、漢代（武帝）の〝京兆の尹〟の雰囲気を備えていたため、人々は頼りにし満足した。

一二七九年には、嘉議大夫太平州路（江蘇省馬鞍山）の総管府達魯花赤《ダルガチ》（＝鎮守）に昇進した。翌一二八〇年、（大元大《イェケ》モンゴルの）国家《ウルス》（カアン）は日本を攻撃することになり、戦艦・武具を江南に割り当て供出させた。太平は、土地は最狭、民も最小だったため、張公は心力を尽くして見積もりを立て、他の路~~（於《よ》）~~よりも早く処理してのけた。住民は騒擾されることなく、巷間では喜び詠った。この年の夏、水害が発生したため、江東道（道は路の上の行政単位）の宣慰司に被災を申告したが、吏員（実務官）は免税の条格が発布されないのを見て、いっそう激しく納税を督促し、人々は懊悩した。張公は義憤のうちに行省へ赴き、「国家が官庁を設置するのは、ほんらい民草のためだ。現在、天災が流行し、人々は食糧にこと欠いている。法では飢饉用の穀物倉を解放し、貧民に施して救済しなければならないはずだ。いまこの被災を憐れまず、いっそう激しく納税を督促するとは。大水が~~（人々）~~［かれら］の田畑を破壊しているのに、税がどこから出るのか。まして夏の税は（国家歳入において）数量が多くないのだから、いまは至急免除してやり、本業に安心して従事させてやれば、来年は~~（希望どおり税が取れる）~~［希望が持てる］はずだ。もし免除がわずかでも遅れたら、州・県（路の下の行政単位）は徴収を急ぎ、人々が逃亡・流浪すること必至、~~（民）~~［人］心が一たび動揺すれば、何らかの事件が発生しかねない。邦《くに》の根本たる人民と通常の賦税とどちらが重要か、納税の督促と人民への愛養といずれが~~（賢い）~~［急務］か」と涙を流しながら申し立て、~~（聴）~~［聞］く者は心を動かされた。江東道の所属地はみな徴税の停~~（免）~~［罷］を得た。任期終了、交替時の「関節（賄賂）ハ地ニ入ルコト無ク、公廉（公正・清廉）ハ天ノ知ル有リ」の句は、事実を記したものだろう。

一二八五年、~~行省に赴き~~嘉興（浙江省）の富豪馮賢亮《ふうけんりょう》、濮七二《ぼくしちじ》が不法に住民に対して害をなしていると［告訴した］者がおり、行省は官僚に取調べを任せたが、被告の家では金~~（幣）~~［帛］を山と積み、賄賂で判決が成った。とうじの官僚には同郷の者もいたが結局真相を摑めず、原告側は怨嗟してやまなかった。張公は太平の任期を終え、江浙行省・江南行御史台の召喚に応じ当地へ赴任するところで、張公は到着するや、被告の家を大掛かりに捜索、武器・兵糧・製塩の道具、その他違法の物品が大量に見つかった。かくて囚人二名は、隠蔽していた強盗、人―動物の殺害、および人の眼球の損傷、［人の］肢体の［破折］、密造塩の―（煎煮）―［販売］の罪を逐一認めた。判決前、濮七二は人に命じ夜分に―（五十）―一万五千貫もの紙幣を上納し罪の軽減を願ったが、張公は罵《ののし》ってつき返し、終に法―（を以て）―［のもと］処置されたのだった。

一二八六年、嘉議大夫信州路（江西省上饒）の総管を受けたが、いきなり江南・江北の四省の管田都総管に改められた。一二九一年、袁州路の総管を受けたが、散官（俸給用の位階）は旧来どおりだった。都合三たび任命されたが、いずれも赴任を果たせず、一二九四年十二月十二日、疾病なく逝去した。［妻の］刀氏は張公より先に亡くなったが、息子二人を儲け、長男の愿《げん》は濱州（山東省済南）の知事、次男の懲《ちょう》は応奉翰林文字、行江浙等処蒙古《モンゴル》提挙学校官である［以下略］。

行状・墓誌銘・神道碑

行状の書き手に、従仕郎（従七品下）浙東道宣慰司の都事の鮮于枢が選ばれたのは、かれが河渡司で事務官を務めていた若い頃から、大陽津に赴任中の張文貞と公務で定期的に顔を合わせており、江南行御史台の事務官に移動した後も、書画骨董という共通の趣味で交流が続いていたからだ。そして何より張懲と同じ杭州に住まっていたことが大きい。しかし石に刻み後世にのこることの多い墓誌銘や神道碑の撰文については、やはり張文貞父子の知己で、鮮于枢よりも官位が高い王惲《おううん》や方回《ほうかい》に依頼したのではないか。その際でも清書および蓋・額に刻む篆字は鮮于枢に任されたかもしれないが、可能性がより大きいのは、南宋皇帝の末裔でクビライに取立てられていた趙孟頫だろう。鮮于枢自身も、父の鮮于光祖《せんうこうそ》（一二〇五～八一）の行状は、とりあえず揚州の教授だった陳虞之《ちんぐし》に執筆してもらい、六年後、墓誌銘の撰文を国子監の祭酒（≒帝国大学総長）の周砥《しゅうてい》に、清書および篆蓋を趙孟頫に依頼していた。この推測を裏付ける現物の出土が俟たれる。

図 57　オグズが要塞攻略のために造らせた筏

筏の両端に羊・牛革の浮袋（脚を上に，空気が抜けないよう首の部分を縄で固く縛る）が見えている。トプカプ宮殿附属図書館蔵（*Jāmi'al-Tavārīkh and Majma'al-Tavārīkh, Facsimile Edition of Manuscript H.1653*, Vol. 4, Tehran, Miras-e Maktoob, 2019, f.773r.）。

【附記】

二〇二四年二月十八日、NHKが放映する『中国秘境　謎の民「サラール、駱駝が連れてきた人々」』をぼんやり眺めていたのだが、かれらが材木・家畜等の運搬や商売のため黄河を渡るさいに使用する筏に目が釘付けになった。筏の下部全面に羊の皮製の浮袋を結びつけていたのである。じつはこれと全く同じものが『集史』第二部「オグズ史」に描かれている（図57）。オグズ・カガンはテュルク系諸王朝の祖とされる。伝承では、サラールの人々は一二〇〇年代初めにサマルカンドから青海省チベット高原に移住してきたとのことで、とうじ携えてきたという『クルアーン』の古写本ものこっている。

IX　帝国瓦解までの道程をふりかえる

【Ⅸ　扉図】

狩野探幽《かのうたんゆう》（1602～74）が模写した林良《りんりょう》（1428？～94？字《あざな》は以善）の「梅花白頭翁図」。Lim-lėŋ と刻まれた学界未知のパクパ文字朱方印も不正確だが伝えている。林良は広《カン》東《トン》の出身で花鳥画を以て名声を博し，大明《ダイミン》の宮廷絵師として活動した。大元朝廷旧蔵の名品を閲覧・研究する機会を有したからとはいえ，最終的には諜報機関たる「錦衣衛」の指揮使の肩書まで得た人物が，北のモンゴルと対峙する状況下で，なんとわざわざモンゴルの文字で自身の名の発音を表した私印を製造・使用していたのだ（狩野応信編『探幽縮図聚珍画譜』中冊，博文館，1885年）。

1　アラクカン家から眺める帝室の攻防――チンギス・カン～モンケ

一二八〇～八一年、クビライの聖旨《ジャルリク》を受け、張文貞《ちょうぶんてい》等江南のダルガチ（鎮守官）たちが供出・準備した日本遠征用の戦艦や武具は、総司令官のアラクカンに委ねられた（阿剌罕と漢字音訳していることから、もとのモンゴル語は〝花斑《あや》の君〟の謂いのアラクカンか〝手掌《たなごころ》〟の「ア／ハ」ラカンと推測される）。

日本遠征総司令官の出自

アラクカンは、大《イエケ》モンゴル国《ウルス》の〝譜代の臣僕《オテグボゴル》〟とも称されるジャライル部の出身。フレグ・ウルスで編纂されたペルシア語のモンゴル正史、『ガザンの吉祥なる歴史』（『集史』第一部）の「部族志」によれば、ジャライル部は、バアリン部に次ぎ、チンギス・カンの姻族コンギラト部に並ぶ兵力を擁していた。十の氏族からなり、最高位はチャガト氏――チンギス・カンの四駿《ドルベンクルク》（四傑）に数えられ、左《ジェウン》翼《ガル》軍を預けられたムカリ、およびその子孫の〝国王〟家で、トクラウト氏、ウヤト氏、ドランギト氏などがそれに続いた。残念ながら既知の資料にアラクカンの氏を明記するものはない。

アラクカンの祖父ボチェグ（ブジェク）は、幼少の頃からチンギス・カンの宿衛《ケシク》において、箭筒士《コルチ》（弓矢を服御して左右に常侍する者）兼厨手《バウルチ》（親《みずか》ら烹飪《にたき》し以て飲食を上に奉《たてまつ》る者）を担当、常に遠征軍に扈従して、何度も武勲を立てた。『ガザンの吉祥なる歴史』の「チンギス・カン紀」末尾に附されている大

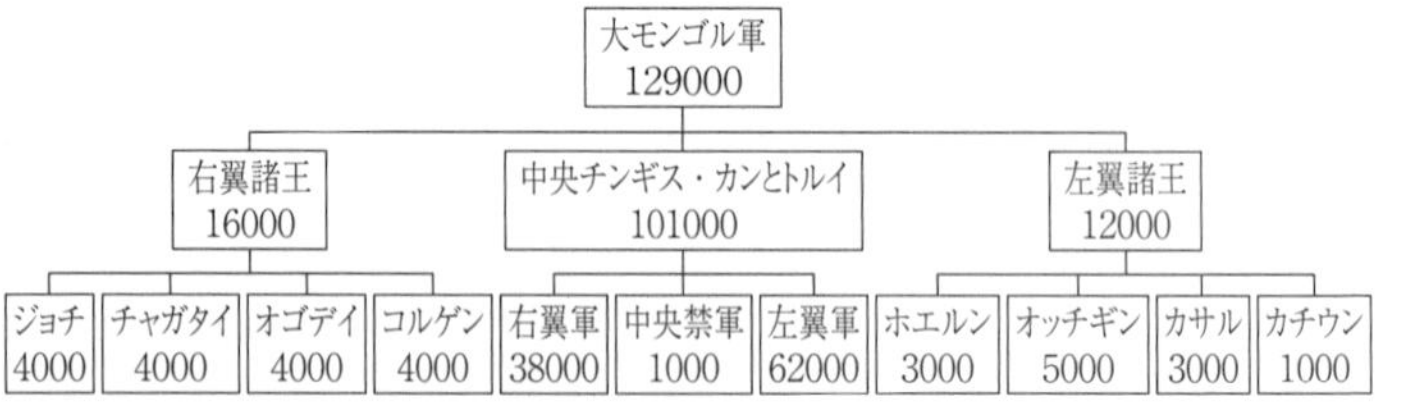

図58　『ガザンの吉祥なる歴史』に見える大モンゴル軍の基本組織図
筆者作成。

モンゴル軍（全十二万九千戸）の構成一覧表（図58）から、チンギス・カン自身の中央軍（十万一千戸）所属のジャライルを探すと、中央《コル》（禁軍・大営）千戸のうちの百戸を統べかつチンギス・カンの四つの宮帳《オルド》も管理していたオルドグル（オルダカル）箭筒士《コルチ》、右翼《バラウンガル》三万八千戸内ではバラ官人《ノヤン》とアルカイカリル箭筒士の兄弟の二千戸、左翼六万二千戸内ではチャガト氏のムカリ国王とタイスンの兄弟、イルゲイ官人《ノヤン》等の五千戸、ジャライルタイイスゥル箭筒士の千戸、ウゲイとカラチュの兄弟の千戸が該当する。同じウイグル文字モンゴル語の『金冊《アルタンデプテル》』を資料源とするはずの『モンゴル秘史』では、ジャライルタイイスゥルの名は確認できないが、第二七四節のジャライルタイ箭筒士と同一人物かもしれない。ウゲイ兄弟は、第一二〇節のトクラウト氏カチウン箭筒士の子か、第二六〇節のドランギト氏コンタカイ箭筒士の子だろうか。ボチェグの父はオルドグルの可能性が高いが、世間に対し名を意図的に隠しているとすれば、大金女真《ダイキムジュシエングルン》国の首都たる中都《カンバリク》の接収時に収賄・横領事件を起こしたアルカイカサルも有り得る。

チンギス・カンの〝遺産〟

チンギス・カンが崩御すると、その家産（営盤《ヌントウク》・宮帳・銭糧・帑庫《かねぐら》・官人《ノヤン》・伴当《ノコル》・奴婢等）と軍勢十万一千戸は、テュルク・モンゴルの古来からの慣習により、正妻ボルテ所生の末子トルイが全て受け継いだ（右翼の諸王：ほかの嫡子ジョチ、チャガタイ、オゴデイの各藩《ウルス》は各四千戸、愛妃クランが産んだ庶子コルゲンも四千戸、左翼の諸王：チンギス・カンの同腹弟カチウン、〔ジョチ〕カサル、〔テムゲ〕オッチギンの藩はそれぞれ一千戸、三千戸、五千戸、母ホエルン＝再嫁先コンゴタン家の義弟たちは三千戸、計二万八千戸だから、圧倒的な差である。図58）。ボチェグもトルイの宿衛《ケシク》で引き続き箭筒士兼厨手として仕えることとなった。トルイがナイマン部出身の妻妾マイルシルとの間に儲けた庶子は、かれから名を貰った可能性すらある。

　ところがチンギス・カンの生前の意図と大方の予想に反し、〔テムゲ〕オッチギン、チャガタイ、コンギラト部等の画策によって、大《イエケ》モンゴル国《ウルス》の君主の大座《イエケオロ》にはオゴデイが登った。それに伴いトルイ家の人々は、思い描いていた未来よりも険しい道程を歩まざるを得なくなる。一二三〇年、トルイと嫡長子モンケは、オゴデイから大金《ダイキム》への出撃命令を受けた。ボチェグはその陣頭に立ち、陝西各地の堡塁・城塞を陥落させてゆく過程で戦死した。妻ダルバイとの間に授かった息子のエリュゲンは、とうじすでに箭筒士、厨手集団の一員としてトルイ家に仕えており、ボチェグの地位を引き継いだ。

トルイ家の冬の時代

　そして再び予想外のことが起きる。大金の滅亡が確実となった一二三二年、多大な戦果を挙げ凱旋の途につき、オゴデイの宮帳を訪れたトルイが、用済み・厄介者とばかりに毒殺されてしまったのだ。トルイの正妃ソルコクタニ公主《ベキ》（ケレイト部のオン・カンの姪）とその末子アリクブケ等が継承すべき兵力や利権は、オゴデイ家によって蚕食・解体、吸収されはじめた。アリクブケはまだ幼く、ソルコクタニは長子モンケ（一二〇八年生まれ）に一家の命運を賭ける。

『ガザンの吉祥なる歴史』は、オゴデイがトルイ家の財産を収継するために自身の息子グユクとソルコクタニの婚姻を画策したこと、大聚会《イェケクリルタ》に諮ることなく独断で、トルイ家からジャライル部チャガト氏のドゥラダイおよびスルドゥス部の複数の官人《ノヤン》たち、ソニト部の一千戸、スルドゥス部の二千戸を取り上げて、己の息子コデンに賜与したことを繰り返し述べる。いっぽう現行の『モンゴル秘史』は、オゴデイの即位時にトルイが自ら進んでチンギス・カンの遺産たる軍を献上したように描く。この書は奥書から一二五二年か一三二四年の成立と考えられているが、オゴデイ政権の正統性を謳い、その治世を顕彰する立場で編纂されたものにもとづくからだ。

モンケは、オルドグル箭筒士等ともども、オゴデイの宮帳《オルド》の監視下に置かれた。エリュゲンは、オゴデイの命令により、トルイの庶子でモンケのすぐ下の弟ユルキ（ジュルキ。母はクビライの乳母を務めたナイマン部出身のサルク妃《カトン》。同腹弟はモゲ）の宿衛の長となった。

さらに一二三五年、オゴデイは、ヨーロッパ遠征と南宋遠征を大義名分として、大モンゴル国内の各藩から集めた大軍を、自身の二人の息子グユクとクチュ（コチュ）の手に委ねた。最大の鍵となるトルイ家の軍勢のうち、ヨーロッパ遠征分はモンケが率いたが、南宋遠征分は同腹弟のクビライ（一二一五年生まれ）ではなく、異腹のクドゥクトゥ（母はナイマン部ダヤン・カンの孫娘にしてカラキタイの君主クシュルク・カンの娘令公妃《リンクムカトン》。生年はユルキとクビライの間）に預けられた。ソルコクタニ母子とナイマン部諸妃の宮帳《オルド》による内紛を醸成させるかのような所為だった。

しかも南宋遠征の斥候《アルギンチ》（先遣隊）には、オゴデイ直々の指名により、トルイ家の軍勢のなかでも最も目立つ左翼千戸のコウンブカ大王（チンギス・カンの異腹弟ベルグデイ官人《ノヤン》の子）と、禁軍千戸（＝オルドグルの上司）のチャガン官人《ノヤン》（タングト部）が指名されたのである。チャガンは、チンギス・カンの子飼い（義子）で、かつてチンギス・カン軍の右翼のバラ官人《ノヤン》等とともに中央アジア遠征や対西夏戦でも大活躍した百戦錬磨の重臣である。コウンブカ大王は血筋だけの〝お飾り〟だったようで、まもなくかれの千戸は全軍の指揮権ともどもチャガンの手に委ねられた。エリュゲンは曽てのオルドグルと同様、チャガンの副官を務めた。かれらは、諸翼の千戸、百戸から抽分《ぬきとり》されたモンゴル・漢児《キタイ》（旧大金女真国領）の軍馬すなわち探馬《タムマ》軍を総領し、華々しい戦功を挙げて、一二三八年に万戸に抜擢され、西京路懐仁県（山西省大同）周辺に駐屯するよう、命じられた。この派出機関は、とうじ漢語で〝天下馬歩禁軍都元帥府〟と表現された。西京路は、チンギス・カンが華北の地を投下領《アイマク》（＝分地／采邑。当該地の税収や特産物等の一定割合の徴収、工匠等の人戸の確保、管理官の任命等の諸権利が保証される）として一族に分配した際、オゴデイに分与された地である。トルイ家最強の中枢軍が切り離され、オゴデイ家の手に帰してしまったのである。

同様の動きは、『モンゴル秘史』からでさえ、読みとれる。第二七四節は、まさに同時期、トルイ家の左翼と見られるジャライルタイが東真《ジュシェン》（女真の蒲鮮万奴の軍事政権）・ソロンガス（遼寧方面）への遠征に派遣されており、当地に諸部族混成の探馬《タムマ》軍として駐屯を命じられたことを伝えているのだ。しかも第二八一節において、オゴデイは、自身に帰せられる四つの功績のひとつとして、〝各城池《まち》の内に探馬赤《タムマチ》を立て鎮守した〟ことを挙げている。トルイ家の勢力を削ぎながら版図を拡大できたのだから、自画自賛もしたくなるだろう。

ひるがえって、チャガンとエリュゲンは、オゴデイが崩御し、第六后妃（四つの宮帳《オルド》のうち第二宮帳の第二位）ドレゲネ（メルキト部）が〝監国〟した期間も、変わらず西京路周辺に駐屯し続けた。そのごドレゲネの工作によってグユクが大聚会《イエケクリルタ》で新たな君主に選出されると、チャガンたちは揚子江・淮河方面への軍事展開を命じられた。二人は軍事のみならず、行政面でもかなりの権力をふるっていたようだ。河南林州の峡峪宝厳禅寺や山西解州芮城県の清涼寺には、それぞれ一二四四年六月六日、一二四八年十月三日付のチャガンの発給文書（モンゴル語を漢語の口語語彙で直訳したもの）が碑石に刻まれて伝来している。

この約二十年の間、ソルコクタニは、カアン位をトルイ家に〝奪還〟するために、銀鉱の発掘、オルトク商人（ウイグルやムスリムが一族で経営する貿易商社）への貸付等によって資金を蓄え、密かに諜報活動や選挙運動を繰り広げていた。ジョチ家の当主バトゥと連携し、グユクを暗殺、一二五一年、遂にモンケを宝座に坐らせることに成功する。

一家の黒歴史？

エリュゲンの家庭では、オゴデイ家からの厚遇を後ろめたく思っていたのか、自分たちの歴史を振り返るとき、詳細を語りたがらなかった。グユクの名は一切出さず、モンケに触れることも極力避けた。チャガン一家が、グユクおよびモンケから下賜された物品・食邑・牧草地の詳細を列挙し、都元帥の職に加え行尚書省（大《イエケ》モンゴル国《ウルス》の中東・中央アジア・漢児《キタイ》方面の三管区に設置された財務担当の行政府）への参与を許されたことを誇示するのと対照的である。一二五五年にチャガンが世を去ったため、モンケは副官のエリュゲンを後任に据え、揚子江・淮河方面への進攻を命じた。だが行尚書省の職は与えなかった。含むところがあったのかもしれない。そして、一二五八年、エリュゲンは揚州での戦闘にて落命する。

2　アラクカン家から眺める帝室の攻防——モンケ～クビライ

かえりみてモンケの即位は、左翼最大の［テムゲ］オッチギン家と右翼のジョチ家の協力があってこそ、だった。ドレゲネ・グユク母子が主催した大聚会《イェケクリルタ》において、［テムゲ］オッチギン家は当主のテムゲ以下かなりの人数が死刑宣告を受けていた。オゴデイの崩御に乗じて帝位を狙った咎《とが》である。どうにかこうにかテムゲの嫡孫タガチャルが後を継ぐことを許されたものの、復興策が必要だった（テムゲ等の反逆行為の審議・判決の責任は、モンケとジョチ家のオルダが担わされたが、［テムゲ］オッチギン家の怨恨は、先ずドレゲネ・グユク母子に向ったに違いない）。かたやバトゥ率いるジョチ家は、オゴデイから西方遠征のために貸与された大軍を掌握し続けかつ既得の広大なキプチャク草原・ルーシ・東欧方面を自領とすべく、ソルコクタニ・モンケ母子と取引し、グユク暗殺に動いたのだった。

トルイ家主導の世界遠征

モンケは、即位後ただちにオゴデイ家とチャガタイ家の大粛清をおこなった。続いて同腹弟のうちクビライに東方——大理《カラジャン》・河西《タングト》・西蕃《チベット》・女真《ジュシエン》・高厳《ソロン》（＝遼寧）・高麗《カウリ》・蛮子《マンジ》（南宋）・印度《ヒンドゥ》の一部への展開を、フレグに西方——イーラーン地域《ザミーン》（イスマーイール派の山城やアッバース朝等）・ルーム・アルメニア・シリア・エジプトへの遠征を命じた。大《イェケ》モンゴル国《ウルス》の版図拡大はもちろん、進軍の過程でオゴデイ家に奪われていた兵力――探馬《タムマ》（諸部族混成の駐屯軍）という名の大軍をトルイ家の手中に回収してゆく目的があった。同時に、大モンゴル国において肥大化しつつあるジョチ家に対し更なる兵権の貸与は避けたい、フレグを西方に配置してジョチ家の動きを監視、場合によっては抑止したい、という世界開拓以後を見据えた意図も感得される。ちなみに兄弟の東西への振り分けは、それぞれの婚姻関係によって決まった。

クビライの正妃チャブイは、大興安嶺《カラウンジドウン》の南、漢地および高麗との境界に根拠地を持つコンギラト駙馬《グレゲン》家（チンギス・カンの正后ボルテの実家）出身で、しかも同腹姉は、ジャライル〝国王〟家のバアトル（チンギス・カンがトルイ家に遺した左翼軍《ジェウンガル》の統帥ムカリの孫）の正妻だった。チンギス・カンは、オッチギン家をはじめ左翼諸王の営盤《ヌントウク》（根拠地）に対する万が一の防御壁として、〝五投下《タブンアイマク》（腹心たるジャライル部、ウルウト部、マングト部、姻族のコンギラトとイキレス両部）〟を配置しており、かれらはジャライル国王家を中心に連合体として行動を共にしていたのである。なおコンギラト駙馬家は、本来はオゴデイが後継者に指名していた嫡孫シレムン（クチュの子）の外戚として権力を握るつもりだったが、グユクの即位、モンケの粛清により野望を断たれた。シレムンの母は、グユクの正后オグルガイミシユともども死罪となった。一族とシレムンの助命のため、クビライと関係を深めるよりほかない状態だった（チャブイは男児を四人産み宮帳《オルド》で大きな発言権を有したが、モンケに嫁いだコンギラト駙馬家出身の后妃は後継に恵まれなかった）。

かたやフレグは遠征にあたって、亡父トルイの宮帳《オルド》からネストリウス派キリスト教信奉者プレスター・ジョンとして名高いケレイト王国オン・カンの孫娘トクズを収継し、正妃として迎えていた。差配したモンケの脳裏には、グルジア、キリキア、ビザンツをはじめ、キリスト教を信奉するフランク諸国が浮かんでいたのだろう。

血は金よりも薄く

ところがモンケの計算に狂いが生じる。フレグは、イスマーイール派、アッバース朝を制圧するや、モンケの指示どおりにマムルーク朝目指して準備をはじめた。いっぽうのクビライは、左翼のカチウン家当主チャクラや［ジョチ］カサル家当主エジル等が率いる東軍、チンギス・カンとトルイの〝四狗《ドルベンノガイ》〟でかれらの左翼軍の大将（〝四駿《ドルベンクルク》〟ムカリの配下）だったスベエテイの子ウリャンカダイが率いる西軍とともに、大理国を攻撃・接収した。そこまでは指示どおりだったが、当地での駐屯と更なる軍事展開はウリャンカダイに委ね、開平府（のちの上都《シャンドゥ》）周辺に早々に帰還してしまった。そして漢地経営――山西産の塩・鉄、大理産の金・銀等の専売、ウイグルやムスリム商人への投資に注力したのである。クビライは当初から、モンケが任命した漢児《キタイ》管区の行政府――行尚書省の財務長官マフムードヤラワチ等としばしば衝突していたのだが、熾烈な利権争いの結果、モンケの金庫番アラムダールによって巨額の不正蓄財を暴かれてしまった。クビライ以下コンギラト駙馬家、ジャライル国王家等によるクーデタ資金の可能性を疑ったモンケは、クビライに預けた諸軍を速やかに回収・再編すべく、一二五七年の春、大聚会《イエケクリルタ》を開催して親征を宣言せざるを得なくなる。

まず［テムゲ］オッチギン家の若き当主タガチャルに命じ、チャクラに代わって東軍を率い南宋の対モンゴル防衛線の牙城たる襄陽・樊城を陥落させ、漢江流域を南進させる。ウリャンカダイ統率の西軍（左翼諸王家から供出させた軍勢も含まれる）にはヴェトナム・広西・湖南・江西経由で北上を命じ、湖北の鄂州（武漢）を挟撃させる（南宋の領土の中央部を縦断・切り崩してから東西へ展開する）。だが、東軍はわずか一週間で攻撃を中止し、山東～河南一帯の自分たちの投下領《アイマク》（分地）まで撤退してしまった。ボイコットといってよい。タガチャル等左翼諸王家の意図を明記した資料は発見されていないが、結果的にモンケはクビライを再起用せざるを得なくなった。そこで、クビライに二心無きことの証明としてシレムンの引き渡し（殺害）を命じ、そのうえで探馬《タムマ》をはじめ諸軍の指揮権を貸与した。クビライには湖北、タガチャル等には江淮・浙江方面への進軍を命じた（かねてより淮北・淮南の攻略にあたっていたエリュゲンおよび嫡子のアラクカンは、この差配によってクビライ、タガチャル等と合流することになったのだろう）。モンケ自身は、一二五八年初頭、同腹の末弟アリクブケにモンゴル本土の留守居役＝カアン代理を命じた後、息子のアスタイ、異腹弟のモゲ（クビライの乳兄弟）、右翼・左翼諸王家の質子《トルカク》たち、クビライ、タガチャル等から切り離した五投下の軍勢等とともに四川へ出陣した。

要するに、南宋の版図を東・中央・西に三分割して総力戦で一気に制圧することにしたのだ。あえて厳しい対外戦争を設定することで、内紛・クーデタの余裕を無くす状態にし、かつクビライ、タガチャル等の軍勢を激戦が予想される地で消耗させ、自身の帝権・体制の強化を図るまでの時間を稼ぐつもりだったのだろう。クビライもモンケの意図は見透かしており、期限ぎりぎりまで出陣しようとしなかった。

そして一二五九年八月、モンケは合州の釣魚山にて急逝する。死因は、疫病とも南宋軍から受けた矢傷ともいわれるが、モンゴル内部の人間――たとえばコンギラト駙馬家による暗殺の可能性もある。カアンの座には、トルイの嫡末子でモンケの葬儀も執り行ったアリクブケが、カラコルムで開催された大聚会《イェケクリルタ》で正式な手続きを踏んで登った。ジョチ家、チャガタイ家のほか、当初はフレグの支持も得ていた。しかしクビライは、タガチャル等左翼諸王家、コンギラト駙馬家、モンケの崩御後あえてその計画どおり南宋攻撃を進めることで吸収したウリヤンカダイの西軍等の推載を得て、自身の根拠地たる開平府で自前の聚会《クリルタ》を開催し、カアンを名乗った（『ガザンの吉祥なる歴史』は、このときクビライが即いたのは〝君主《バードシャー》＝カン〟の座だとさりげなく記している）。かくて唯一無二のカアンを賭け、まさに血で血を洗う骨肉の争いとなった。

上昇気流に乗って

揚州攻略で陣歿したエリュゲンの後を継ぎ、諸翼のモンゴル騎馬軍を率いていたアラクカンは、クビライ等と足並みを揃え、江西の龍興府を攻撃したのち、踵を返して開平府に赴いた。その際、金塊二・一キログラムを以て労われた。モンケ時代の冷遇を跳ね返す絶好の機会と思ったに違いない。

まず対アリクブケ戦に向けて、モリバヤンブラク（馬が多く集まる泉）なる地へと派遣されたのち、アラムダール等を陝西・甘粛方面で撃退、天下分け目のシムルトゥノールの戦いでは、アリクブケ軍を大破、中央アジアに駆逐した。凱旋後、その戦功に対して、金塊二・一キログラム、中東産の最高級品金刺繍《ダルダ》を使用したジスン宴用の衣服九セットを賜わった。翌年、山東の益都一帯を拠点とする軍閫の李璮《りたん》が南宋の調略に乗せられて叛乱を起こすと、その制圧にも駆り出され大いに成果を挙げた。この間、一貫してカピチという名の宗王と行動をともにしていたようだ（［ジョチ］カサル家の王と考えられているが、鄭真「蒙古《モンゴル》直理吉《ジルギ》氏家伝」によれば、モンケに扈従して四川攻撃に加わっており、右翼のチャガタイ家か左翼のベルグデイ家の王である可能性が高い）。戦後処理のあと、アラクカンはまたもや金塊二・一キログラム、さらに黄金で飾った鎧一式と鍍金を施した銀製の馬具一式（鞍と轡）、弓矢のセットを賜わり、駅伝《ジャムチ》を使用する際に必要な黄金の虎頭牌子《パイザ》、銀印も授与された。

一二六七年からは、ウリヤンカダイの子アジュ都元帥に従って南宋の襄陽・樊城への攻撃を命じられ、六年がかりで陥落させた。そのご漢江を戦艦で下り、安陸府（湖北長寿）、鄂州を次々と破った。この功績に対し、銀二・一キログラムと金襴《ナスィーチュ》のジスン服九セットが贈られた（アリクブケ軍や李璮軍撃破時の十分の一の功績と看做されたわけだ）。揚子江を溯上して江陵を攻撃してから、揚子江下流の鎮江（いまの江蘇省）まで沿岸域の城市を順々に制圧していった。一二七五年初めには、〝諸翼のモンゴル騎馬軍を統べる上級万戸〟の肩書に武官の資品（俸給算定用の位階）〝昭毅大将軍（正四品）〟を加えられたほか、建康（いまの南京）に設置された臨時行政府における顧問も委ねられた。そこから、南宋遠征の総大将バヤン、トルイ家古参の董文炳《とうぶんへい》と水陸三路に分かれて進軍し、臨安（いまの杭州）での再会を期した。途中、恩賞獲得のための証拠資料として、各地の戦闘で捕獲した大将・将校の名数、数千単位の首級の記録を採っており、目覚ましい働きをしたようだ（アラクカン家では、提出書類とは別に写しを大切に保管していた）。

南宋朝廷の無血開城後も、アラクカンは抵抗し続ける趙《ちょう》与《よ》擇《たく》（秀王）や李《り》世《せい》達《たつ》等の残党を追って浙東・福建へ進軍を続けた。これらの功績を嘉して何度も昇進が許され、一二七九年には文官の〝資徳大夫（正三品）〟の資品と〝行中書省右丞〟、武官の〝江東道宣慰使〟の肩書を有するまでになっていた。そして一二八一年、日本国への遠征軍四十《マ》万《マ》余の総司令官に任命されたのだった。しかし、明州（いまの寧波）を出港する直前に身罷り、一家の領地と思しき山東の曹州済陰県郭村に葬られた。享年四十九、戦に明け暮れた一生だった。

3　アラクカン家から眺める帝室の攻防――クビライ〜トゴンテムル

不肖の後継者？

一二八一年七月二二日にアラクカンが亡くなった後、かれがもともと父祖の代から率いていた諸翼のモンゴル軍馬と万戸の職は、長子のバイシンが世襲した。バイシンはおそらく側室のココルンから生まれた庶子だったが、正妻のトデエンが産んだイェスデル、側室クトゥダイ（南宋接収時の捕虜で姓は王との説もある）の産んだトゴンはともに若すぎた。

日本国遠征の総司令官という大役は、アラクカンの病状が上奏された時点で、かれよりも高位のアタカイ［ル］（スルドゥス部）に決まった。旧南宋領の金銀鉱山、塩・茶・酒・酢等の販売収益、海運・貿易の莫大な利権をめぐり、クビライの寵臣アフマドの一族、皇太子チンキムへの代替わりを望むウイグル集団やサイイドアジャッルの一族が、モンゴル諸王やバヤン将軍等高官を捲き込み激しい政争を繰り広げている最中のことで、アルタカイはチンキム派だった。この交替に要した時間を遠征の敗因に挙げる者もいるが、チンキムが逝去するまで〝黄金の国〟への再遠征の準備は続いた。

バイシンは、父祖の軍馬を保持した状態で、江淮行枢密院の僉書《せんしょ》（正三品の軍職）のほか、江浙、福建、河南江北の行省《こう》（中書省ないし尚書省の出先機関）において右丞→平章政事（行政職）の肩書を得るなど、順調に昇進していったらしい。にもかかわらず、かれの没年や死因は明示されなかった。のちに末弟のトゴンは、バイシンの存在自体を消去しようとしたほどである。アラクカン家にとって不名誉な事態を引き起こした——アフマドの暗殺後にクビライの寵臣となったサンガの巨額の収賄事件に連座して処罰されたか、鎮南王トゴン（クビライの庶子）の東南アジア遠征に扈従し、クビライに敗戦・撤退の責任を取らされた可能性がある。

沈黙の日々

クビライの崩御後、バヤン将軍、コンギラト駙馬家、サイイドアジャッル一族等の支持のもと、チンキムの嫡子テムルがカアンとなった。その治世の二年目すなわち一二九五年にようやく、イェスデルは亡兄バイシンの率いていた万戸軍馬を継承する正式な許可を得た。それにともない、〝昭勇大将軍（俸給用の位階。正三品下）〟、〝左手《ジェウンガル》のモンゴル軍の万戸〟の肩書と駅伝《ジャムチ》利用のための金虎符（牌子《バイザ》）を授与された。とはいえ、イスンテムルの治世の終わりまでの三十年余りのあいだ、一三一六年に〝昭毅大将軍（正三品中）〟、一三二六年に〝昭武大将軍（正三品上）〟と、遅々たる昇進だった。カアンからの下賜も、カイシャン、アユルバルワダ、シディバラの即位・改元に際し、チンギス・カン以来武勲を挙げてきた将軍・元帥の家々に一律に賜与された記念品（発給文書用に各人の花押を刻ませた特注の白玉印。銀塊二・一キログラムと金襴の衣服二襲）のみだった。具体的な任務や遠征地についてはなぜか口を噤んだ。

連続する短命政権

テムルは病弱で、治世の前半は皇太后ココジン（コンギラト駙馬家出身）が、かのじょが身罷った一三〇〇年以降はテムルの后《カトン》のブルガン（バヤウト部出身）が、人事等の各種裁量権とそれが齎す巨万の富を握り動かした。テムルが崩御しても、ブルガンは実権を手放そうとせず、〝垂簾聴政〟に必要な男児がいなかったことから、自らの宮帳《オルド》にテムルの従兄弟にあたる安西王アーナンダ（チンキムの弟マンガラの子）を招き入れた。アーナンダがいったんカアンの位に坐し、フレグ家やチャガタイ家もそれを認めたようだが、ブルガン后《カトン》と利害の対立する者、コンギラト駙馬家等が中心となって、クーデタを起こした。かれらは、ブルガン后によってクビライ家の天領のひとつ河南の懐孟に蟄居させられていたダギ（コンギラト駙馬家出身、チンキムの子ダルマバラの妃。娘のサンガラギはコンギラト駙馬家のジョアバラの正妻）・アユルバルワダ母子と連携していた。ところが、クーデタが成功裡に終わったのもつかの間、どんでん返しが待ちうけていた。

チンギス・カンの即位百周年に先立ち、オゴデイ家のカイドゥ、チャガタイ家のドゥワ、アリクブケ家のメリクテムル等の連合軍を大破し、大《イエケ》モンゴル国《ウルス》全体の平和に寄与、武名を轟かせていたカイシャン（アユルバルワダの同腹兄）が、アルタイ山からカラコルムに帰還し、次期カアンに名乗りをあげたのである。かれが引き連れている強力な大軍を前にしては、「アユルバルワダを次期カアン（皇太弟）とし、アユルバルワダの後継にはカイシャンの子を据える」という条件・約定のもと、上都《シャンドゥ》開催の大聚会《イエケクリルタ》に参加するよりほかなかった。かくて一三〇七年六月二十一日、カイシャンが正式にカアンとなり、アーナンダ、ブルガン后等は死罪に処せられた。

鳶に油揚げをさらわれた恰好のアユルバルワダ派は、虎視眈眈と二度目のクーデタの機会を窺った。コンギラト駙馬家とダギ母娘がアユルバルワダに肩入れしたのは、かれが傀儡向きの性格だったこともあるが、コンギラト駙馬家出身の妃との間に儲けた嫡子シディバラの存在が大きかった（カイシャンの長男コシラの母はイキレス部、次男トクテムルの母はタングト部出身）。そして即位からわずか三年半余りの一三一一年一月、カイシャンの突如の崩御が宣言され、その首脳陣は一気に粛清された。同年四月七日には、アユルバルワダがクビライ以降初めて大都《ダイドゥ》の大明殿にて即位式をおこなった。

皇太后として実権を握ったダギは、かつての約定を反古にし、シディバラを皇太子に立てた。いっぽうでコシラとカイシャンの旧臣に陝西で叛乱を起こさせるよう仕向け、正当な名目のもとにその撲滅を謀った。しかし逃亡したコシラたちの軍勢は、中央アジアのチャガタイ家と連合し、アルタイ山の西北一帯を押さえることとなった。

母の寵臣テムデルと衝突しがちだったアユルバルワダは一三二〇年三月一日に崩御、シディバラが四月十九日に大都で即位した。ちなみにクビライ、テムル、カイシャンは挙《こぞ》って旧暦の正月元日に、当該日が日食だったアユルバルワダのみ正月七日に危篤となって、その約一〜三週間後に崩御が発表されており、きわめて不自然である。じっさいの没年月日、死因はわかったものではなく、后妃や側近の高官が、保身や利益誘導のために次期カアンの擁立を画策・手配する時間が必要だったということなのだろう。

即位後のシディバラは猫被りをやめ、父の腹心だったジャライル国王家のバイジュ、スゲバラ后《カトン》の実家イキレス部等の協力を得ながら、ダギたちに対抗しはじめた。翌年、ダギとテムデルがわずか一カ月のあいだに立て続けに身罷るや、一気に派閥粛清へと動いた。しかし年齢に似合わぬ峻烈・老獪なやり方は恐怖と反発を招き、一三二三年九月四日、上都から大都への移動中、シディバラ自身の宿衛《ケシク》の長官たち（チンギス・カンの四駿《ドルベンクルク》のうち右翼《バラウンガル》軍のアルラト部ボオルチュの末裔シクドゥル、フウシン族ボログルの末裔イスンテムル）、御史台長官でアス軍団を率いるテプシ等によって白日のもと殺害された。モンゴル本土に鎮守するイスンテムル（チンキムの孫。カマラの子。かれおよび後継のアラギバの母はともにコンギラト駙馬家出身）を新たに擁立しようとしたもので、安西王アーナンダの息子オルクテムル等も参画していた。

ただイスンテムル家には、古参の官僚と独自に築いた人脈があり、テプシや旧ダギ派の集団は必要なかった。そこでチンギス・カン興隆の地で即位すると、かれらにシディバラ暗殺の責を全て押しつけ、成敗してしまった。腹心の財務官ダウラトシャー等の主導で従来の政策や人事が見直された結果、既得権益を脅かされる者が続出した。再びクーデタの気運が高まり、一三二八年八月十五日、イスンテムルは上都で崩御した。ダウラトシャーはイスンテムルの甥のオンチェン（コンツェン？）等とともにアラギバを擁立した。

もたらされた栄光

イスンテムルに扈従せず大都に残留していた枢密院の副官エルテムルは、カイシャンの旧臣でキプチャク軍団を率いる実力者だった。はやくからチャガタイ家傍流のアラトナシリ、前回思惑が外れたコンギラト駙馬家等とともに、カイシャンの次男トクテムル（サンガラギの娘ブダシリを嫁がせ済み）の擁立を決め、政権奪取の手筈を整えていた。

トクテムルは、アユルバルワダ以降のカアンに疎まれ、海南島、江陵（長沙）、建康（南京）等の地を転々としていた。そのため、エルテムルは河南行省平章政事のバヤン（メルキト部）にお出迎えと大都までの護衛を依頼した。そのとき、バヤンが協力を求めたのがアラクカン家のイェスデルだった。かつてクビライに一家の命運を賭けて対アリクブケ戦に向かった父アラクカンに自分の姿を重ね、イェスデルは興奮した。しかも大都に到着するまでのわずか二週間に、トクテムルから河南行省の平章政事および同知枢密院事の肩書を矢継ぎ早に約束され、金六・三キログラム、銀四・二キログラム、刺繍を施した青絨の袍一、甲一襲、玉帯二、宝石で飾った鑌鉄製の鎚一、環刀一、宝刀一、真珠三粒を嵌めこんだ金虎牌子一、銀印一、名馬二、海東青鶻《シンコル》一を拝領したという。即位式の翌日の十月十七日には、枢密院の副官の軍職と印を授与された。

イェスデルは、遼東から通州を攻撃してきた敵方のトゥメンデル軍を防禦したのを手はじめに、何度も上都側の軍を撃破した。結果、トクテムルから居庸の北関の守備や上都までの護衛を委ねられるほどの信頼を得て、〝栄禄大夫（従一品）〟に昇進した。さらに二カ月間の戦功に対して、銀塊五キログラム、中統鈔五十貫、金襴《ナスィーチュ》の衣服三襲、金襴のジスン服九セット、海東青鶻《シンコル》二匹が下賜された。軍職も〝山東河北蒙古軍（＝左手のモンゴル軍）〟の〝都万戸府〟から〝大都督府（従二品）〟へ格上げ、銀印を賜わり、約束どおり河南行省の平章政事の行政職も得た。イェスデルの活躍により、三代に遡って一等官爵位の封贈が許され、山東曹州の一家の墓廟の前道には、勅建の勲徳碑が屹立することとなった。

イェスデルの弟トゴンも負けていなかった。一三〇〇年の蘄州路（湖北省）総管府の行政職（正五品）にはじまり、母親の介護休職を挟みつつ、江南と陝西の行《こう》御史台、江西・湖広・江浙の各行省を経て、

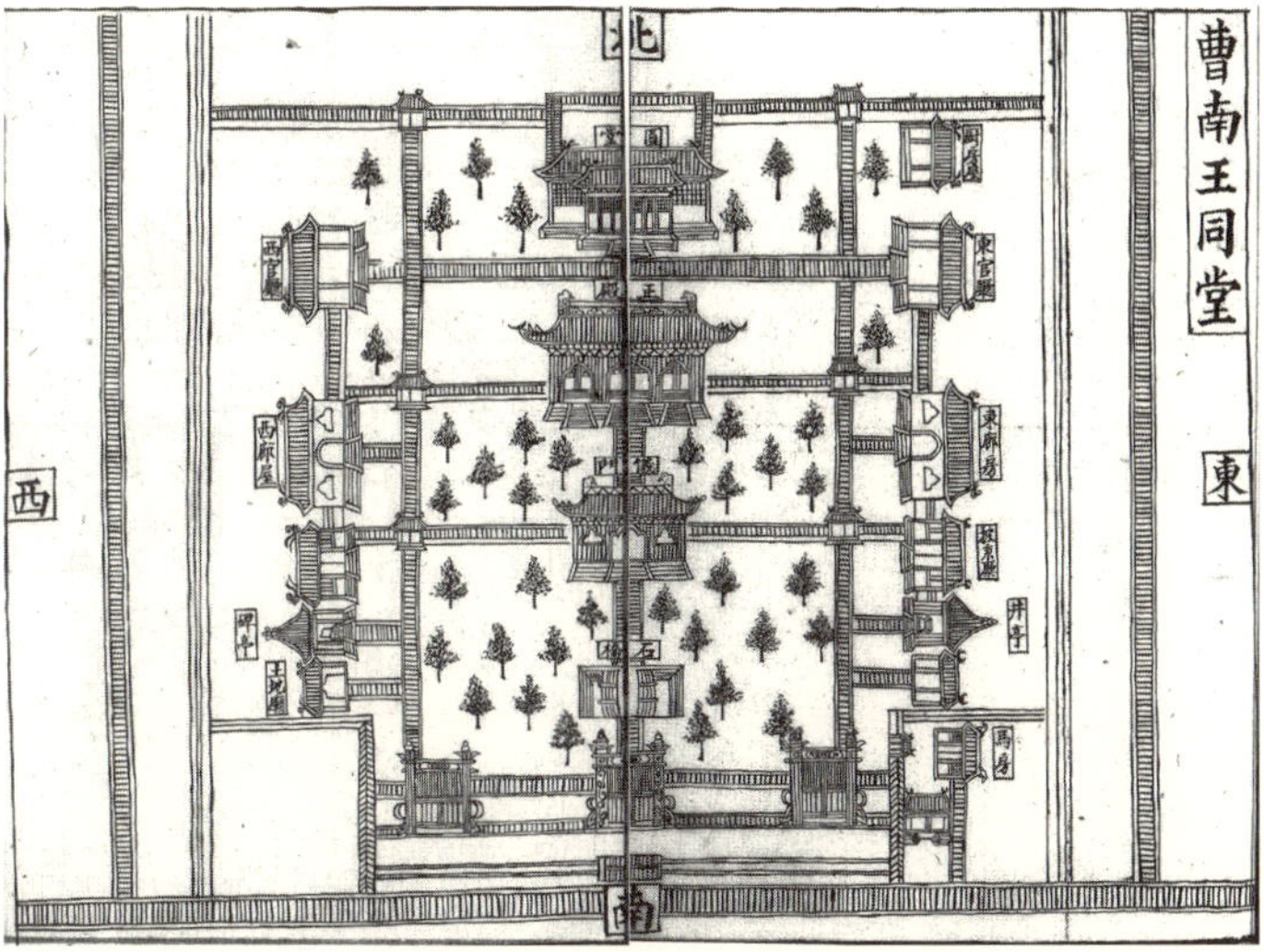

図 59　現在の南京に建てられたアラクカンの祀廟

『至正金陵新志』静嘉堂文庫蔵，1344 年刊（『宋元地方志叢書』台北中国地方志研究会，1978 年所収）より。本頁は，大明時代に国子監で保管しているあいだに版木の磨滅・罅割れが進んで印刷に堪えなかったため鈔写されたが，“祠堂”を“同堂”に誤る。大元時代の寺刹・道観・孔子廟と同様，宮殿を模した造りで，馬房，厨房屋も備える。トゴン一家の“別宅”，駅伝《ジャムチ》の宿泊所としても利用されたのだろう。碑亭に行けばアラクカンの功績を顕彰する勅建碑を見ることができたはずである。

江南行台長官の御史大夫へと順調に官歴を積んでいた。〝光禄大夫〟、中書省の平章政事（従一品）となった一三四〇年の十一月二日、杭州のバヤン将軍廟に倣い、アラクカンの祀廟建設をトゴンテムル（コシラの子）に願い出た。一家の功績を顧みて建設費のみならず江南行台（南京）の近隣の土地も提供された。そして再び江南行台の長官となったトゴンは、同じく国費で出版される『至正金陵新志』に祀廟の絵図（図59）や父の事蹟を収録させたのだった。

4　カアンの権力の衰退

歴史は繰り返す

一三一六年、カイシャンの遺児で弱冠十六歳のコシラは、かれを廃嫡しようとする祖母のダギ皇太后・叔父のアユルバルワダの魔手を逃れ、アルタイ山西北部へと奔った（ダギと同じコンギラト駙馬《グレゲン》家出身の正妃バブシャは帯同しなかった）。対チャガタイ・ウルス戦のため、父の旧臣が大軍を率いて駐屯していたからである。まもなくコシラ等はチャガタイ・ウルスと連合し、当地で一大勢力を築いた。そして四年後、カルルク部の王アルスラン・カンの血をひく娘［マイトレティル／メイレティ］とのあいだに誕生したのが、長男のトゴンテムルである。

一三二四年に、新カアンのイスンテムル（カイシャンとアユルバルワダの従兄弟）から、コシラのもとにバブシャ妃が送り届けられてきた。友好的な態度を示すことで大《イエケ》モンゴル国《ウルス》全体の安定化を図ろうとしたのだろう。バブシャはイスンテムルの姪（同腹姉の娘）であり、イスンテムルの妃サルタバラとは同腹姉妹だった。翌年、コシラとナイマン部出身の妃との間に次男が誕生したが、イリンジバルというチベット仏教の命名からすると、バブシャの宮帳《オルド》で育てられたようだ。

いっぽう、旧カイシャン派のうち朝廷にとどまっていた面々は、虎視眈眈の日々を送っていた。イスンテムルがわずか五年の治世を以て上都《シャンドゥ》（夏の首都）方面で崩御すると、体制維持派がイスンテムルの嫡子アラギバを擁立したのに対し、揚子江以南の地を転々とさせられていたコシラの弟トクテムルを担ぎ出した。中心となったのは、キプチャク軍団を率いるエルテムルとその継母のチャギル公主（トルイの庶子ポチェグ大王の曽孫。実家がコシラの逃亡に連座して没落。父・母双方からコンギラト駙馬家の血を継承）、コンギラト駙馬家に降嫁し娘をトクテムルの正妃に据えていたサンガラギ公主（ダギの娘。カイシャンと同腹）。さらに、クーデタの決起場所がかつてカイシャンがダギのために大都《ダイドゥ》（冬の首都）宮城内に建設した興聖宮だったことからすると、イスンテムルの継母・姉妹・后妃のなかにも内通者がいたのだろう。そのほか、メルキト部出身でアス軍団を率いるバヤン将軍、チャガタイ家傍流のアラトナシリ大王等も協力していた。

トクテムル等は即位時の聖旨《ジャルリク》のなかで、「コシラが到着するまでの暫定カアン」と述べ、コシラ、チャガタイ家との挟撃策戦であることを匂わせ、様子見のモンゴル諸王を味方に引き入れようとした。目論見は当たったが、それでもエルテムル等が率いる軍勢は、二カ月以上に亙る激しい戦闘のなかで多くの血を流すこととなった。聖旨に反してトクテムルにカアンの座を譲る気はなく、コシラのほうも救援の動きはみせず、勝敗が決するのを静観していた。翌一三二九年、コシラはとりあえずカラコルムでカアンの座に即いた。さらに名実ともに正統な唯一無二のカアンであることを内外に示すため、その象徴となる〝伝国の宝璽〟をトクテムルから移譲してもらいお披露目する二度目の即位式、トクテムルを皇太弟に冊立する儀礼――大聚会《イェケクリルタ》の開催を宣言した。そして無傷の大軍、一族郎党とともに南進しはじめた。

これは、かつてカイシャン・アユルバルワダ兄弟が置かれた状況の再来に近かった。しかし今回のトクテムル陣営は、世間体を憚って数年待つことはしなかった。双方にとって象徴的な地――カイシャンが即位の際にオングチャトゥ（いまの河北省張北県鴛鴦泊《アンギル・ナウル》附近）に記念造営した宮城を会合の舞台に選び、コシラを毒殺する挙に出たのである。コシラの諸宮帳《オルド》（アンチュクカン妃、オルグシャー妃、ブヤンクトルクトゥ妃等）はバブシャが統括し、トクテムルたちの〝庇護〟下に入った。そこから上都へ移動し、誰の眼にも茶番劇だったが、トクテムルのカアンへの復位式が執り行われた。チャガタイ・ウルスの諸王は、カアンに属するアルタイ山西北部から天山一帯割譲を条件に、中央アジアへと還っていった。

さすらいのカアン

翌一三三〇年、朝廷ではトゴンテムルを廃嫡すべく、バブシャから「コシラが「自分の子ではない」と言っていた」との偽証を引き出して、かれを高麗への島流し・幽閉処分に附した。しかし、高麗では忠粛王王燾（アラトナシリ）と忠恵王王禎（ブダシリ）の父子、忠粛王の甥で泰定帝イスンテムルの姪を正妃とする瀋王王暠（オルジェイトゥ）、この三者の権力闘争が激化しており、トゴンテムルが政治の道具として利用される懸念が生じてきた。そのため、広西の静江路（いまの桂林）へ移し、外部との接触を遮断した。バブシャは、巨額の〝遺族年金〟を定期的に支給してもらっていたが、用済みになったのか、処遇をめぐってもめたのか、まもなく殺害された。ブダシリ正后《カトン》の宦官《ホージャ》バイジュが下手人とされる。幼児だったイリンジバルはおそらくブダシリの宮帳に留め置かれた。

トクテムルは、サンガラギ公主・ブダシリ母娘に頭があがらない状態だったが、エルテムルに対しても中書省の右丞相をはじめさまざまな官庁の長官職を委任した。さらに、エルテムルのために興聖宮の西南に邸宅を建設してやっていた。イスンテムルの后妃やモンゴル諸王の公主を次々に降嫁したほか、第二皇子のグナダラを預け（のちエルテグスに改名）、第三皇子の名もエルテムルの王号と重なる〝太平《タイピン》〟奴《ドゥ》に改めさせていた。こうした情況からすれば、第一皇子のアラトナダラが皇太子になってわずか一カ月で、〝疹疾（麻疹《はしか》、猩紅熱、天然痘）〟に罹患し亡くなったというのも、疑念を惹起する。グナダラに肩入れするエルテムルが、感染対策の混乱に乗じ命を奪ったのではないか。同時期に感染したグナダラは無事に回復しているのだ。注目すべきは、アラトナダラの看病にあたっていた宦官バイジュがすこし後に宮帳《オルド》から追放されていることで、エルテムルによる証人排除とも、ブダシリ正后《カトン》が防備の不行き届きを問うて処罰したものとも考えられる。

そして一三三二年、トクテムルがわずか四年の治世で崩御した。果たして自然死か、それとも予期された死だったのか。いずれにせよ、エルテムルは自身の〝義子〟に等しい幼児エルテグスを次期カアンに推戴した。かたやブダシリは〝トクテムルの遺言〟と称してコシラの遺児で七歳のイリンジバルを推した。かのじょは、エルテムルに対抗すべく、メルキト部のバヤン将軍を抱き込んでいた。最終的にイリンジバルが即位したものの、なんと一カ月余りで崩御してしまった。十中八九、エルテムルによる暗殺だろう。再度、エルテグスの擁立を迫られたブダシリは、十三歳になったトゴンテムルを広西から召還した。エルテグスはブダシリの実子ではなかったのかもしれない。実子でも、エルテムルの手駒なら、傀儡にはトゴンテムルを選ばざるを得ない。突き詰めれば、コンギラト駙馬家とキプチャク軍団、いずれが大元大《イェケ》モンゴル国《ウルス》の影の支配者になるか、の争いだった。双方譲らず数カ月が過ぎ、まことに都合よくエルテムルは急死した。

かくてトゴンテムルがカアンの宝座に坐し、ブダシリはかつての祖母ダギのごとく〝皇太后〟として垂簾聴政を開始した。表舞台ではバヤンがエルテムルに取って代わり、絶大な力を振るった。トゴンテムルの后として、コンギラト駙馬家からはバヤンクドゥが送り込まれ、巻き返しを図るエルテムルの子のタングキシは、バヤウト部の血を引く妹の［タナシリ／タヌゥクシリ］を入内させた。トゴンテムルは、父コシラの仇である両派の対立を巧妙に煽り、正后にタナシリを選ぶことさえした。じっさいには、高麗から不定期に徴集された宮女のひとりでお酌係のオルジェイクドゥ――高麗の下級官僚奇子敖の娘を寵愛した。アユルバルワダが金深の娘ダルマシリを妾妃としたのをはじめ、モンゴル高官の間では、高麗出身の娘を夫人のひとりに加えるのが一種のステータス、流行になっていた。

一三三五年、タングキシとタナシリ正后は、バヤン等によって殺害された。しかしその五年後には、トゴンテムルとかれに籠絡されたバヤンの甥トクトが、バヤン、ブダシリ正后、エルテグスを誅殺する。復讐を遂げカアンとして実権を握ったトゴンテムルはとうじ二十歳。さっそく二年前に長子アユルシリダラを産んでいたオルジェイクドゥを、第二皇后に引上げた。正后となっていたバヤンクドゥも男児を産み、チンキムと名付けられたが、二歳で夭折した。

アユルシリダラが皇太子に冊立されると、奇氏一族は、モンゴルの駙馬たる高麗王家を踏み付けにする狼藉を働きはじめた。怒った恭愍王王祺（バヤンテムル）は、奇氏一族を殲滅した。オルジェイクドゥは恭愍王とかれを不問に処したトゴンテムルを逆恨みし、一刻も早くアユルシリダラをカアンにしようと画策しはじめる。度重なる災害によって、紅巾の乱をはじめ各地で解決すべき問題が多発していたにもかかわらず、政治闘争が優先されたのである。

トゴンテムル・アユルシリダラ父子は、コンギラト駙馬家はもとより、オングト、バヤウト等有力部族の后妃から後嗣を儲けなかった。これはいざというときに、幾重にも結ばれた血縁によるモンゴル諸王家と貴族の連帯、強力な軍団の支援をあてにできなくなったことを意味する。トゴンテムルは、クビライの治世よりも長い年数をカアンとして過ごしたが、終わりにも〝さすらいの日々〟を送るこ

表1　カアンの即位年齢

代	名　前	即位年齢
1	太祖テムジン	45～51歳
2	太宗オゴデイ	43歳
3	定宗グユク	40歳
4	憲宗モンケ	43歳
5	アリクブケ	42歳以下
5	世祖クビライ	45歳
	（裕宗）チンキム	39歳
6	成宗テムル	29歳
7	安西王アーナンダ	39～42歳
7	武宗カイシャン	26歳
8	仁宗アユルバルワダ	26歳
9	英宗シディバラ	17歳
10	泰定帝イスンテムル	46歳
11	天順帝アラギバ	26～29歳
11	明宗コシラ	28歳
11＝12	文宗トクテムル	24歳
13	寧宗イリンジバル	7歳
14	恵宗トゴンテムル	13歳
15	昭宗アユルシリダラ	33歳
16	天元帝トクズテムル	37歳？

筆者作成。

とになる。

どこで狂ったのか

ふりかえって、カアンの権威が衰えた最大の原因は、大聚会《イエケクリルタ》の形骸化だろう。カアン選出にふさわしい年齢は、経験知を積んだ四十代以上とされていた。三十歳未満の即位は、露骨な傀儡政権となった。チンキム、アーナンダ、イスンテムルが推戴されたのにも、納得の理由があったのである（表1）。歴史に〝もし〟はないが、チンキムが二十年くらい長生きしていたら、どうなっていたのだろう。

なお、『元史』の「泰定帝本紀」によれば、イスンテムルは、一二七六年［十二月六日／十一月十八日］に誕生、一三二八年八月十五日に崩御しており、五十一歳（数えで五十二）の生涯のはずだが、〝寿三十六〟（『南村輟耕録《なんそんてっこうろく》』は〝二十六〟に作る。アラギバの年齢と混同？）『実録』を編纂する際に『国史《モンゴルトプチャン》』のウイグル文字モンゴル語の tabin-niken を字形の似た qučin-jirw’an に、もしくは実録稿本の清書時に、読み誤ったに違いない。

5　災厄の根源へ

十四世紀のペスト禍の発生源？

二〇二二年六月、ドイツ・カザフスタン・イタリア等の研究者たちが共同で「十四世紀ユーラシア中央域の黒死病の源《みなもと》」を *Nature* 誌に発表した。キルギスタンの熱湖《イシククル》一帯に散在する旧いネストリウス派キリスト教徒の埋葬地では、墓石に刻まれる没年が一三三八〜三九年に集中していることが知られていたが、複数の遺骨の歯槽から採取した菌株のDNAをPCR検査、ゲノム解析したところ、一三四七〜五〇年にヨーロッパに甚大な被害を及ぼした大疫（ペスト）の直接の先祖だと確認できたらしい。この報告は、世界が新型コロナウイルス感染を経験している最中だったことも影響したのか大きな反響を呼び、日本でも報道された。

ヨーロッパの大疫の記録

一三四八年の初め、フィレンツェの商人ジョヴァンニ・ヴィッラーニは、この大疫に感染して落命する直前、執筆中の『新年代記《ヌウオヴァクロニカ》』のなかで、プラート、ボローニャ、ロマーニャ地方、プロヴァンス地方が、次々に感染に巻き込まれている状況を述べ、さらに次のような伝聞も書きとめていた。

だが、テュルキアや海外の諸国すなわちTarteriモンゴルの諸国《ウルス》において、数え切れない死がより深刻さを増していた。神の審判がいわゆる大《イケ》モンゴル国《ウルス》の内に下されたのであった。信じがたいほどの驚異だが、［以下のことは］正真正銘、確かなことだ。［運命の三女神のうち死を掌る］パルカ――こんにちインディア［のことば］ではモンゴル諸国の君主 Casano ∧ Caano カアン――の国《ウルス》の Turigi テュルクと Cattai 漢児《キタイ》の間において、地下からの噴火あるいは天上からの墜火がはじまり、人間・動物・住居・樹木・岩石・土地を飲み尽くし、十五日（年の誤り?）以上、延び広がりながら来て、逃亡しなかった者を飲み尽くし、生きとし生ける物を襲い続けて、多くの被害を伴ないつつ戻っていった。火を逃れた男・女も pistolenza 災厄により死んでしまった。

タナ（アゾフ海沿岸の都市）やトレビゾンド（黒海南岸の都市）、近郊の全域では、いわゆる pestilenza 悪疫のため五人に一人しか生き残らず、悪疫・巨大地震・雷電のために多くの土地が放棄された。……［中略］……

そして Mare Maggiore 黒海に停泊していたジェノヴァの八艘のガレー船は大半が死に、帰途に向った四艘も感染者で溢れかえっていて次々と逝き、ジェノヴァにたどり着いた者たちは皆虫の息だった。かれらが着岸した所は何処とも空気が汚染され、会話を交わした者は何人であってもすぐ後に死んでしまった。感染者の症状は、三日間の横臥を経ないうちに、鼠蹊部や腋の下に gavoccioli「釘（丁瘡）」とか、bozze「瘤」や ghianducce「腫毒」と呼ばれる出来物がいくつか出現し、吐血する。

ここにいう「火」は、大疫の発生原因を『聖書』の記述に関連付けて「天罰」や「自然災害による空気の汚染」で説明したいがためか、感染爆発を比喩表現で述べたものだろう（大元大《イェケ》モンゴル国《ウルス》では一三三〇年代から各地で大地震・山崩れが頻発しており、一三四〇、四一年に杭州城下で大火災が発生したが、火砕流や隕石の記録は知られていない）。ヴィッラーニの記録の三年後に同じくフィレンツェ在住のジョヴァンニ・ボッカッチオが著した『デカメロン』も、東方の各地からはじまったこの〝致死の悪疫〟は〝火が乾燥した物や油脂を含んだ物に燃え移るように〟感染したと述べる。とすればヴィッラーニは、この疫病の最初の発生地を大元ウルスとチャガタイ・ウルスの境界線あたりと認識していたことになる。ＤＮＡ解析の示唆する地域と近い。

　なおボッカッチオによれば、東方では鼻からの出血が致死の目印だったが、フィレンツェでは鼠蹊部や腋の下に出来る林檎大ないし鶏卵大の丁瘡↓腕・腿等体の各部位への拡大↓大小・疏密さまざまな黒・鉛色の斑点の出現が確実な死の兆候だった。『マルキオンネ・ディ・コッポ・ステファーニのフィレンツェ年代記』の著者バルダッサーレ・ブゥオナイウティは鼠蹊部・腋下の腫れ、吐血、高熱に言及する。みな、自身が見聞きした特徴的な症状を二、三点しか取り上げない傾向があるため、同時代のヨーロッパ諸地域のほかの記録も検索して総合してみると、こんにちの所謂「腺ペスト」の症状とほぼ合致する。急激な発熱（高熱）、頭痛、悪寒、倦怠感、嘔吐、下痢、神経・筋肉など全身の激痛、鼠蹊部・腋下・頚部などリンパ節の腫張・膿瘍（頚部の場合に出現する顔面と喉の浮腫）などだが、紫斑、手足の壊死、昏睡は「敗血症ペスト」の、吐血（血痰）は「肺ペスト」の症状とされている。

大元ウルス治下の大疫の記録

一三四八年から遡って約十五年前、といえば大元ウルスではトクテムルの治世、皇子のアラトナダラやグナダラが〝疹疾〟に罹患した頃である（Ⅸ章4節二八三頁参照）。じっさい、ヨーロッパと同時期に「ペスト」に襲われたマムルーク朝でも、最初の発生源を十五年前の「暗黒の地」に求めており、マクリーズィー（一三六四～一四四二）の『諸王朝の熟知への道程の書《キターブ・アル・スルーク・リ・マリファト・ドゥワルゥツムルーク》』（年代記）は、漢児《キタイ》とモンゴルの地から始まったこの疫病が大カン＝カアンとその六人の皇子を死に追いやったとの伝聞を採録している。大元ウルスでは一三二九年の春から夏には〝沴疫《れいえき》（悪疫）〟が陝西一帯に流行し、おりからの大飢饉と相まって死者数万を出しており、一三三〇年の春から夏には山東・淮南一帯、一三三一年春には揚州でも猛威を振るっていた。とはいえ、五～十日ほどの闘病と報告されているので、麻疹《はしか》、猩紅熱、天然痘、ジフテリアなど、さまざまな可能性が考えられる。なお、貿易港を擁する揚州は一三四八年夏にも大疫に襲われている。おそらくトクテムルとブダシリ皇后《カトン》は、これらの疫病に対処すべく、大承天護聖寺を創建し薬局を附設するいっぽう、『承天仁《しょうてんじん》恵局薬方《けいきょくやくほう》』と題する欽定の医薬処方大全を編集・刊行させたのだった。

そして、本書の編纂時に参照された医薬書のひとつで、オゴデイ～モンケの治世に編纂されたと思しき僧侶施円《しえん》の『端効方《たんこうほう》』に、「ペスト」かもしれない報告がある。

流行りの伝染病で「肐𦞂《きっとう》（小さな出来物）」や「腫毒（悪性の腫れ物）」の疾病は、昔の医学書の議論と解答に説明が見えない。昔の人々にはこうした疾病が存在しなかったから、これらに対する処方が無いのだろう。ただ（大金女真国《ダイキムジュシェングルン》の）一一五六〜一一六〇年に楊集《ようしゅう》が編んだ『拯済方《じょうさいほう》』のなかに「大金《ダイキム》の天眷・皇統年間（一一三八〜四八）以降、嶺北《れいほく》（大興安嶺以北、モンゴル高原）で生じ、続いて太原《たいげん》（山西省）に、そのご燕京《えんけい》（いまの北京《ペキン》周辺）・薊州《けいしゅう》（河北省の山海関から居庸関に至る長城線）の山野や村落にて集中的にこの疾患に罹り、現在に至るまで絶ゆることなく、交々に感染させあって死亡に至り、一家を保持できなくなる事例が多い。その症状は「雷頭」に似ており、腫れが咽喉・頸部に「連なる／広がる」。内側を攻撃すると気管が詰まって塞がり、水薬も通りにくくなる。外側を攻撃すると顔が牛のようになり、眼や耳の穴が膨れ上がって視覚・聴覚いずれも悪化し、見聞きを遮断して病気は悪化し瀕死の状態になる……」とある。

『拯済方』が『端効方』に先行するが、両書とも、大金末期の太医趙大中《ちょうだいちゅう》が勅命を受けて編纂し、そのご全真教の道士趙素《ちょうそ》が整理した『風科集験名方《ふうかしゅうけんめいほう》』（一二五三年）に引用されている。どちらも華北各地の民間の処方を収集しており、重宝されたらしい。なお指摘の感染地域は、テュルク・モンゴル語でタルバガン、漢語では土を掘り返す謂いと外来語の音価に近づけて土撥鼠（鼧鼥《タルバ》）や外観から黄鼠と訳されるマーモット等の齧歯類（図60）――ペスト菌の宿主の生息地である。

「雷頭」は、湯冷めで痰が胸に溜まり、頭痛、眩暈のほか、頭部の赤い腫核を生じる。針を刺して出血させるだけで治癒するおデキなので、「大頭病」の間違いだろう。悪寒、頭痛、柄杓大の腫れ物、倦怠感、そのあと顔面が膨れ上がって（頤の両側が腫れるため「鸕鷀瘟《しまつどりのえやみ》」ともいう。おたふく風邪？）眼が開

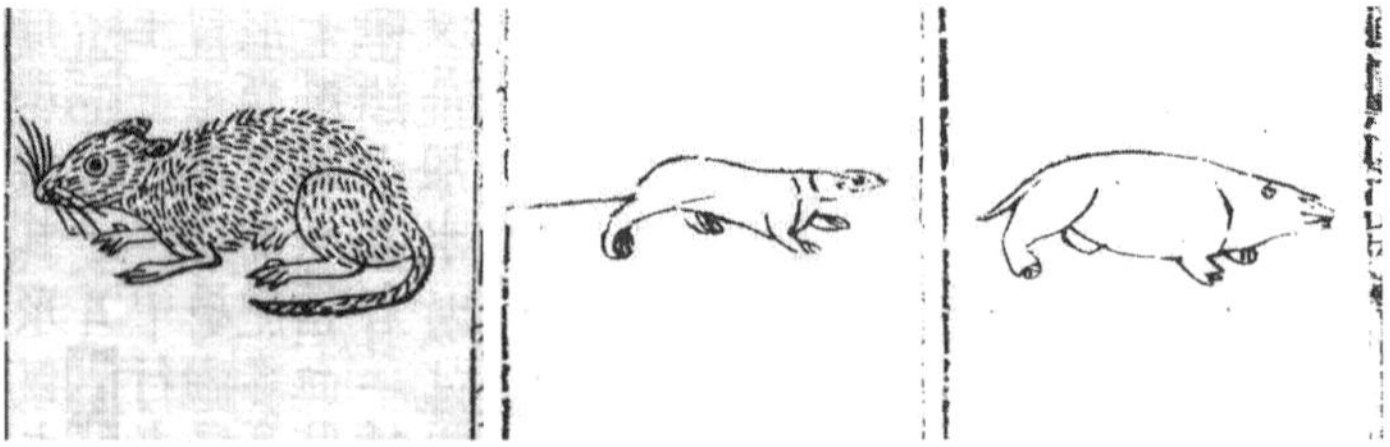

図60　ペストの宿主たち

（左）1249年刊行の『重修政和経史証類備用本草』巻十八「獣部・下品」【鼴鼠】，（中央）（右）1330年刊行の『飲膳正要』巻三「獣品」【黄鼠】【塔剌不花】。毛皮は衣や敷物に，肉は薬膳や宴会料理に，骨は幼児の夜泣きのおまじないに用いられる。『事林広記』や『居家必用』にもレシピが載っており，テュルク・モンゴルのみならず江南や高麗の官僚たちにも食されるようになっていた。これらは食べ過ぎると消化不良や瘡の一因になるのだが，皮肉にも瘡の治療に使われていた。なお『飲膳正要』は，トクテムルの聖旨のもと，『承天仁恵局薬方』とほぼ同時期に編纂された。

かず咽喉が塞がり、舌と口内が乾燥する。感染すると大抵助からないため親戚の訪問が途絶えたらしい。なお流行りの伝染病を指すことばに、「時疫」「時毒」「時気」「天行」などがある。大金時代に楊用道《ようようどう》（楊集の一族？）が校訂・整理しなおした晋の葛洪《かっこう》（二八三〜三六四）の『肘後備急方《ちゅうごびきゅうほう》』（一二七六年刊）には、さまざまな「天行」が収録されており、そのうちの「発斑」（別名：虜瘡）は、ペストの可能性がある。また、大元ウルス末期に地元の江西南豊の医学教授を務めた危亦林《きいりん》の『世医得効方《せいとっこうほう》』（一三四七年）、大明《ダイミン》時代の蘇州の僧景隆《けいりゅう》『慈済方《じさいほう》』（一四三九年）は、頭痛、吐き気、手足の指の冷え、腹痛、致死性を伴う「沙証」「（烏）沙脹」「沙疼」を紹介し、揚子江以南には本来無かった病気という。こんご歴代の医学書の感染症を系統立てて整理しなおす必要があるだろう。

新出？の『端効方』のテキスト

じつは『端効方』のもとの姿を伝えるテキストは、こんにち存在しない。大明《ダイミン》の第三代皇帝朱棣《しゅてい》は、大元ウルスの宮廷図書館や官庁の旧蔵書を中心に、あらゆる分野の書籍の内容・抜粋を項目別に検索できるよう、巨大な百科事典『永楽大典』全二万二千八百七十七巻を編纂した。利用した書籍の多くは管理不行き届きでまもなく失われ、『永楽大典』自体も清朝末期に散逸してしまった。ただ、永楽帝の弟の周王朱橚《しゅしゅう》と朝鮮の世宗がそれぞれ、医薬書に特化した『普済方《ふさいほう》』全一百六十八巻（初版本は、版木の様式から見て『回回薬方』と抱き合わせで刊行された可能性が高いが、一部分しか現存しない。『四庫全書』収録本は四百二十六巻に細分化）、『医方類聚《いほうるいじゅう》』全三百六十五巻を編纂していた。『医方類聚』はそのご金属活字を用いて三十セット印刷されたものの、加藤清正が将来して徳川家の侍医多紀《たき》（丹波《たんば》）元簡《もとやす》（一七五五～一八一〇）の所有に帰した一セットしかこんにち伝わらず、十六巻分を欠く（宮内庁書陵部現蔵）。この二種の医学大百科を通じて『端効方』の概容を知り得るわけで、上述の記事は、『普済方』（『四庫全書』本）の巻二七九「諸瘡腫門」と『医方類聚』の巻一七九「丹毒門」附《時毒疙瘡》に引用されていた。

ところで、京都大学附属図書館の地下書庫には上・中・下三巻構成の『施円端効方』の抄本が蔵される。百々《どど》復太郎（一八四九～一九二六）の寄贈で、江戸時代に朝廷の御医をつとめた俊悦《しゅんえつ》（一六八六～一七五五）以来、一家が代々収集してきた蔵書六一四一冊のうちの一種である。すわ、天下の孤本かと色めき立つところだが、序も跋もなく、多紀元簡とその子供たち元胤《もとたね》（一七八九～一八二七）、元堅《もとかた》（一七九五～一八五七）が編んだ『医籍考《いせきこう》』によれば、元堅が『医方類聚』から根気よく抽出した復原本らしい。それを百々家の俊徳《しゅんとく》（一七七六～一八三九）か絢《とう》（一八〇八～七八）が借りて筆写したのだろう。この採集本自体も伝来を聞かないので、貴重書には違いない。『端効方』の成り立ちや性格、施円の人脈――フレグ・ウルスで翻訳、『集史』第二部に収録された「中国史」（一一五〇～六一？）の著者のひとり、洛京出身のṢYḤWN（施渾？）和尚と同門かもしれない――を考えるうえで、残存記事を一覧できる本書はひじょうに有用かつ有難いものである。こうした遭遇が楽しいから書庫探索は止《や》められないのだ。

【附記】
山東・淮南一帯、揚州等が疫病に悩まされていた一三三一年、京都でも悪疫が流行していた。京都大学のすぐ北側にある浄土宗知恩寺の別称は、空円が後醍醐天皇の勅命を奉じ、念仏を「百万遍」唱えて鎮圧したことに因っている。

おわりに——ただいま!　書斎

「モンゴル時代史」の研究者にとって、漢文の『元史』、モンゴル語・漢訳合璧の『モンゴル秘史』、ペルシア語の『世界を開く者の歴史』と『ガザンの吉祥なる歴史』、フランス語・イタリア語・ラテン語等さまざまな版の『百万の書』（『世界の記述』。通称『東方見聞録』）は、基本中の基本の史料であり、修道士にとっての『聖書』、ムスリムの法学者にとっての『クルアーン』、科挙受験者にとっての四書五経に等しい価値をもつ。折々に必要な部分を検索・確認するのみならず、何度となく頭から通読するから、どこに何が書いてあるか、ほとんど暗記しているのが当たり前である。

私自身、『元史』については、博士後期課程の時点ですでに各頁に附箋を林立させ、「もはや本来の機能を果たしていないのでは?」と周囲から揶揄されるほど繰り返し読み、この四半世紀の間、これを手にしない日はほとんどなかった。少なく見積もっても二百回以上は通読している。結果、表紙は何度も剝がれ、頁を綴じる糸も擦り切れて崩壊し、四六時中、拾い集めては糊で貼り付けている有り様である。ペルシア語やイタリア語原典資料へのアクセスは十年以上遅れたが、こちらの原書たちも同じ運命を辿りつつある。そしてこれらの核となる史料を補足するものとして、漢文なら、『大元聖政国朝典章』（『元典章』）や『大元通制』といった政書、『高麗史』や『安南志略』のような周辺地域の歴史書、『秋澗先生大全文集』を筆頭にとうじ活躍した官僚の詩文集、『南村輟耕録』などの随筆も、何十回と通読し頭に叩き込んできた。

こうした研究方法は、東洋学では大清満洲国《ダイチンマンジュグルン》の銭大昕《せんたいきん》をはじめとする考証学者たちが模範を示してくれており、じっさい文化大革命以前に教育を受けた南京大学や北京大学の「蒙元史（大モンゴル・大元の歴史）」を研究する「長老」の諸先生は、『元史』や『元典章』の内容はおおむね諳んじているようだった。私が学生として在籍していたとうじの京都大学文学部、文学研究科でも、「古典学」の伝統を踏まえて、原典（一次資料）の読解と関連資料の収集技術を重視した訓練がなされていた。そのうえで多言語・多分野・多形態の資料の発掘・照合・比較分析への展開が期待・推奨されたのである。これは東洋学に限ったことでなく、ヨーロッパの伝統的な西洋古典文献学においても同様だろう。

大学院生を含む研究者の十人が十人、すぐ同じ結論に辿り着くようなことがらは「常識」なのであって、先行研究への追随と同様、論文の主題には相応しくない、「発見」なる語は安易に使うな、論文は自分の思考の披瀝が大前提ゆえ「私は」は不要、「考えたい」「思われる」と記す前に資料を限界まで捜せ、と複数の師から口伝のように繰り返し言われてきた。声高に自身の「発見」を言い立てるのは上品でないとの教えもあった。厳しい字数制限のある論文において、未紹介・未使用の資料だと逐一明記していたら、伝えられる情報量が減るし、読む側もゲンナリするだけだろう。まして同じ道を進んでいる研究者であれば、未知あるいは貴重な資料がどれかはすぐわかるはずなのだから。

近年は、インターネット上で多くの資料を検索することができるようになり、原典資料のカラー影印や大型叢書の出版も増え、把握すべき基本資料は、膨大な数にのぼっている。特に漢文資料は、とんでもない速度で電子テキストに変換されつづけており、読書量や能力に関係なく、誰もがほぼ一律に、先人の捜しあてられなかった記述へと容易に導かれ、没個性の論文が量産される原因となっている。そもそも語彙検索は、既知のことがらに依拠して、捜したいものを探すため、ほんとうの意味での「発見」やパラダイム転換には繋がりにくい。資料の織りなす世界を地平線、その先まで鳥瞰しつつも、やはり地道に読破してゆかねばならず、その営為のなかで、さまざまなことがらが見えてくるものだろう。日本では、国の経済力の衰退も影響しているのかもしれないが、資料環境の激変に対応する個々の努力、成果はほとんど確認できない。

いっぽうで、基本資料の増加と矛盾・逆行する動きなのだが、欧米の研究者の風潮や理系分野の評価主義に影響されているのか、分野や世代によっては「経典」の通読の経験がないためなのか、『元史』や『ガザンの吉祥なる歴史』の記述すらも、したり顔で「特許登録」する輩が増えてきた。立っている土俵が異なるので、議論が嚙み合わなくなる。さらに「自己剽窃」――研究成果の水増しを防ぐ目的で近年推奨されている参考文献の表記法は、さまざまな先行研究・二次資料を一度どこかで引用しておけば、次の論文以降、それらの存在を覆い隠して全てを自身の成果に見せかけられるため、挑戦・開拓性や独自・創造性の有無の評価・見極めを困難にしつつある。

このような趨勢に辟易としていた二〇二一年の年明け、ミネルヴァ書房の編集者の岡崎麻優子さんから、とつじょ電子メールで同社のPR誌『究』への連載にお誘いいただいた。とうじは新型コロナウイルスへの警戒により通常の社会活動が失われてほぼ一年、授業や会議はインターネット上で行われ、図書館の利用にも制限がつけられていた頃で、時間のゆとりはあるがどんよりした閉塞感も漂っていた。気晴らしになるかもと、お引き受けすることにした。

もともと展示図録の解説、図版のキャプション、筆遊びの短編等の執筆が大好きだった。くわえて原典資料との日々の格闘の過程で、論文にとりあげるほどの価値はないが棄てるには勿体ない小ネタ――曹操《そうそう》が謂う所の「鶏肋《けいろく》」(『後漢書《ごかんじょ》』「楊脩伝《ようしゅうでん》」)。自身で追いかけ捕獲・解体したものもあれば、先人たちの食卓の食べ残し・手つかずの皿から回収してきたものもある――がそれなりに貯まっており、それらを紹介するよい機会にも思えた。「文永・弘安の役」によるモンゴルのイメージは近年薄らぎつつあるものの、この時代のユーラシア規模での人・物・情報の大交流が日本にも及んでおり、将来された文物・知識の蓄積がこんにちの日本の文化・生活の基層を形成したことは、一般にはあまり知られていない。また日本で大切に保管されてきた文物が、モンゴル時代の政治、文学、美術、科学等、多岐に亙る分野において、しばしば未解明のことがらの扉を開く鍵、道標となることがある。その点も強く広くお伝えしたかった。

「二〇二一年七月から二〇二四年六月まで(第一二四～一五九号)、三年間計三十六回の予定で」と伺い、連想したのが三百六十度↓円である。基本的に毎回独立した話題を設定するが、講談・章回小説のように、鍵となる共通語を入れることで次号に連結してゆき、最終回を初回に繋いで閉じる円環構成――どこから読んでも構わない――にしようと目論んだ。大団円にならないのがミソである。表題は迷うことなく「モンゴル時代史鶏肋抄」と決めた。

いざ書きはじめてみると、記憶の確認も含め、あらためて纏まった調べ物が必要となり、結局は論文執筆時の手間とあまり変わらなかった。しかも伝えたい情報を平易なことばで規定の行数にぴたりと収めねばならず、どんどん削ぎ落してゆかねばならなかった。話題はしばしば思わぬ方向、横道へとずれてゆき、軌道修正に苦労した。しかしそれらの作業によって初めて気づいたことがらがいくつかあり、総じて楽しかった。ナマの資料が持つ面白さ・情報の豊かさ、ユーラシアの東と西の資料それぞれの特徴、東西の記事が呼応・合致する瞬間の興奮等を、読者の方々に多少なりとも味わっていただけるよう、意図的に翻訳形式での紹介も行ってみた。

ちなみに基本資料は少なからず、日本語・英語の翻訳が出版されている。また毎月、知り合いの研究者の方々がさまざまな感想とともに拙稿と相互補完する書籍・論文の情報を寄せてくださった。それらに現時点での最新刊も追加したうえで、「関連文献」として巻末に附したので、参照されたい。

連載の原稿を落とすわけにはいかないという強迫観念と新型コロナウイルスへの感染を懸念して、毎回、締切の二カ月前までに提出することを心がけていた。しかし、最後の数カ月は息切れしてきて初志貫徹できず、関係各位にご迷惑をおかけしてしまった。おまけに毎回、校正の機会が三度あったにもかかわらず、何度も誤りを見逃した。書籍化にあたり、これらを訂正したほか、ことば足らずで理解しにくいとの指摘があった箇所に少々加筆した。図版も計六十まで増やし、陰・陽の数字にひっかけて九章構成とした。かつて削ぎ落した部分のいくつかを復活させてしまったが、基本的には連載時の姿を尊重し、新情報等については「附記」のかたちで掲載した。最終段階に至って、新たな書名を掲げることになった。思案したのち、『百万の書』がフランクの王侯貴族への献呈本（金銀色とりどりの絵筆を駆使して飾り立てた豪華な写本。Ⅲ章3節。〔図19〕八二頁参照）では『驚異の書』と呼ばれていたこと、クビライの遺訓も『驚異の雑纂』と題する書帖《アルバム》に収録されていたことに鑑みて、『クビライ・カアンの驚異の帝国』と改めた。この単語が「モンゴル帝国」の形容に相応しくないと判断されたなら、それは偏に筆者の力量不足に因る。

最後に、三年半に亙って懇切にご対応くださった岡崎さんに深甚の謝意を表したい。なお本書は、文部科学省科学研究費補助金および京都大学教育研究振興財団助成金の研究成果の一部である。

文永の役から七百五十年、マルコ・ポーロ没後七百年の龍の年、秋の最後の月、京都にて

宮　紀子

《著者紹介》

宮　紀子（みや・のりこ）

1972年　生まれ。徳島県出身。
京都大学大学院文学研究科博士後期課程所定研究指導認定退学（中国語学中国文学）。博士（文学）。

現　在　京都大学人文科学研究所助教。

主　著　『モンゴル時代の出版文化』名古屋大学出版会，2006年（2009年第5回日本学術振興会賞，日本学士院学術奨励賞）。
『モンゴル帝国が生んだ世界図』日本経済新聞出版社，2007年。
『モンゴル時代の「知」の東西（上・下）』名古屋大学出版会，2018年（2018年第7回パジュ・ブック・アワード著作賞）。

叢書・知を究める㉗
クビライ・カアンの驚異の帝国
――モンゴル時代史鶏肋抄――

2025年3月20日　初版第1刷発行　〈検印省略〉

定価はカバーに
表示しています

著者　宮　紀子
発行者　杉田啓三
印刷者　田中雅博

発行所　株式会社　ミネルヴァ書房

607-8494　京都市山科区日ノ岡堤谷町1
電話代表（075）581-5191
振替口座　01020-0-8076

創栄図書印刷・新生製本

ISBN978-4-623-09846-0
Printed in Japan

人名索引

あ 行

か　行

さ　行

た 行

な　行

は　行

ま　行

や　行

ら・わ行

事項索引

あ　行

か　行

さ 行

た　行

な　行

は　行

ま　行

や　行

ら　行

書画名索引

あ　行

か　行

さ　行

た　行

な 行

は 行

ま　行

や・ら行

関連文献

（日本で比較的容易に閲覧・入手できるもの）

史料訳注

村上正二（訳注）『モンゴル秘史――チンギス・カン物語①～③』平凡社東洋文庫，1970～76 年。

稲葉正就・佐藤長（訳注）『フゥラン　テプテル――チベット年代記』法蔵館，1964 年。

小林高四郎（部分訳註・解説）『元史』明徳出版社，1972 年。

小林高四郎・岡本敬二（編）『通制条格の研究訳注（上）（中）（下）』国書刊行会，1964～76 年。

ドーソン（著）・佐口透（訳註）『モンゴル帝国史①～⑥』平凡社東洋文庫，1968～79 年。

本田實信『モンゴル時代史研究』東京大学出版会，1991 年。

杉山正明『モンゴル帝国と大元ウルス』京都大学学術出版会，2004 年。

杉山正明「大元ウルスの三大王国――カイシャンの奪権とその前後（上）」『京都大学文学部研究紀要』34，pp. 92-150，1995 年。

志茂碩敏・志茂智子『モンゴル帝国史研究（序説／正篇／完篇）』東京大学出版会，1995～2021 年。

赤坂恒明（監訳）・金山あゆみ（訳注）『ラシード＝アッディーン『集史』「モンゴル史」部族篇　訳注』風間書房，2022 年。

大塚修・赤坂恒明・高木小苗・水上遼・渡部良子（訳注）『カーシャーニー　オルジェイトゥ史』名古屋大学出版会，2022 年。

ジャン・ジョワンヴィル（著）・伊藤敏樹（訳）『聖王ルイ――西欧十字軍とモンゴル帝国』筑摩書房，2006 年。

尾崎明夫／ビセント・バイダル（訳・解説）『征服王ジャウメ一世勲功録――レコンキスタ軍記を読む』京都大学学術出版会，2010 年。

窪田順平（編）『ユーラシア中央域の歴史構図――13～15 世紀の東西』総合地球環境学研究所イリプロジェクト，2010 年。

岩村忍・中野美代子（編訳）『世界ノンフィクション全集⑲長春真人西遊記・耶律楚材西遊録』筑摩書房，1961 年。

カルピニ／ルブルク（著）・護雅夫（訳）『中央アジア　蒙古旅行記』桃源社，1965 年／講談社学術文庫，2016 年。

海老澤哲雄・宇野伸浩「C. de Bridia による Hystoria Tartarorum 訳・注（1）(2)」『内陸アジア言語の研究』10・11，pp. 13-65，67-120，1995，96 年。

高田英樹（編訳）『原典　中世ヨーロッパ東方記』名古屋大学出版会，2019 年。

マルコ・ポーロ（著）・愛宕松男（訳注）『[完訳] 東方見聞録①・②』平凡社東洋文庫，1971 年／平凡社ライブラリー，2000 年。

月村辰雄・久保田勝一『全訳 マルコ・ポーロ東方見聞録――『驚異の書』fr. 2810 写本』岩波書店，2012 年。

高田英樹（訳）『マルコ・ポーロ／ルスティケッロ・ダ・ピーサ　世界の記「東方見聞録」対校訳』名古屋大学出版会，2013 年。

オドリコ（著）・家光敏光（訳）『東洋旅行記――カタイ（中国）への道』桃源社，1979 年。

バッジ博士（著）・佐伯好郎（訳補）『元主忽必烈《クビライ》が欧洲に派遣したる景教僧の旅行誌』待漏書院，1932 年。

那谷敏郎『十三世紀の西方見聞録』新潮選書，1993 年。

藤本勝次・池田修（監訳）『イブン・ジュバイルの旅行記』関西大学出版部，1992 年／講談社学術文庫，2009 年。

イブン・バットゥータ／イブン・ジュザイイ（編）・家島彦一（訳注）『大旅行記①～⑧』平凡社東洋文庫，1996～2002 年。

クラヴィホ（著）・山田信夫（訳）『チムール帝国紀行』桃源社，1967 年。

クラヴィーホ（著）・リュシアン・ケーレン（編）・杉山正樹（訳）『遥かなるサマルカンド』原書房，1998 年。

小川博（編）『中国人の南方見聞録――瀛涯勝覧』吉川弘文館，1998 年。

田村祐之「訳注『朴通事諺解』」「訳注『朴通事諺解』(2) ――女の口説き方」「『朴通事諺解』試訳（3）――季節の遊び」「『朴通事諺解』試訳（4）――破戒和尚」「『朴通事』の職業」『火輪』1～5，pp. 8-17，16-26，2-16，27-40，9-15，1996～98 年。

田村祐之「『朴通事諺解』翻訳の試み（1）～（7）」『饕餮』４～10，pp. 57-91，

60-93, 46-72, 28-46, 8-28, 8-34, 8-25, 1996〜2002年。

金文京・玄幸子・佐藤晴彦（訳）・鄭光（解説）『老乞大――朝鮮中世の中国語会話読本』平凡社東洋文庫, 2002年。

中務哲郎（訳）・織田武雄（監修）『プトレマイオス地理学』東海大学出版会, 1986年。

イブン・ハルドゥーン（著）・森本公誠（訳）『歴史序説（一）〜（四）』岩波文庫, 2001年。

牛根靖裕・古松崇志・松川節・小野浩・斎藤茂雄・高井龍・伴信一朗・毛利英介「コズロフ蒐集ハラホト出土モンゴル語印刷文献断簡G110rについて――『大元通制』ウイグル字モンゴル語訳の発見」『日本モンゴル学会紀要』51, pp. 41-63, 2021年。

松井太「『クビライ遺訓』小考」『内陸アジア言語の研究』37, pp. 121-134, 2022年。

松井太「カラホト出土モンゴル語分例請求文書の再研究」『内陸アジア言語の研究』38, pp. 51-130, 2023年。

柘植元一「一四世紀ペルシアの楽器誌――『カンズ・アッ＝トゥハフ *Kanz al-tuḥaf*』（第三稿）の訳注と諸写本の校異」『東洋音楽研究』75, pp. 67-93, 2010年。

柘植元一「一五世紀ペルシアの楽器誌――『ジャーメオル・アルハーン *Jāme‘ al-alḥān*』第10章, 第四節の訳注（アブドゥルカーデル・マラーギーの自筆本による）」『東洋音楽研究』77, pp. 101-129, 2012年。

忽思慧（著）・金世琳（訳注）『薬膳の原典　飲膳正要』八坂書房, 1993年。

尾崎貴久子「元代の日用類書『居家必用事類』にみえる回回食品」『東洋学報』88-3, pp. 27-55, 2006年。

真下裕之・二宮文子・和田郁子（訳注）「アブル・ファズル著『アーイーニ・アクバリー』訳注（1）〜（12）＋」『神戸大学文学部紀要』40〜51＋号, pp. 69-118, 75-120, 113-151, 35-73, 49-88, 1-44, 27-61, 81-128, 107-145, 57-98, 23-47, pp. 1-24＋, 2013〜24＋年。

宋応星（著）・藪内清（訳注）『天工開物』平凡社東洋文庫, 1969年／平凡社ライブラリー, 2022年。

山田慶児・土屋榮夫『復元　水運儀象台――十一世紀中国の天文観測時計塔』

新曜社，1997年。
本田實信・小山皓一郎「オグズ＝カガン説話 1」『北方文化研究』7，pp. 19–63，1973年。
チェンニーノ・チェンニーニ（著）・辻茂（編訳）・石原靖夫・望月一史（訳）『絵画術の書』岩波書店，1991年／岩波文庫，2025年。
ダンテ（著）・平川祐弘（訳）『神曲（地獄編）（煉獄編）（天国編）』河出文庫，2009年。
ダンテ・アリギエリ（著）・原基晶（訳）『神曲（地獄編）（煉獄編）（天国編）』講談社学術文庫，2014年。
ボッカッチョ（著）・平川祐弘（訳）『デカメロン（上）（中）（下）』河出文庫，2017年。
石坂尚武（編訳）『イタリアの黒死病関係史料集』刀水書房，2017年。
伊藤隆郎「マムルーク朝の歴史叙述における黒死病」『西南アジア史研究』94，pp. 1–35，2022年。
Boyle, John. A. (tr.), *The History of the World-conqueror*, Manchester University Press, 1958. (Reprint)
Boyle, John. A. (tr.), *The Successors of Genghis Khan*, Columbia University Press, 1971.
Thackston, Wheeler. M. (tr.), *Rashiduddin Fazlullah: Jami'ʻt-Tawarikh* (*Compendium of Chronicles: A History of the Mongols*), 3vols, Harvard University, 1998–1999./ *Classical Writings of the Medieval Islamic World: Persian Histories of the Mongol Dynasties*, vol. III, New York, 2012.
Yule, Henry. & Cordier, Henri. (tr./ed.), *CATHAY and the Way Thither: Being a collection of Medieval notices of China*, 4vols, Hakluyt Society, 1916.
Yule, Henry. & Cordier, Henri. (tr.), *The Travels of Marco Polo*, 2vols, John Murray, 1920. (Reprint)
Le Strange, G. (tr.), *The Geographical Part of the Nuzhat al-Qulūb composed by Ḥamd-allāh Mustawfī of Qazwīn in 740 (1340)*, Brill, 1919.
Stephaenson, Lieut.-Colonel J. (ed./tr.), *The Zoological Section of the Nuzhatu-l-Qulūb of Ḥamdullāh al-Mustaufī al-Qazwīnī*, The Royal Asiatic Society,

1928.

Halasi-Kun, Tibor. & Golden, Peter. B. & Ligeti, Louis. & Schütz, Edmund. (ed./tr.), *The King's Dictionary* (*The Rasûlid Hexaglot: Fourteenth Century Vocabularies in Arabic, Persian, Turkic, Greek, Armenian and Mongol*), Brill, 2000.

Tekin, Şinasi. & Tekin, Gönül. A. (ed.)/ Dankoff, Robert. & Kelly, James. (tr.), *Maḥmūd al-Kašγarī: Compedium of the Turkic Dialects* (*Dīwān Luγat at-Turk*), 3vols, Harvard University, 1985.

Tuna, Osman. N. & Bosson, James. E., A Mongolian 'Phags-pa Text and Its Turkish Translation in the 《Collection of Curiousities》, *Suomalais-Ugrilaisen Seulan Aikakauskirja* (*Journal de la Société Finno-Ougrienne*), 63, pp. 3–16, 1962.

Ölmez, Mehmet. & Vovin, Alexander., Istanbul Fragment in 'Phags-pa and Old Uyghur Script revisited, *Journal Asiatique*, 306, pp. 147–155, 2018.

Hung, Hsiao-chun. & Hartatik. & Ma'rifat, Tisna. A. & Simanjuntak, Truman., Mongol fleet on the way to Java: First archaeological remains from the Karimata Strait in Indonesia, *Archaeological Research in Asia*, 29, pp. 1–10, 2022.

Sims-Williams, Nicholas. & Khan, Geoffrey., Zandanījī Misidentified, *Bulletin of the Asia Institute*, New Series, Vol. 22, pp. 207–213, 2008.

Buell, Paul. D. & Anderson, Eugene. N. & Perry, Charles., *A Soup for the Qan: Chinese Dietary Medicine of the Mongol Era As Seen in Hu Sihui's Yinshan Zhengyao*, Brill, 2010.

Perry, Charles. (tr.), *A Baghdad Cookery Book: The Book of Dishes* (*Kitāb al-Ṭabīkh*), Prospect Books, 2005.

Perry, C. (ed./tr.), *Scents and Fravors: A Syrian Cookbook* (*Kitāb al-Wuṣlah ilā l-Ḥabīb fī Waṣf al-Ṭayyibāt wal-Ṭīb*), New York University Press, 2017.

Nasrallah, Nawal. (tr.), *Treasure Trove of Benefits and Variety at the Table: A Fourteenth-Century Egyptian Cookbook*, Brill, 2018.

Hill, Donald. R. (tr.), *The Book of Ingenious Devices* (*Kitāb al-Ḥiyal*) *by the Banū* (*sons of*) *Mūsā bin Shākir*, Reidel Publishing Company, 1979.

Hill, Donald. R. (tr.), *The Book of Knowledge of Ingenious Mecanical Devices* (*Kitāb fī ma'rifat al-ḥiyal al-handasiyya*) *by Ibn al-Razzāz al-Jazarī*, Reidel Publishing Company, 1974.

Dols, Michael. W., *The Black Death in the Middle East*, Princeton University Press, 1977.

Aberth, J., *The Black Death: The Great Mortality of 1348–1350, A Brief History with Documents*, Bedford/St. Martin's, 2005.

図録・概説書等

田村実造編『東洋の歴史⑦大モンゴル帝国／中国文明の歴史⑦大モンゴル帝国』人物往来社，1967 年／中央公論新社，2000 年。

佐口透『東西文明の交流④モンゴル帝国と西洋』平凡社，1970 年。

田中英道『光は東方より――西洋美術に与えた中国・日本の影響』河出書房新社，1986 年。

『歴史群像チンギス・ハーン　㉕上巻：草原の英雄“蒼き狼”の覇業　㉖下巻：狼たちの戦いと元朝の成立』学習研究社，1991 年。

NHK 取材班『大モンゴル①～④』角川書店，1992 年。

杉山正明・北川誠一『世界の歴史⑨大モンゴルの時代』中央公論社，1997 年。

岡田英弘『モンゴル帝国の興亡』ちくま新書，2001 年。

NHK「文明の道」プロジェクト・杉山正明・弓場紀知・宮紀子・宇野伸浩・赤坂恒明・四日市康博・橋本雄『NHK スペシャル文明の道⑤モンゴル帝国』NHK 出版，2004 年。

週刊朝日百科『新発見！日本の歴史⑳鎌倉③対モンゴル戦争は何を変えたか』朝日出版社，2013 年。

川口琢司『ティムール帝国』講談社，2014 年。

飯山知保・櫻井智美・森田憲司・渡辺健哉編『アジア遊学 256　元朝の歴史――モンゴル帝国期の東ユーラシア』勉誠出版，2021 年。

『西洋史研究』新輯第 52 号「13 世紀ユーラシアにおけるキリスト教世界とモンゴル帝国」東北大学西洋史研究会，pp. 1–121，2023 年。

『アジア人物史⑤［12～14 世紀］モンゴル帝国のユーラシア統一』集英社，2023 年。

『アジア人物史⑥［14～17世紀］ポスト・モンゴル時代の陸と海』集英社，2023年。

楊海英『モンゴル帝国――草原のダイナミズムと女たち』講談社現代新書，2024年。

渡部良子『世界史リブレット㉓ラシード・アッディーン――モンゴル帝国期イランの「名宰相」』山川出版社，2024年。

鳥居龍蔵（閲）・鳥居きみ子（著）『土俗学上より観たる蒙古』六文館，1931年。

松原正毅・小長谷有紀・佐々木史郎編『（国立民族学博物館研究報告別冊20号）ユーラシア遊牧社会の歴史と現在』国立民族学博物館，1999年。

楊海英『草原と馬とモンゴル人』NHKブックス，2001年。

ボルジギン・ムンクバト『言語と教育にみるユーラシアの葛藤――少数民族アイデンティティ確立への教育人類学的アプローチ』明石書店，2023年。

池田嘉郎・上野慎也・村上衛・森本一夫（編）『名著で読む世界史120』山川出版社，2016年。

東アジア人文情報学センター『漢籍の遥かな旅路――出版・流通・収蔵の諸相』研文書院，2018年。

『ユリイカ』No.767，Vol.52-15「特集：偽書の世界」青土社，2020年。

『ユリイカ』No.806，Vol.55-9「特集：奇書の世界」青土社，2023年。

中西竜也・増田知之（編）『よくわかる中国史』ミネルヴァ書房，2023年。

川上涇・戸田禎佑・海老根聡郎『水墨美術大系④梁楷・因陀羅』講談社，1975年。

東京国立博物館（編）『元代道釈人物画』1977年。

京都国立博物館（編）『探幽縮図（上）（下）』同朋社，1980年。

神戸市立博物館（編）『日中歴史海道2000年』1997年。

神奈川県立歴史博物館（編）『宋元仏画』2007年。

泉屋博古館・根津美術館（編）『高麗仏画――香りたつ装飾美』2016年。

九州国立博物館『室町将軍――戦乱と美の足利十五代』2019年。

山形欣哉『歴史の海を走る――中国造船技術の航跡』農山漁村文化協会，2004年。

藪内清『増補改訂　中国の天文暦法』平凡社，1990年／『藪内清著作集　第一巻　定本中国の天文暦法』臨川書店，2017年。

『山田慶児著作集　第三巻　天文暦学・宇宙論』臨川書店，2021 年。
村上陽一郎『ペスト大流行』岩波新書，1983 年。
Barrachough, Geoffrey., *The Medieval Papacy*, Thames and Hudson, 1968. ジェフリー・バラクロウ（著）・藤崎衛（訳）『中世教皇史［改訂増補版］』八坂書房，2021 年。
Baltrušatis, Jurgis., *Le Moyen Age Fantastique: Antiquités et exotismes dans l'art gotique*, Editions Flammarion, 1981 & 1983. J. バルトルシャイティス（著）・西野嘉章（訳）『[新版］幻想の中世――ゴシック美術における古代と異国趣味』リブロポート，1985 年／平凡社ライブラリー，2023 年。
Lawfer, Berthold., *The Giraffe in History and Art*, Field Museum of Natural History, 1928. ベルトルト・ラウファー（著）・福屋正修（訳）『キリン伝来考』博品社，1992 年。
Lawfer, Berthold., *Chinese Clay Figures: Part I: Prolegomena on the History of Defensive Armor*, Kraus Reprint Corporation, 1914. ベルトルト・ラウファー（著）・武田雅哉（訳）『サイと一角獣』博品社，1994 年。
Orlande, Ludvic., *La Onquête du Cheval: Une histoire génétique*, Odile Jacob, 2023. リュドヴィク・オルランド（著）・吉田春美（訳）『ウマの科学と世界の歴史』河出書房新社，2024 年。
Rapoport, Yossef., *Islamic Maps*, Bodleian Library, 2020.
Sugimura, To., *The Encounter of Persia with China*, National Museum of Ethnology, 1986.
Gonnella, Julia. & Weis, Friederike. & Rauch, Christoph., *The Diez Albums: Contexts and Contents*, Brill, 2017.
Hillenbrand, Robert., *The Great Mongol Shahnama*, The Sumithonian's National Museum of Asian Art/ the Freer Gallery of Art/ Arthur M. Sackler Gallery/ Qatar Museum/ Hali Publications Ltd., 2022.
Allsen, Thomas. T., *Commodity and Exchange in the Mongol Empire*, Cambridge University Press, 1997.
von Fircks, Juliane. & Shorta, Regula. (ed.), *Oriental Silks in Medieval Europe*, Abegg-stiftung, 2016.

Shea, Eiren. L., *Mongol Court Dress, Identity Formation, and Global Exchange*, Routledge, 2020.

Hopkins, Edward. J. & Rimbault, Edward. F., *The Organ, its History and Construction*, Robert Cocks & Co., 1877.（Republished Travis & Emery, 2009）

Chase, Kenneth., *Firearms: A Global History to 1700*, Cambridge University, 2003.

Hill, Donald. R., *Arabic Water-clocks*, University of Aleppo, 1981.

Gimpell, Jean, *La Révolution Industrielle du Moyen Age*, Éditions du Seuil, 1975. J.ギャンペル（著）・坂本賢三（訳）『中世の産業革命』岩波書店，1978年。

White, Lynn. Jr., *Medieval Technology and Social Change*, Oxford University Press, 1962. リン・ホワイト・Jr（著）・内田星美（訳）『中世の技術と社会変動』思索社，1985年。

Gies, Joseph. & Gies, Frances., *Chathedral, Forge, and Waterwheel; Technology and Invention in the Middle Ages*, HarperCollins Publishers, Inc., 1994. ジョセフ・ギース／フランシス・ギース（著）・栗原泉（訳）『大聖堂・製鉄・水車——中世ヨーロッパのテクノロジー』講談社学術文庫，2012年。

Frugoni, Chiara., *Medioevo sul Naso: Occhiali, Bottoni, e Altre Invenzioni Medievali*, Gius. Laterza & Figli S.p.a., 2001. キアーラ・フルゴーニ（著）・高橋友子（訳）『カラー版　ヨーロッパ中世ものづくし——メガネから羅針盤まで』岩波書店，2010年。

Kelly, J., *The Great Mortality: An Intimate History of the Black Death, the Most Devastating Plague of All Time*, HarperCollins Publishers, 2005. ジョン・ケリー『黒死病——ペストの中世史』中央公論社，2008年／中公新書，2020年。

Costedoat, C. & Signoli, M., *La Peste noire Paris*, Que sais je?/Humensid, 2021. キャロリーヌ・コステドア／ミシェル・シリョニ（著）・井上雅俊（訳）『ペスト——埋葬地から第二のパンデミックを再検討する』白水社クセジュ文庫，2022年。